HANDELSRECHT

Hemmer/Wüst/Tyroller

Juristisches Repetitorium hemmer

LERNEN MIT DER HEMMER-METHODE

UNSERE HAUPTKURSE ZIVILRECHT - ÖFFENTLICHES RECHT - STRAFRECHT

Ab dem 5. - 6. Semester werden Sie sich erfahrungsgemäß für unsere Examensvorbereitungskurse interessieren. Hören Sie kostenlos Probe und besuchen Sie unsere Infoveranstaltungen.

IM REPETITORIUM GILT DANN: LERNEN AM EXAMENSTYPISCHEN FALL! WIR ORIENTIEREN UNS AM NIVEAU DES EXAMENSFALLS.

Gemäß unserem Berufsverständnis als Repetitorinnen und Repetitoren vermitteln wir Ihnen nur das, worauf es ankommt: Wie gehe ich bestmöglich mit dem großen Fall, dem Examensfall, um. Aus diesem Grund konzentrieren wir uns nicht auf Probleme in einzelnen juristischen Teilbereichen. Bei uns lernen Sie, mit der Vielzahl von Rechtsproblemen fertig zu werden, die im Examensfall erkannt und zu einem einheitlichen Ganzen zusammengesetzt werden müssen ("Struktur der Klausur"). Verständnis für das Ineinandergreifen der Rechtsinstitute und die Entwicklung eines Problembewusstseins sind zur Lösung typischer Examensfälle notwendig.

Ausgangspunkt unseres erfolgreichen Konzepts ist die generelle Problematik der Klausur oder Hausarbeit: Der Bearbeiter steht bei der Falllösung zunächst vor einer Dekodierungs- (Entschlüsselungs-) und dann vor einer (Ein-) Ordnungsaufgabe: Der Examensfall kann nur mit juristischem Verständnis und dem entsprechenden Begriffsapparat gelöst werden. Damit muss Wissen von vorneherein unter Anwendungsgesichtspunkten erworben werden. Abstraktes, anwendungsunspezifisches Lernen genügt nicht.

Man hofft auf die leichten Rezepte, die Schemata und den einfachen Rechtsprechungsfall. Die unnatürlich klare Zielsetzung der Schemata lässt aber keine Frage offen und suggeriert eine Einfachheit, die im Examen nicht besteht. Auch bleibt die der Falllösung zugrunde liegende juristische Argumentation auf der Strecke. Mit einer solchen Einstellung wird aber die korrekte, sachgerechte Lösung von Klausur und Hausarbeit verfehlt.

ERSTELLER ALS „IMAGINÄRER GEGNER"

Der Ersteller des Examensfalls hat auf verschiedene Problemkreise und ihre Verbindung geachtet. Diesen Ersteller muss der Student als imaginären Gegner bei seiner Falllösung berücksichtigen. Er muss also versuchen, sich in die Gedankengänge, Annahmen und Ideen des Erstellers hineinzudenken und dessen Lösungsvorstellung wie im Dialog möglichst nahe zu kommen. Dazu gehört auch der Erwerb von Überzeugungssystemen, Denkmustern und ethischen Standards, die typischerweise und immer wieder von Klausurenerstellern den Examensfällen zugrunde gelegt werden.

Wir fragen daher konsequent bei der Falllösung:

Was will der Ersteller des Falls („Sound")?
Welcher „rote Faden" liegt zugrunde („main-street")?
Welche Fallen gilt es zu erkennen?
Wie wird bestmöglicher Konsens mit dem Korrektor erreicht?

Wer sich überwiegend mit Grundfällen und dem Auswendiglernen von Meinungen beschäftigt, dem fehlt zum Schluss die Zeit, Examenstypik einzutrainieren. Es droht das Schreckgespenst des „Subsumtionsautomaten". Examensfälle zu lösen ist eine praktische und keine theoretische Aufgabe.

SPEZIELLE AUSRICHTUNG AUF EXAMENSTYPIK

Die Thematik der Examensfälle ist bei uns auffällig häufig vorher im Kurs behandelt worden. Auch in Zukunft ist damit zu rechnen, dass wir mit Ihnen innerhalb unseres Kurses die examenstypischen Kontexte besprechen, die in den nächsten Prüfungsterminen zu erwarten sind.

Schon beim alten Seneca galt: „Wer den Hafen nicht kennt, für den ist kein Wind günstig". Vertrauen Sie auf unsere Expertenkniffe. Seit 1976 analysieren wir Examensfälle und die damit einhergehenden wiederkehrenden Problemfelder. Problem erkannt, Gefahr gebannt. Die „hemmer-Methode" setzt richtungsweisende Maßstäbe und ist Gebrauchsanweisung für Ihr Examen.

Das Repetitorium hemmer ist bekannt für seine Spitzenergebnisse. Sehen Sie dieses Niveau als Anreiz für Ihr Examen. Orientieren Sie sich nach oben, nicht nach unten.

Unsere Hauptaufgabe sehen wir aber nicht darin, nur Spitzennoten zu produzieren: Wir streben auch für Sie ein solides Prädikatsexamen an. Regelmäßiges Training an examenstypischem Material zahlt sich also aus.

GEHEN SIE MIT DEM SICHEREN GEFÜHL INS EXAMEN, SICH RICHTIG VORBEREITET ZU HABEN. GEWINNEN SIE MIT DER „HEMMER-METHODE".

www.repetitorium-hemmer.de

juris by hemmer.
Jetzt noch einfacher suchen.

hemmer Kursteilnehmerinnen und Kursteilnehmer nutzen **juris by hemmer** 6 Monate kostenlos.*

- Über 900.000 Entscheidungen, juris PraxisKommentar zum BGB und Fachzeitschriften – genau auf den Bedarf Ihrer Ausbildung abgestimmt.

- Nutzen Sie die digitale Recherche für die Scheine, den Abruf neuester Entscheidungen vor dem Examen, die Vorbereitung auf die mündliche Prüfung, das Nachlesen der Originalentscheidung passend zur Life&LAW sowie den hemmer Skripten. Im Referendariat ist die Online-Recherche unentbehrlich. Im Anwaltsberuf oder im Staatsdienst ist der schnelle Zugriff obligatorisch.

- Recherchieren Sie bequem von überall – ob zuhause, im Zug oder in der Uni.

www.juris.de/hemmer

KURSORTE IM ÜBERBLICK

AUGSBURG
Wüst
Mergentheimer Str. 44
97082 Würzburg
Tel.: (0931) 79 78 230
Fax: (0931) 79 78 234
Mail: augsburg@hemmer.de

BAYREUTH
Daxhammer/d´Alquen
Parkweg 7
97944 Boxberg
Tel.: (07930) 99 23 38
Fax: (07930) 99 22 51
Mail: bayreuth@hemmer.de

BERLIN-DAHLEM
Gast
Schumannstraße 18
10117 Berlin
Tel.: (030) 240 45 738
Fax: (030) 240 47 671
Mail: mitte@hemmer-berlin.de

BERLIN-MITTE
Gast
Schumannstraße 18
10117 Berlin
Tel.: (030) 240 45 738
Fax: (030) 240 47 671
Mail: mitte@hemmer-berlin.de

BIELEFELD
Lück
Salzstr. 14/15
48143 Münster
Tel.: (0251) 67 49 89 70
Fax.: (0251) 67 49 89 71
Mail: bielefeld@hemmer.de

BOCHUM
Schlömer/Sperl
Salzstr. 14/15
48143 Münster
Tel.: (0251) 67 49 89 70
Fax.: (0251) 67 49 89 71
Mail: bochum@hemmer.de

BONN
Ronneberg/Clobes/Geron
Meckenheimer Allee 148
53115 Bonn
Tel.: (0228) 91 14 125
Fax: (0228) 91 14 141
Mail: bonn@hemmer.de

BREMEN
Hemmer/Wüst
Mergentheimer Str. 44
97082 Würzburg
Tel.: (0931) 79 78 257
Fax: (0931) 79 78 240
Mail: bremen@hemmer.de

DRESDEN
Stock
Zweinaundorfer Str. 2
04318 Leipzig
Tel.: (0341) 6 88 44 90
Fax: (0341) 6 88 44 96
Mail: dresden@hemmer.de

DÜSSELDORF
Ronneberg/Clobes/Geron
Meckenheimer Allee 148
53113 Bonn
Tel.: (0228) 91 14 125
Fax: (0228) 91 14 141
Mail: duesseldorf@hemmer.de

ERLANGEN
Grieger/Tyroller
Mergentheimer Str. 44
97082 Würzburg
Tel.: (0931) 79 78 230
Fax: (0931) 79 78 234
Mail: erlangen@hemmer.de

FRANKFURT/M.
Geron/Hahn/Bold
Dreifaltigkeitsweg 49
53489 Sinzig
Tel.: (02642) 61 44
Fax: (02642) 61 44
Mail: frankfurt.main@hemmer.de

FRANKFURT/O.
Gast
Schumannstraße 18
10117 Berlin
Tel.: (030) 240 45 738
Fax: (030) 240 47 671
Mail: mitte@hemmer-berlin.de

FREIBURG
Behler/Rausch
Rohrbacher Str. 3
69115 Heidelberg
Tel.: (06221) 65 33 66
Fax: (06221) 65 33 30
Mail: freiburg@hemmer.de

GIESSEN
Sperl
Parkweg 7
97944 Boxberg
Tel.: (07930) 99 23 38
Fax: (07930) 99 22 51
Mail: giessen@hemmer.de

GÖTTINGEN
Schlömer/Sperl
Kirchhofgärten 22
74635 Kupferzell
Tel.: (07944) 94 11 05
Fax: (07944) 94 11 08
Mail: goettingen@hemmer.de

GREIFSWALD
Burke/Lück
Buchbinderstr. 17
18055 Rostock
Tel.: (0381) 3 77 74 00
Fax: (0381) 3 77 74 01
Mail: greifswald@hemmer.de

HALLE
Luke/Weber
Täubchenweg 83
04317 Leipzig
Tel.: (0175) 93 13 967
Mail: halle@hemmer.de

HAMBURG
Schlömer/Sperl
Steinhöft 5-7
20459 Hamburg
Tel.: (040) 317 669 17
Fax: (040) 317 669 20
Mail: hamburg@hemmer.de

HANNOVER
Daxhammer/Sperl
Matzenhecke 23
97204 Höchberg
Tel.: (0931) 400 337
Fax: (0931) 404 3109
Mail: hannover@hemmer.de

HEIDELBERG
Behler/Rausch
Rohrbacher Str. 3
69115 Heidelberg
Tel.: (06221) 65 33 66
Fax: (06221) 65 33 30
Mail: heidelberg@hemmer.de

JENA
Richard Weber
c/o Kanzlei Luke
Haferkornstr. 46
04129 Leipzig
Tel.: (0175) 93 13 967
Mail: halle@hemmer.de

KIEL
Onoszko/Lück
Knieperstraße 20
18439 Stralsund
Tel.: (0176) 22 59 28 56
Fax: (03831) 26 27 28
E-Mail: kiel@hemmer.de

KÖLN
Ronneberg/Clobes/Geron
Meckenheimer Allee 148
53113 Bonn
Tel.: (0228) 91 14 125
Fax: (0228) 91 14 141
Mail: koeln@hemmer.de

KONSTANZ
Guldin/Kaiser
Hindenburgstr. 15
78467 Konstanz
Tel.: (07531) 69 63 63
Fax: (07531) 69 63 64
Mail: konstanz@hemmer.de

LEIPZIG
Luke
Haferkornstr. 46
04129 Leipzig
Tel.: (0341) 49 25 54 70
Fax: (0341) 49 25 54 71
Mail: leipzig@hemmer.de

MAINZ
Geron
Dreifaltigkeitsweg 49
53489 Sinzig
Tel.: (02642) 61 44
Fax: (02642) 61 44
Mail: mainz@hemmer.de

MANNHEIM
Behler/Rausch
Rohrbacher Str. 3
69115 Heidelberg
Tel.: (06221) 65 33 66
Fax: (06221) 65 33 30
Mail: mannheim@hemmer.de

MARBURG
Sperl
Parkweg 7
97944 Boxberg
Tel.: (07930) 99 23 38
Fax: (07930) 99 22 51
Mail: marburg@hemmer.de

MÜNCHEN
Wüst
Mergentheimer Str. 44
97082 Würzburg
Tel.: (0931) 79 78 230
Fax: (0931) 79 78 234
Mail: muenchen@hemmer.de

MÜNSTER
Schlömer/Sperl
Salzstr. 14/15
48143 Münster
Tel.: (0251) 67 49 89 70
Fax.: (0251) 67 49 89 71
Mail: muenster@hemmer.de

OSNABRÜCK
Fethke
Liebknechtstr. 35
99086 Erfurt
Tel.: (0541) 18 55 21 79
Mail: osnabrueck@hemmer.de

PASSAU
Rath/Wenzl
Mergentheimer Str. 44
97082 Würzburg
Tel.: (0931) 79 78 230
Fax: (0931) 79 78 234
Mail: passau@hemmer.de

POTSDAM
Gast
Schumannstraße 18
10117 Berlin
Tel.: (030) 240 45 738
Fax: (030) 240 47 671
Mail: mitte@hemmer-berlin.de

REGENSBURG
Daxhammer/d´Alquen
Parkweg 7
97944 Boxberg
Tel.: (07930) 99 23 38
Fax: (07930) 99 22 51
Mail: regensburg@hemmer.de

ROSTOCK
Burke/Lück
Buchbinderstr. 17
18055 Rostock
Tel.: (0381) 3777 400
Fax: (0381) 3777 401
Mail: rostock@hemmer.de

SAARBRÜCKEN
Bold/Hein/Issa
Preslesstraße 2
66987 Thaleischweiler-Fröschen
Tel.: (06334) 98 42 83
Fax: (06334) 98 42 83
Mail: saarbruecken@hemmer.de

TRIER
Geron
Dreifaltigkeitsweg 49
53489 Sinzig
Tel.: (02642) 61 44
Fax: (02642) 61 44
Mail: trier@hemmer.de

TÜBINGEN
Guldin/Kaiser
Hindenburgstr. 15
78465 Konstanz
Tel.: (07531) 69 63 63
Fax: (07531) 69 63 64
Mail: tuebingen@hemmer.de

WÜRZBURG
- ZENTRALE -
Mergentheimer Str. 44
97082 Würzburg
Tel.: (0931) 79 78 230
Fax: (0931) 79 78 234
Mail: wuerzburg@hemmer.de

VORBEREITUNG AUF DAS ZWEITE STAATSEXAMEN

ASSESSORKURSORTE IM ÜBERBLICK

BAYERN
WÜRZBURG/MÜNCHEN/NÜRNBERG/REGENSBURG/POSTVERSAND
RA Gold
Mergentheimer Str. 44
97082 Würzburg
Tel.: (0931) 79 78 2-50
Fax: (0931) 79 78 2-51
Mail: assessor@hemmer.de

BADEN-WÜRTTEMBERG
KONSTANZ/TÜBINGEN/POSTVERSAND
RAe Guldin/Kaiser
Hindenburgstr. 15
78467 Konstanz
Tel.: (07531) 69 63 63
Fax: (07531) 69 63 64
Mail: konstanz@hemmer.de

STUTTGART
RAin Rödl / RA Baier
Mergentheimerstr. 44
97082 Würzburg
Tel. 0931-7978230
Fax. 0931-7978234
Mail: stuttgart@hemmer.de

BERLIN/POTSDAM/BRANDENBURG
BERLIN
RA Gast
Schumannstr. 18
10117 Berlin
Tel.: (030) 24 04 57 38
Fax: (030) 24 04 76 71
Mail: mitte@hemmer-berlin.de

BREMEN/HAMBURG
HAMBURG/POSTVERSAND
RAe Sperl/Clobes/Dr. Schlömer
Kirchhofgärten 22
74635 Kupferzell
Tel.: (07944) 94 11 05
Fax: (07944) 94 11 08
Mail: assessor-nord@hemmer.de

HESSEN
FRANKFURT
RA Geron
Dreifaltigkeitsweg 49
53489 Sinzig
Tel.: (02642) 61 44
Fax: (02642) 61 44
Mail: frankfurt.main@hemmer.de

MECKLENBURG-VORPOMMERN
POSTVERSAND
RAe Burke/Lück
Buchbinderstr. 17
18055 Rostock
Tel.: (0381) 37 77 40 0
Fax: (0381) 37 77 40 1
Mail: rostock@hemmer.de

RHEINLAND-PFALZ
POSTVERSAND
RA Geron
Dreifaltigkeitsweg 49
53489 Sinzig
Tel.: (02642) 61 44
Fax: (02642) 61 44
Mail: trier@hemmer.de

NIEDERSACHSEN
HANNOVER
RAe Sperl/Schlömer
Steinhöft 5 - 7
20459 Hamburg
Tel.: (040) 317 669 17
Fax: (040) 317 669 20
Mail: assessor-nord@hemmer.de

HANNOVER POSTVERSAND
RAe Sperl/Clobes/Dr. Schlömer
Kirchhofgärten 22
74635 Kupferzell
Tel.: (07944) 94 11 05
Fax: (07944) 94 11 08
Mail: assessor-nord@hemmer.de

NORDRHEIN-WESTFALEN
KÖLN/BONN/DORTMUND/DÜSSELDORF/POSTVERSAND
RAin Dr. Ronneberg
Meckenheimer Allee 148
53113 Bonn
Tel.: (0228) 91 14 125
Fax: (0228) 91 14 141
Mail: koeln@hemmer.de

SCHLESWIG-HOLSTEIN
POSTVERSAND
RAe Sperl/Clobes/Dr. Schlömer
Kirchhofgärten 22
74635 Kupferzell
Tel.: (07944) 94 11 05
Fax: (07944) 94 11 08
Mail: assessor-nord@hemmer.de

THÜRINGEN
POSTVERSAND
RA Stock, RA Hunger & Kollegen
Zweinaundorfer Str. 2
04318 Leipzig
Tel.: (0341) 6 88 44 90 oder -93
Fax: (0341) 6 88 44 96
Mail: dresden@hemmer.de

SACHSEN
DRESDEN/LEIPZIG/POSTVERSAND
RA Stock, RA Hunger & Kollegen
Zweinaundorfer Str. 2
04318 Leipzig
Tel.: (0341) 6 88 44 90 oder -93
Fax: (0341) 6 88 44 96
Mail: dresden@hemmer.de

SACHSEN-ANHALT
POSTVERSAND
RA Stock, RA Hunger & Kollegen
Zweinaundorfer Str. 2
04318 Leipzig
Tel.: (0341) 6 88 44 90 oder -93
Fax: (0341) 6 88 44 96
Mail: dresden@hemmer.de

Handelsrecht mit der hemmer-Methode

Wer in vier Jahren sein Studium abschließen will, kann sich einen Irrtum in Bezug auf Stoffauswahl und -aneignung nicht leisten. Hoffen Sie nicht auf leichte Rezepte und den einfachen Rechtsprechungsfall. Hüten Sie sich vor Übervereinfachung beim Lernen. Stellen Sie deswegen frühzeitig die Weichen richtig.

Die rein handelsrechtliche Klausur kommt nur selten vor. Das Handelsrecht gibt aber dem Klausurersteller die Möglichkeit, typische Problemfelder des Zivilrechts (Abgabe von Willenserklärungen, Schadensersatz, Verzug, gutgläubiger Erwerb usw.) durch handelsrechtliche Sonderbestimmungen und Handelsbräuche zu modifizieren. Deshalb kommt es in der Klausur entscheidend darauf an, die typisch examensrelevanten Problemfelder des Handelsrechts und ihren Bezug zum allgemeinen Zivilrecht zu kennen, z.B. negative und positive Publizität des Handelsregisters, § 15 I, III HGB, Genehmigungsfiktion des §§ 377 I, II HGB, Haftung beim Wechsel des Unternehmensträgers gem. § 25 HGB und Anwendbarkeit der §§ 305 ff. BGB auf Kaufleute. Das Skript Handelsrecht stellt die regelmäßig wiederkehrenden Examensprobleme und ihre Integration in den zivilrechtlichen Kontext so dar, wie es in der Klausur verlangt wird.

Die **hemmer-Methode** vermittelt Ihnen die **erste richtige Einordnung** und das **Problembewusstsein**, welches Sie brauchen, um an einer Klausur bzw. dem Ersteller nicht vorbeizuschreiben. Häufig ist dem Studierenden nicht klar, warum er schlechte Klausuren schreibt. Wir geben Ihnen **gezielte Tipps**! Vertrauen Sie auf unsere **Expertenkniffe**.

Durch die ständige Diskussion mit unseren Kursteilnehmerinnen und Kursteilnehmern ist uns als erfahrenen Repetitoren klar geworden, welche **Probleme** die Studierenden haben, ihr **Wissen anzuwenden**. Wir haben aber auch von unseren Kursteilnehmerinnen und Kursteilnehmern profitiert und von ihnen erfahren, welche **Argumentationsketten** in der Prüfung zum Erfolg geführt haben.

Die **hemmer-Methode** gibt **jahrelange Erfahrung** weiter, erspart Ihnen viele schmerzliche Irrtümer, setzt richtungsweisende Maßstäbe und begleitet Sie als **Gebrauchsanweisung** in Ihrer Ausbildung:

1. Grundwissen:

Die **Grundwissenskripten** sind für die Studierenden in den ersten Semestern gedacht. In den Theoriebänden Grundwissen werden leicht verständlich und kurz die wichtigsten Rechtsinstitute vorgestellt und das notwendige Grundwissen vermittelt. Die Skripten werden durch den jeweiligen Band unserer **Reihe „Die wichtigsten Fälle"** ergänzt.

2. Basics:

Das Grundwerk für Studium und Examen. Es schafft schnell **Einordnungswissen** und mittels der hemmer-Methode richtiges Problembewusstsein für Klausur und Hausarbeit. Wichtig ist, **wann und wie** Wissen in der Klausur angewendet wird.

3. Skriptenreihe:

Vertiefendes Prüfungswissen: Über 1.000 Klausuren wurden auf ihre „essentials" abgeklopft.

Anwendungsorientiert werden die für die Prüfung nötigen Zusammenhänge umfassend aufgezeigt und wiederkehrende Argumentationsketten eingeübt.

Gleichzeitig wird durch die **hemmer-Methode** auf **anspruchsvollem Niveau** vermittelt, nach welchen Kriterien Prüfungsfälle beurteilt werden. Mit dem Verstehen wächst die Zustimmung zu Ihrem Studium. Spaß und Motivation beim Lernen entstehen erst durch Verständnis.

Lernen Sie, durch Verstehen am juristischen Sprachspiel teilzunehmen. Wir schaffen den „background", mit dem Sie die innere Struktur von Klausur und Hausarbeit erkennen: **„Problem erkannt, Gefahr gebannt"**. Profitieren Sie von unserem **strategischen Wissen**. Wir werden Sie mit unserem know-how auf das Anforderungsprofil einstimmen, das Sie in Klausur und Hausarbeit erwartet.

Die Theoriebände Grundwissen, die Basics, die Skriptenreihe und der Hauptkurs sind als **modernes, offenes und flexibles Lernsystem** aufeinander abgestimmt und ergänzen sich ideal. Die **studentenfreundliche Preisgestaltung** ermöglicht den **Erwerb als Gesamtwerk**.

4. Hauptkurs:

Schulung am examenstypischen Fall mit der Assoziationsmethode. Trainieren Sie unter professioneller Anleitung, was Sie im Examen erwartet und wie Sie bestmöglich mit dem Examensfall umgehen.

Nur wer die Dramaturgie eines Falles verstanden hat, ist in Klausur und Hausarbeit auf der sicheren Seite! Häufig hören wir von unseren Kursteilnehmenden: **„Erst jetzt hat Jura richtig Spaß gemacht"**.

Die Ergebnisse unserer Kursteilnehmerinnen und Kursteilnehmer geben uns Recht. Maßstab ist der Erfolg. Die Examensergebnisse zeigen, dass unsere Kursteilnehmenden überdurchschnittlich abschneiden.

Die Examensergebnisse unserer Kursteilnehmerinnen und Kursteilnehmer können auch Ansporn für Sie sein, intelligent zu lernen: Wer nur auf vier Punkte lernt, landet leicht bei drei.
Lassen Sie sich aber nicht von diesen Supernoten verschrecken, sehen Sie dieses Niveau als Ansporn für Ihre Ausbildung.

Wir hoffen, mit unserem Gesamtangebot bei der Konkretisierung des Rechts mitzuwirken und wünschen Ihnen **viel Spaß beim Durcharbeiten** unserer Skripten.

Wir würden uns freuen, mit Ihnen in unserem Hauptkurs und mit der **hemmer-Methode** gemeinsam Verständnis an der Juristerei zu trainieren. Nur wer erlernt, was ihn im Examen erwartet, lernt richtig!

So leicht ist es, uns kennenzulernen: Probehören ist jederzeit in den jeweiligen Kursorten möglich.

Karl-Edmund Hemmer & Achim Wüst

HANDELSRECHT

Hemmer/Wüst/Tyroller

Hemmer/Wüst Verlagsgesellschaft

Hemmer/Wüst/Tyroller, Handelsrecht

ISBN 978-3-86193-908-5

12. Auflage 2020

gedruckt auf chlorfrei gebleichtem Papier
von Schleunungdruck GmbH, Marktheidenfeld

Literaturverzeichnis:

Kommentare:

Baumbach/Hopt   Handelsgesetzbuch

Erman   Bürgerliches Gesetzbuch

Münchener Kommentar   Kommentar zum Bürgerlichen Gesetzbuch

Palandt   Bürgerliches Gesetzbuch

Lehrbücher:

Medicus   Bürgerliches Recht

Weitere Nachweise (insbesondere auf Aufsätze) in den Fußnoten.

TEIL 1: EINLEITUNG

§ 1 BEGRIFF UND FUNKTION DES HANDELSRECHTS[1]

A. Sonderprivatrecht der Kaufleute

Sonderprivatrecht der Kaufleute; subjektives System

Handelsrecht ist die Summe der privatrechtlichen Normen, die auf gewerblich tätige Unternehmer anwendbar sind. Es ist also derjenige Teil des Privatrechts, der ein Sonderrecht für bestimmte am Handelsverkehr teilnehmende Personen enthält. Diese werden im HGB als Kaufleute definiert, § 1 HGB. Dabei benutzt das Gesetz den Kaufmannsbegriff umfassender als der allgemeine Sprachgebrauch und bezieht deshalb auch eine Vielzahl anderer Unternehmensträger in seinen Anwendungsbereich ein.[2] Die Anwendbarkeit des Handelsrechts richtet sich nach dem handelnden Subjekt (*subjektives* System).

1

Andere Rechtsordnungen orientieren sich dagegen an einem *objektiven* System, indem sie von dem Begriff des Handelsgeschäfts ausgehen. Die Ergebnisse ähneln sich jedoch, da auch das subjektive System des HGB nicht streng durchgeführt ist. So enthält z.B. § 343 HGB[3] auch ein objektives Kriterium zur Ausgrenzung des allgemeinen Privatrechts, indem er einen Bezug zum Handelsgewerbe des Kaufmanns erfordert.

B. Lex specialis gegenüber dem BGB

Art. 2 I EGHGB

Das HGB ist lex specialis gegenüber dem BGB, vgl. Art. 2 I EGHGB. Oftmals ergänzt das HGB aber nur die Regelungen des BGB:

2

> *Bsp.: Die §§ 48 ff. HGB regeln den Umfang der Vertretungsmacht eines Prokuristen. Die übrigen Voraussetzungen für eine wirksame Stellvertretung richten sich nach den §§ 164 ff. BGB.*
>
> *Die §§ 105 ff. HGB enthalten Sonderregeln für Personenhandelsgesellschaften. Die §§ 705 ff. BGB über die Gesellschaft bürgerlichen Rechts (GbR) bleiben subsidiär anwendbar, vgl. §105 III HGB.*

Der Gesetzgeber hat allerdings dieses Rangverhältnis zwischen HGB und BGB teilweise umgekehrt. So verweist § 736 II BGB für die Begrenzung der Nachhaftung der Gesellschafter einer GbR auf die für Personenhandelsgesellschaften geltenden Regelungen in § 160 HGB.[4]

hemmer-Methode: Denken in Zusammenhängen! Rein handelsrechtliche Klausuren sind kaum vorstellbar. Aufgrund von Art. 2 I EGHGB sind handelsrechtliche Klausuren in erster Linie bürgerlich-rechtliche Klausuren mit einigen Besonderheiten, die im Rahmen des normalen Anspruchsaufbaus Bedeutung erlangen. Ihr Ziel muss es daher sein, die handelsrechtlichen Fragestellungen in den Kontext des BGB einzuordnen. Der Herstellung dieses Kontextes dienen im Folgenden insbesondere die Anmerkungen mit der „hemmer-Methode"!

---

[1]   Zu den Auswirkungen der Schuldrechtsreform auf das Handelsrecht vgl. STECK, Das HGB nach der Schuldrechtsreform, NJW 2002, 3201 - 3204.

[2]   Gegen die Ausrichtung am Kaufmannsbegriff richtet sich insbesondere die neuere Lehre, die das Handelsrecht vom Kaufmannsrecht zum Sonderprivatrecht des gewerblichen Unternehmens umgestalten, also das Unternehmen als solches in den Mittelpunkt stellen will; vgl. SCHMIDT, HdR, § 3, S. 47 ff.; ders., Bemerkungen und Vorschläge zur Überarbeitung des Handelsgesetzbuchs, DB 1994, 515 - 521.

[3]   Siehe unten Rn. 310 ff.

[4]   Näheres dazu in HEMMER/WÜST, **Gesellschaftsrecht**, Rn. 189.

EXKURS: Modifikationen des BGB durch die §§ 346 ff. HGB

§ 346 HGB - Handelsbrauch
⇨ ergänzt §§ 133, 157 BGB ⇨ verdrängt nachgiebiges Recht, also Schuldrecht, nicht Sachenrecht

§ 347 HGB - Sorgfaltsmaßstab
⇨ modifiziert §§ 276, 277 BGB

§ 348 HGB - Vertragsstrafe
⇨ verdrängt § 343 BGB

§ 349 HGB - Einrede der Vorausklage
⇨ verdrängt § 771 BGB

§ 350 HGB - Form
⇨ verdrängt §§ 766 S. 1, 780, 781 BGB

§ 352 HGB - Zinssatz
⇨ modifiziert nur § 246 BGB, *aber nicht § 288 BGB* ⇨ *auch unter Kaufleuten gilt [erst recht] der höhere Verzugszinssatz!*

§ 353 HGB - Fälligkeitszinsen
⇨ modifiziert § 288 bzw. § 291 BGB ⇨ Zinsen nach BGB erst ab Verzug bzw. Rechtshängigkeit bzw. bei Rückabwicklung gem. §§ 346 I, 347 I BGB

§ 354 HGB - Provision
⇨ modifiziert allg. Vertragsschlussbestimmungen, wonach übereinstimmende WE´en erforderlich (vgl. §§ 612 I, 632 I, 653 I, 689 BGB: gleicher Rechtsgedanke ⇨ Üblichkeit)

§ 354a I HGB - Wirksamkeit der Abtretung einer Geldforderung
⇨ geht einem Abtretungsverbot nach § 399 2. Alt. BGB vor

§§ 355 - 357 HGB - Kontokorrent
⇨ handelsrechtliche Sonderregelung ohne Entsprechung im BGB

§§ 358 f. HGB - Leistungszeit
⇨ modifiziert § 271 I BGB: "sofort" [§ 242 BGB gebietet aber auch hier Einschränkungen]

§ 359 HGB - Leistungszeit
⇨ Abs. 1: eigenständige Regelung: Auslegungsregel für Anwendung des im Erfüllungsort geltenden Handelsbrauches
⇨ Abs. 2: Modifizierung der §§ 187 ff. BGB über die Fristberechnung

§§ 360 f. HGB - Gattungsschuld
⇨ „lex specialis" zu § 243 BGB

§ 362 HGB - Vertragsschluss durch Schweigen
⇨ modifiziert allgemeines Vertragsrecht, wonach Antrag und Annahme erforderlich sind, §§ 145, 147 BGB

§§ 366 f. HGB - gutgläubiger Erwerb beweglicher Sachen
⇨ erweitert §§ 932 ff. BGB: Schutz des guten Glaubens in die Verfügungsbefugnis des Kaufmanns!

§ 368 HGB - Pfandverkauf
⇨ Abkürzung der Monatsfrist des § 1234 II S. 1 BGB auf eine Woche

§ 369 HGB - kaufmännisches Zurückbehaltungsrecht bei fälliger Forderung aus beiderseitigem Handelsgeschäft
⇨ ergänzen die daneben anwendbaren §§ 273, 320 BGB; anders als bei § 273 BGB aber keine Konnexität mit der Schuld erforderlich

§ 371 HGB - Befriedigungsrecht
⇨ erweitert das ZBR gem. §§ 369, 370 HGB zum Befriedigungs-
    recht
⇨ Ähnlichkeit zum Pfandrecht, jedoch keine dingliche Wirkung

§ 372 HGB - Eigentumsfiktion und Rechtskraftwirkung
⇨ Abs. 1: dem BGB grundsätzlich fremd (⇨ geringerer Eigentums-
    schutz zugunsten der Sicherheit und Leichtigkeit des Handelsver-
    kehrs)
⇨ Abs. 2: Erweiterung der grundsätzlich nur inter partes wirkenden
    materiellen Rechtskraft gem. § 325 I ZPO

§ 373 HGB - Annahmeverzug
⇨ Hinterlegung nach § 372 BGB

§ 375 HGB - Bestimmungskauf
⇨ Modifizierung der §§ 315, 316 BGB

§ 376 HGB - Fixgeschäft
⇨ Modifizierung zu § 323 II Nr. 2 BGB (Achtung: keine Entspre-
    chung beim Schadensersatz statt der Leistung in § 281 II BGB;
    daher ist diese Vorschrift insbesondere für das Schadensersatz-
    recht von Bedeutung)

§ 377 HGB
⇨ Präklusion der §§ 434 ff. BGB
⇨ anwendbar auch beim Unternehmerregress, vgl. § 445a IV BGB

C. Gesetzliche Regelungen des Handelsrechts

HGB und Nebengesetze

Das materielle Handelsrecht ist neben dem HGB auch in zahlrei-
chen Nebengesetzen enthalten, so z.B. das Wertpapierrecht im
WechselG, ScheckG und WpHG, das Versicherungsrecht im VVG,
das Bankrecht im KreditwesenG, KapMuG, WpPG, ZAG usw. Die im
WechselG enthaltenen Normen richten sich zwar formell an alle
Rechtsunterworfenen, sind aber realtypisch handelsrechtlicher Na-
tur, da sie fast nur von gewerblichen Unternehmen beansprucht
werden.

Das HGB gliedert sich systematisch wie folgt:

⇨ Personenrecht: 1. + 2. Buch
⇨ Verkehrsrecht: 4. + 5. Buch
⇨ Bilanzrecht: 3. Buch[5]

---

[5] Dieses ist nach Ausgliederung des Aktienrechts an den freigewordenen Platz gesetzt worden und insoweit ein systematischer Fremdkörper.

§ 2 BESONDERHEITEN DES KAUFMÄNNISCHEN RECHTSVER-
KEHRS

gesteigerte Privatautonomie

Im Handelsverkehr hat die *Privatautonomie* der Beteiligten ein besonders starkes Gewicht. Normen des BGB, die ansonsten als zwingendes Recht nicht zur Disposition der Parteien stehen, gelten teilweise im Handelsverkehr nicht, um den wegen ihrer Geschäftsgewandtheit insoweit nicht schutzbedürftigen Parteien einen größeren Gestaltungsspielraum zu eröffnen (vgl. §§ 348 - 350 HGB, § 310 I BGB).

zügige Abwicklung

Die *Einfachheit* und *Schnelligkeit* der Geschäftsabwicklung sind für Kaufleute von besonderer Bedeutung. So dienen zum Beispiel die Typisierungen bzgl. des Umfangs der Vertretungsmacht des Prokuristen (vgl. §§ 48 ff. HGB, dazu unten Rn. 84 ff.) oder die Rügepflicht beim Handelskauf (§ 377 HGB, dazu Rn. 330 ff.) der zügigen Geschäftsabwicklung im Handelsverkehr.

Rechtsklarheit

Die Einfachheit und Schnelligkeit der Geschäftsabwicklung wird auch dadurch gefördert, dass das Handelsrecht in besonderem Maße um *Rechtsklarheit* bemüht ist. Diesem Ziel dient beispielsweise das Handelsregister (dazu Rn. 120 f.).

Grds. der Entgeltlichkeit

Charakteristisch für das Handelsrecht ist der Grundsatz der Entgeltlichkeit, vgl. **§ 354 HGB**.

Der gesetzliche Provisionsanspruch nach § 354 I HGB setzt eine Vereinbarung der Parteien über eine Vergütung der erbrachten Leistungen[6] nicht voraus. Die Vorschrift greift im Gegenteil gerade schon dann ein, wenn es an einer (wirksamen) vertraglichen Vereinbarung über die für eine zu erbringende oder erbrachte Leistung zu zahlende Vergütung fehlt.[7]

Für die Auslösung eines Provisionsanspruchs kann es deshalb schon genügen, dass jemand die ihm erkennbar von einem Kaufmann geleisteten Dienste in Anspruch nimmt, obwohl er weiß oder sich nach den Umständen sagen muss, dass solche Dienste auch ohne ausdrückliche, eine Vergütungspflicht und/oder deren Höhe klarstellende vertragliche Grundlage nur gegen entsprechende Vergütung erbracht werden.[8]

hemmer-Methode: „Ein Kaufmann tut nichts umsonst".

Entwicklung der Rechtsscheinhaftung

Das Handelsrecht war stets auch Wegbereiter für Neuentwicklungen im Privatrecht.[9] So wurde die Rechtsscheinhaftung ursprünglich im Handelsverkehr entwickelt. Später hat sie (mit zum Teil strengeren Voraussetzungen) im gesamten Privatrecht Geltung erlangt. Das macht wiederum die enge Verknüpfung von HGB und BGB deutlich.

hemmer-Methode: Diese Grundsätze des Handelsrechts sollten Sie sich für die Klausur immer vor Augen halten. Aus ihnen ergibt sich hervorragendes Argumentationsmaterial. Außerdem wird so das Verständnis für die meisten Normen des HGB gefördert. So sparen Sie sich überflüssiges Auswendiglernen!

---

[6]   Zu den von § 354 I HGB erfassten Geschäftsbesorgungen oder Dienstleistungen zählen bei der insoweit gebotenen weiten Auslegung jede selbstständige Tätigkeit wirtschaftlicher Art zur Wahrnehmung fremder Vermögensinteressen sowie alle sonstigen, für den anderen Teil objektiv nützlichen Tätigkeiten tatsächlicher oder rechtlicher Art. Dementsprechend ist unter der in § 354 I HGB angesprochenen Provision jede Vergütung zu fassen, die ein Kaufmann für eine in dieser Vorschrift angesprochene Geschäftsbesorgung oder Dienstleistung üblicherweise beanspruchen kann.

[7]   BGH, NJW 2017, 1388 ff. = **juris**byhemmer.

[8]   BGH, NJW-RR 2005, 1572 ff. = **juris**byhemmer.

[9]   BAUMBACH/HOPT, Einl. vor § 1, Rn. 3; nach LEVIN GOLDSCHMIDT (1829 - 1897) zu ihm: GROßFELD/PAPAGIANNIS, Levin Goldschmidt - Zur Geschichte des modernen Handelsrechts, ZHR 159 (1995), 529 - 549; Gründer der (heutigen) Zeitschrift für das gesamte Handelsrecht und Wirtschaftsrecht (ZHR) - nannte es einen „Jungbrunnen des Zivilrechts".

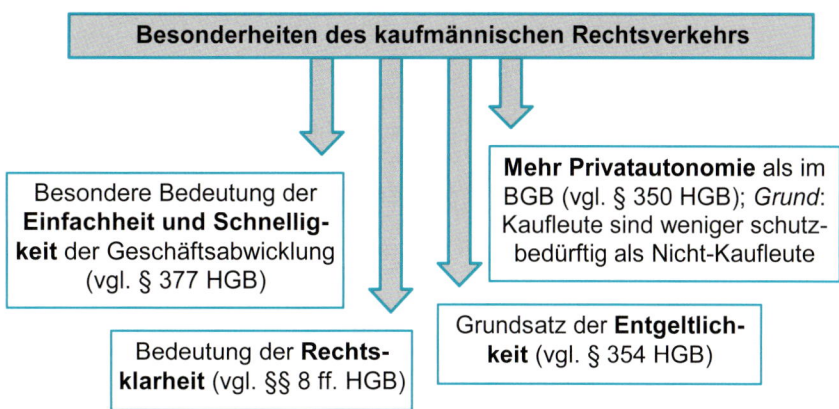

TEIL 2: DER KAUFMANN

der Kaufmann in der Klausur

Ob Sie in der Klausur Handelsrecht anzuwenden haben, hängt trotz aller Kritik am Kaufmannsbegriff de lege lata davon ab, ob einer der Beteiligten Kaufmann ist. Ob dies der Fall ist, ist in den §§ 1 - 6 HGB geregelt.

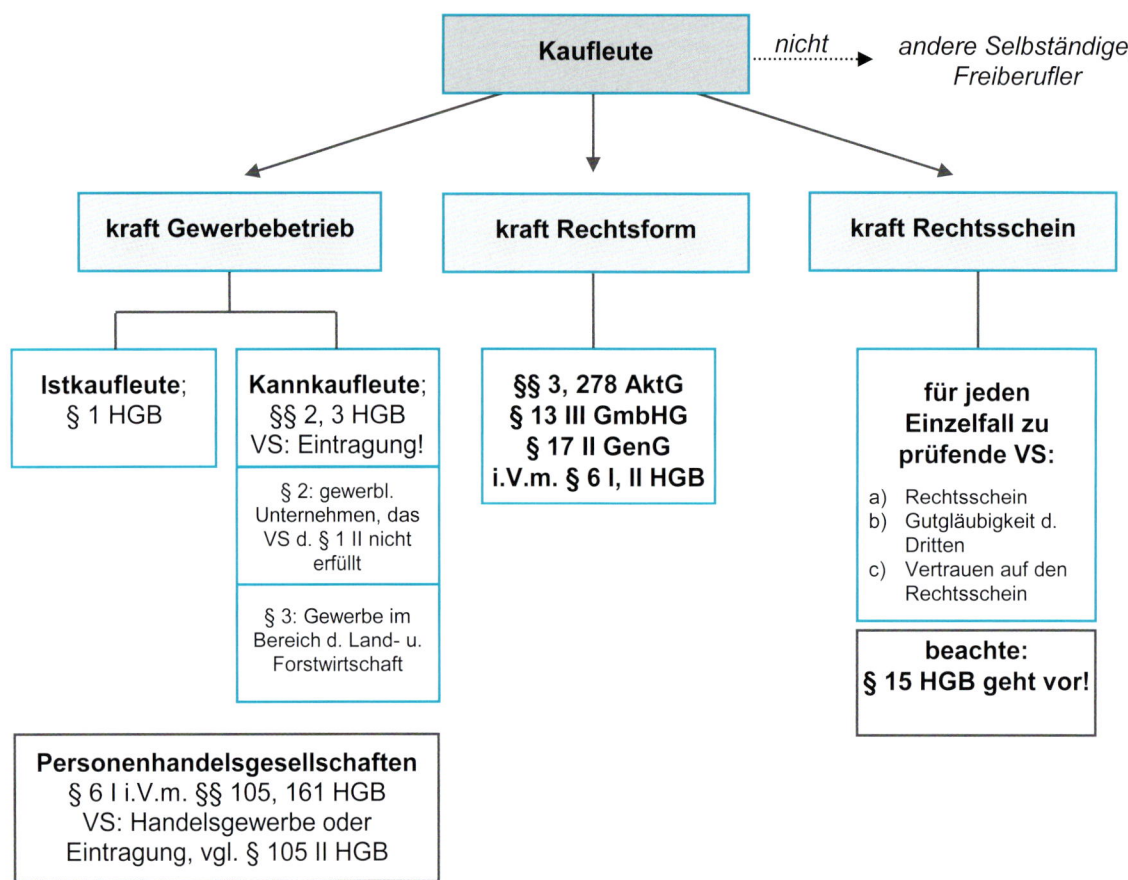

hemmer-Methode: Die Kaufmannseigenschaft ist natürlich nicht abstrakt vorweg zu prüfen, sondern erst bei der Subsumtion der Normen, welche diese voraussetzen!
Wird also z.B. die Haftung wegen Pflichtverletzung aus einem Kaufvertrag verlangt, so kommt es auf die Kaufmannseigenschaft regelmäßig erst beim Ausschluss der Rechte aus § 437 BGB nach § 377 II HGB an. Wird Erfüllung einer Bürgschaftsschuld verlangt, so kommt es auf den Kaufmannsbegriff bei der Frage nach dem Schriftformerfordernis des § 766 S. 1 BGB an, von dem § 350 HGB eine Ausnahme macht.

Die Bedeutung des Kaufmannsbegriffes wird klar, wenn man sich einige Sonderregeln vor Auge führt, die grds. nur für Kaufleute gelten. Als solche sind beispielhaft zu nennen:

⇨ nur Kaufleute dürfen eine Firma führen, § 17 HGB,

⇨ nur Kaufleute können Prokura erteilen, § 48 HGB,

⇨ eine Personenhandelsgesellschaft kann nur zum Betrieb eines Handelsgewerbes gegründet werden, § 105 HGB,

⇨ Kaufleute können sich formlos u.a. verbürgen, § 350 HGB, und ihnen steht die Einrede der Vorausklage nicht zu, § 349 HGB,

⇨ eine von einem Kaufmann verwirkte Vertragsstrafe ist nicht herabsetzbar, § 348 HGB,

⇨ Kaufleute können in weiterem Umfang Gerichtsstandvereinbarungen treffen, § 38 I ZPO (vgl. hierzu auch § 29 II ZPO).

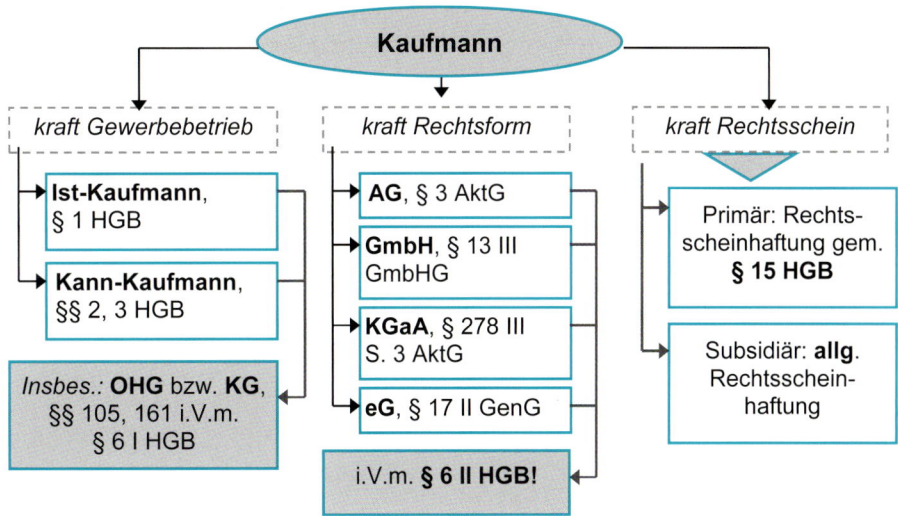

§ 3 DER EINZELKAUFMANN

zwei Kaufmannsbegriffe

Das HGB enthält zwei Kaufmannsbegriffe: Zum einen den tätigkeits-bezogenen des § 1 I HGB, zum anderen den formellen Kaufmanns-begriff der §§ 5, 6 HGB.   7

Einzelkaufleute und Handelsgesell-schaften

§ 6 HGB ist zu entnehmen, dass nicht nur Einzelpersonen, sondern auch Personenvereinigungen Kaufmannseigenschaft haben können.   8

Definition

Nach § 1 I HGB ist Kaufmann, wer ein Handelsgewerbe betreibt. Der Kaufmannsbegriff beruht also auf drei Voraussetzungen:

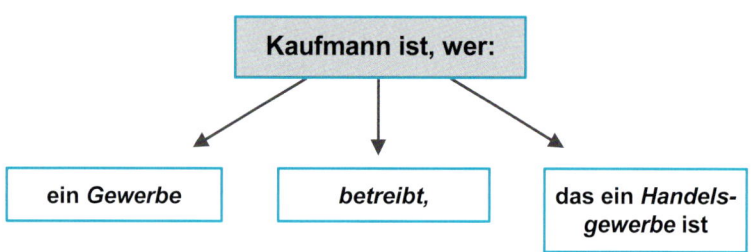

A. Gewerbe

Definition

Voraussetzung für die Kaufmannseigenschaft ist zunächst, dass sich die ausgeübte Tätigkeit als *Gewerbe* darstellt.

Gewerbe ist nach h.M. eine offene, planmäßige, selbständige (aber nicht künstlerische, wissenschaftliche oder freiberufliche) und erlaub-te, von der Absicht dauernder Gewinnerzielung getragene Tätigkeit.   9

hemmer-Methode: Für den Kaufmannsbegriff kommt dem Gewerbebe-griff nach der Neufassung der §§ 1, 2 HGB entscheidende Bedeutung zu. Dennoch wird er in einer Klausur selten problematisch sein und sollte daher mit der gebotenen Kürze abgehandelt werden. Anders ist dies aber z.B. im öffentlichen Recht, wenn sich die Frage stellt, ob ein Gewerbe i.S.d. § 1 GewO vorliegt.

I. Offenheit

Offenheit = Erkennbarkeit f. Dritte

Die Tätigkeit muss für Dritte erkennbar sein. Jemand, der z.B. "mit Hilfe seiner Bank jahrelang spekuliert, ohne dass das der Öffentlich-keit gegenüber hervortritt", betreibt kein Gewerbe.   10

II. Planmäßigkeit

planmäßig = auf Dauer angelegt

Die Tätigkeit muss auf gewisse Dauer angelegt sein. Die Absicht des Handelnden muss sich also auf eine *Vielzahl* von Geschäften rich-ten.   11

Es reicht, wenn objektiv wiederholt und regelmäßig Geschäfte getä-tigt werden und subjektiv eine entsprechende Absicht vorliegt. Eine saisonale Unterbrechung schadet nicht.

Bspe.:

⇨ *A betreibt während der drei Monate dauernden Feriensaison eine Würstchenbude am Timmendorfer Strand.*

Da der Zeitraum, für den die Tätigkeit geplant ist, keine Rolle spielt, solange nur die Absicht vorhanden ist, fortgesetzt Geschäfte zu schließen, betreibt A ein Gewerbe.

⇨ *B sammelt Bierflaschen. Von Zeit zu Zeit verkauft er überflüssige Exemplare an andere Sammler.*

Hier fehlt es wohl an der Absicht, regelmäßig Geschäfte zu tätigen. Er betreibt daher kein Gewerbe.

III. Selbständigkeit

selbständig = nicht weisungsgebunden

Selbständig ist, wer nicht weisungsgebunden ist. Dabei kommt es auf eine rechtliche, nicht dagegen auf eine wirtschaftliche Selbständigkeit an. Hier ist zu den unselbständigen Arbeitnehmern abzugrenzen.

12

Probleme ergeben sich dabei bei den Handelsvertretern, vgl. § 84 I HGB.

Bsp.: H ist mit dem Vertrieb von Damenoberbekleidung betraut. Er besucht nach einem von der Geschäftsleitung ausgearbeiteten Plan Einzelhandelsgeschäfte im süddeutschen Raum. Wenn er nicht auf Reisen gesandt wird, erledigt er zu den üblichen Bürozeiten Routinearbeiten in der Zentrale, wo ihm dafür ein Schreibtisch zur Verfügung steht.

H betreibt kein Gewerbe, er ist vielmehr Arbeitnehmer, vgl. § 84 I S. 2 HGB. Er ist also nicht (selbständiger) Handelsvertreter, sondern (unselbständiger) Handlungsgehilfe, § 59 HGB.

hemmer-Methode: § 84 I S. 2 HGB lässt sich über den Bereich des Handelsrechts hinaus zur Abgrenzung von Arbeitnehmern und Selbständigen heranziehen. Diese Abgrenzung spielt z.B. im Arbeitsrecht ein wichtige Rolle bei der Frage, ob der Rechtsweg zu den Arbeitsgerichten eröffnet ist, vgl. §§ 2, 48 ArbGG, sowie HEMMER/WÜST, Arbeitsrecht, Rn. 17.

IV. Erlaubtheit

beachte: §§ 134, 138 BGB

Es darf sich nicht um eine an sich gesetzes- und sittenwidrige Tätigkeit i.S.d. §§ 134, 138 BGB handeln, wie z.B. Rauschgift- und Frauenhandel, Hehlerei oder Wucher.

13

hemmer-Methode: Hier können jedoch die Grundsätze der Scheinkaufmannseigenschaft kraft Auftretens eingreifen (vgl. unten Rn. 61 ff.). Die „Rauschgiftschmuggler-OHG" ist dann zwar keine OHG und hat auch nicht die Rechte eines Kaufmanns, sie muss sich jedoch zu ihren Lasten als Kaufmann behandeln lassen (vgl. HEMMER/WÜST, Gesellschaftsrecht, Rn. 117, 121).

Dabei ist zu beachten, dass es auf die Wahrung öffentlich-rechtlicher Vorschriften, insbesondere jener des Gewerbeordnungsrechts, nicht ankommt (§ 7 HGB).

Bsp.: A vermittelt an der Haustür Kredite.

Er betreibt ein Gewerbe, auch wenn gemäß §§ 56 I Ziff. 6, 34c I Nr. 1 (lit. a) GewO die Vermittlung von Krediten im Reisegewerbe unzulässig ist, § 7 HGB.

V. Gewinnerzielungsabsicht

Entgeltlichkeit

Weitere Voraussetzung ist, dass *entgeltliche* Leistungen angeboten werden.

14

Die Tätigkeit muss eine *anbietende* Tätigkeit auf einem Markt sein. Wer nur "nachfragt" ist Verbraucher, nicht Gewerbetreibender. Es muss sich dabei um eine *rechtsgeschäftliche* Tätigkeit handeln, d.h. sie muss zu privatrechtlichen Verpflichtungsgeschäften führen. Die Erfüllung (§ 362 BGB) kann dagegen auch in einer Realhandlung bestehen. Es ist nach heute h.M.[10] nicht erforderlich, dass zivilrechtlich durchsetzbare Ansprüche für den Gewerbetreibenden entstehen. Auch der Ehemakler (vgl. § 656 BGB!) betreibt daher ein Gewerbe.

15

str. Gewinnerzielungsabsicht

Streitig ist, ob über die Entgeltlichkeit der Leistung hinaus auch eine *Gewinnerzielungsabsicht* notwendig ist.[11] Nach der Rechtsprechung des BGH zum Kaufmannsbegriff (§ 1 HGB) ist eine Gewinnerzielungsabsicht des Kaufmanns im Bereich des Handelsrechts grundsätzlich unverzichtbar.[12] Nach Ansicht der Literatur kommt es dagegen nicht darauf an, ob wirklich Gewinne erwirtschaftet werden.

16

hemmer-Methode: Ohne besondere Anhaltspunkte im Sachverhalt brauchen Sie hierauf nicht einzugehen, da die Gewinnerzielungsabsicht bei privaten Wirtschaftsunternehmen vermutet wird. Betreibt dagegen die öffentliche Hand ein Unternehmen, so ist die Gewinnerzielungsabsicht konkret festzustellen.[13]

Kritik

Gegen das Erfordernis der Gewinnerzielungsabsicht spricht, dass dieses Merkmal - anders als der Begriff der Entgeltlichkeit - schwer zu fassen ist und kein Grund dafür besteht, Abschreibungsgesellschaften und öffentliche Unternehmen gegenüber anderen Gewerbebetrieben zu privilegieren. Nicht das Gewinnstreben, sondern das unternehmerische Auftreten im Rechtsverkehr rechtfertigt die Anwendung handelsrechtlicher Normen. Etwas anderes mag für karitative Gesellschaften gelten, da von diesen regelmäßig nicht erwartet wird, dass sie die strengeren Regeln des kaufmännischen Verkehrs einhalten.

17

für Unternehmer i.S.d. § 14 BGB ist **Gewinnerzielungsabsicht nicht nötig**

Das Vorliegen eines Gewerbes setzt für die **Unternehmereigenschaft** nach Ansicht des BGH jedenfalls nicht voraus, dass dieser mit seiner Geschäftstätigkeit die Absicht verfolgt, Gewinn zu erzielen. Dies entspricht der Rechtsprechung des BGH[14] und auch der ganz h.L. zur Auslegung des Unternehmerbegriffs in § 14 I BGB, wonach die Unternehmerstellung des Vertragspartners des Verbrauchers nicht von der Motivation, Gewinn zu erzielen, abhängig ist.[15]

Grund: *Verbraucherschutz ist unabhängig von Gewinnerzielung*

Auf ein dauerhaftes Gewinnstreben des Verkäufers kommt es im Interesse eines wirksamen Verbraucherschutzes nicht an. Eine Gewinnerzielungsabsicht als rein unternehmensinterne Tatsache wird dem Verbraucher beim Vertragsschluss auch häufig verborgen bleiben.

---

[10] BAUMBACH/HOPT, § 1, Rn. 21.

[11] BAUMBACH/HOPT, § 1, Rn. 2.

[12] BGHZ 155, 240 - 249 (245 m.w.N.) = **juris**byhemmer.

[13] BAUMBACH/HOPT, § 1, Rn. 3,Rn. 27.

[14] BGHZ 155, 240 - 249 (246) = **juris**byhemmer.

[15] MüKo, § 14 BGB, Rn. 16 ff.; Palandt, § 14, Rn. 2; Erman, § 14 BGB, Rn. 8 ff., 12.

Es ist kein überzeugender Grund dafür ersichtlich, den Verbraucherschutz davon abhängig zu machen, ob der Verkäufer mit einer in professioneller Weise betriebenen Geschäftstätigkeit Gewinn erzielen oder - wie V für sich geltend macht - damit lediglich Verluste reduzieren will. Nichts spricht dafür, das Schutzbedürfnis des Verbrauchers, auf das für den Anwendungsbereich des Gesetzes wesentlich abzustellen ist, für geringer zu erachten, wenn dem Verkäufer, der am Markt nach seinem gesamten Erscheinungsbild als Unternehmer auftritt, die Absicht der Gewinnerzielung fehlt.

hemmer-Methode: Dem für das Verbraucherschutzrecht maßgeblichen, allein auf die objektiven Gegebenheiten abstellenden Unternehmer- und Gewerbebegriff, hat sich aber schon die ältere Rechtsprechung des BGH zum handelsrechtlichen Gewerbebegriff angenähert, soweit sie den Zweck der Gewinnerzielung dahin verstanden hat, dass der Geschäftsbetrieb auf Erzielung „dauernder Einnahmen" gerichtet ist.[16] Dass unter dem Strich ein Gewinn verbleibt, scheint demnach auch für § 1 HGB nicht zwingend erforderlich. Ob am Merkmal der Gewinnerzielungsabsicht im Handelsrecht weiterhin festzuhalten ist, hat der BGH zuletzt[17] aber (leider) ausdrücklich offen gelassen.

VI. Negatives Merkmal: Freiberufler

nicht:
Angehörige freier Berufe

Kein Gewerbe sind - obwohl die vorstehend genannten Merkmale eigentlich vorliegen - die sog. *freien Berufe*.

18

vgl. § 1 I S. 2 PartGG

Dies entspricht dem in den Gesetzesmaterialien zum Ausdruck gekommenen Willen des Gesetzgebers, der er sich u.a. auch § 1 I S. 2 PartGG[18] entnehmen lässt.

im Vordergrund steht persönliche Leistung

Der Grund dafür lag darin, dass diese Berufe nicht primär der Gewinnerzielung, sondern einem höheren wissenschaftlichen oder künstlerischen Interesse dienen sollten. Nach heutiger Auffassung wird die Ausklammerung der Freiberufler aus dem Begriff des Gewerbes damit begründet, dass der frei Schaffende seine wirtschaftlichen Leistungen nicht mittels einer organisierten Wirtschaftseinheit erbringt, sondern dass das *persönliche* Erbringen der Leistung im Vordergrund steht.

hemmer-Methode: Allerdings sind Freiberufler Unternehmer i.S.d. § 14 BGB. Merken Sie sich also folgendes: Jeder Kaufmann ist auch Unternehmer, aber nicht jeder Unternehmer ist Kaufmann (Bsp.: Freiberufler).

sondergesetzliche Fälle

Für eine Reihe freier Berufe ist durch Sondergesetze ausdrücklich bestimmt, dass es sich bei ihnen *nicht* um ein Gewerbe handelt.

19

Bspe.: Rechtsanwälte, § 2 II BRAO; Notare, § 2 S. 2 BNotO; Steuerberater, § 1 II SteuerBerG; Wirtschaftsprüfer, § 2 S. 2 WirtschPrüfO; Ärzte, § 1 II BÄrzteO; Zahnärzte, § 1 III ZahnHeilKG; Tierärzte, § 1 II BTierÄrzteO.

Ausnahmen

Tritt allerdings die persönliche Tätigkeit zugunsten einer Kumulation von Produktionsmitteln zurück, wie z.B. bei einer Verlagsgesellschaft oder einem zahntechnischen Labor, so kommen die handelsrechtlichen Vorschriften wieder zum Zuge. Die Inhaber von Anstalten zur Ausübung derartiger Tätigkeiten durch eine Mehrzahl von Personen sind daher Gewerbetreibende.

20

Bsp.: Inhaber von Privatschulen, Sanatorien, Theatern usw.

---

[16] Vgl. BGHZ 33, 321 - 339 (324) = **juris**byhemmer; BGHZ 95, 155 - 162 (157) = **juris**byhemmer; BGH, WM 1959, 161 - 164.

[17] BGH, ZGS 2006, 260 - 266 = **juris**byhemmer = **Life&Law 08/2006, 507 - 509 (510)**.

[18] Schönfelder, Ordnungsnummer 50b.

> **hemmer-Methode: Gerade die freien Berufe sind häufig Gegenstand von Examensklausuren, weil sie mangels Betreibens eines Gewerbes auch nicht durch Eintragung ins Handelsregister Fiktivkaufleute gem. § 5 HGB[19] werden und keine Personenhandelsgesellschaften bilden können.**
> **Sie können allenfalls Scheinkaufleute kraft Auftretens[20] sein.**
> **Da Sie die oben angeführten Gesetze im Examen meist nicht zur Hand haben werden, können Sie die (nicht abschließende) Aufzählung in § 1 II S. 1 PartGG heranziehen.**

VII. Exkurs: Gewerbebetriebe der öffentlichen Hand

kein Gewerbe bei hoheitlicher Tätigkeit

Unternehmen der öffentlichen Hand sind insoweit keine Gewerbe i.S.d. Handelsrechts, als sie *hoheitlich* tätig werden.   21

> **hemmer-Methode: Die früheren Sonderregelungen im HGB für die Bundespost und die Bundesbahn sind mit der Neuordnung dieser Bereiche entfallen. Ihre privatrechtlichen Rechtsnachfolger sind als AG Formkaufleute wie andere auch, obgleich sie noch zahlreichen Sonderbestimmungen unterworfen sind.**

Ansonsten ist zu unterscheiden:

Juristische Personen des *öffentlichen* Rechts können als solche ein Gewerbe betreiben.

Gewinnerzielungsabsicht problematisch

Fraglich ist aber stets die Gewinnerzielungsabsicht, die hier im Gegensatz zu sonstigen Gewerbetreibenden nicht vermutet wird.[21]

Insbesondere bei Betrieben im Bereich der Daseinsvorsorge - z.B. Stadtwerke, Verkehrsbetriebe - die als *Eigenbetriebe* organisiert sind, hat die Rechtsprechung die Gewerbeeigenschaft wegen fehlender Gewinnerzielungsabsicht regelmäßig verneint. Betreiben sie aber ein Gewerbe, so bestimmt sich ihre Kaufmannseigenschaft nach den allgemeinen Regeln der §§ 1-5 HGB.   22

> **Bsp.:** *Kaufleute nach § 1 HGB sind öffentlich-rechtliche Sparkassen, die Deutsche Bundesbank (arg. e. § 29 III BBankG) soweit sie mit den Geschäftsbanken in Verbindung tritt (z.B. bei der Diskontierung von Wechseln).*

freiwillige Eintragung mögl.

Soweit sie ein Gewerbe betreiben, das nicht unter § 1 II HGB, sondern nur unter § 2 HGB fällt, können sie durch *freiwillige* Eintragung in das Handelsregister Kaufmannseigenschaft erreichen.   23

> **Bsp.:** *Ein Elektrizitätswerk der öffentlichen Hand (Urproduktion!)*

Bedient sich die öffentliche Hand der Rechtsform einer juristischen Person des Privatrechts, so sind diese Unternehmen Formkaufleute.[22]

> **Bsp.:** *Stadtwerke-AG, Straßenbahn-GmbH, Stadthallen-GmbH u.Ä.*

---

[19]   Dazu unten Rn. 57.

[20]   Dazu unten Rn. 62.

[21]   Dies hat das OLG Stuttgart bestätigt, vgl. NJW-RR 1999, 1557 - 1559 = **juris**byhemmer. Danach wird die Gewinnerzielungsabsicht nur dann vermutet, wenn die von dem gemeindlichen Eigenbetrieb betriebenen Geschäfte auch von Privatunternehmen mit der Absicht der Erzielung dauernder Einnahmen betrieben werden können und gelegentlich betrieben werden. Zu den sonstigen Gewerbetreibenden vgl. oben Rn. 14.

[22]   Vgl. unten Rn. 81 ff.

hemmer-Methode: Denken in Zusammenhängen! Dieser Bereich spielt regelmäßig in öffentlich-rechtlichen Klausuren eine Rolle, da auf solche Unternehmen - soweit sie im Bereich der Daseinsvorsorge tätig werden - öffentlich-rechtlich überlagertes Verwaltungsprivatrecht Anwendung findet, insbesondere die Grundrechte unmittelbar anwendbar sind; vgl. dazu HEMMER/WÜST, Verwaltungsrecht II, Rn. 9 ff.).

B. Betreiben des Gewerbes

Betreibender = Vertragspartner

Das Gewerbe wird von derjenigen Person betrieben, in deren Namen die zum Gewerbe gehörenden Rechtsgeschäfte abgeschlossen werden. Gewerbetreibender ist also der Vertragspartner.   24

Kaufleute sind deshalb:

⇨ Die Kapitalgesellschaften (§ 3 AktG, § 13 III GmbHG i.V.m. § 6 I, II HGB), *nicht* dagegen deren Vorstand oder Geschäftsführer, der für sie im Rechtsverkehr auftritt.

⇨ Die Personenhandelsgesellschaften (§§ 124 I, 161 II HGB i.V.m. § 6 I HGB); ob dagegen auch deren Gesellschafter Kaufleute sind, ist streitig. Die h.M. bejaht dies beim Komplementär, nicht aber beim Kommanditisten, weil sie auf die Kriterien der Geschäftsführung und des persönlichen Haftungsrisikos abstellt.[23]

hemmer-Methode: Das „Betreiben" des Gewerbes erfordert nach h.M. also zweierlei. Zum einen die Leitungsmacht, zum anderen das persönliche Haftungsrisiko.
OHG-Gesellschafter haben gem. §§ 125, (161 II) HGB die erforderliche Leitungsmacht und haften persönlich gem. §§ 128, (161 II) HGB. Sie sind daher Kaufleute (vgl. dazu Rn. 80).

⇨ Der Inhaber eines Betriebes, der im Ausland lebt und sich die Erträge dorthin überweisen lässt, *nicht* dagegen sein Prokurist, der den Betrieb selbstverantwortlich leitet.

⇨ Der Gemeinschuldner, *nicht* aber der Insolvenzverwalter, der gem. § 80 I InsO das Geschäft des Gemeinschuldners führt.

⇨ Der Treuhänder, der in sog. unechter Stellvertretung für den Treugeber tätig wird, da nur er berechtigt und verpflichtet wird. Nicht aber der Treugeber selbst.

hemmer-Methode: Innerhalb der Treuhandverhältnisse ergeben sich besondere Probleme bei der Amtstreuhand (Insolvenzverwalter, Testamentsvollstrecker). Sie gehören nicht in den Pflichtfachbereich des Ersten Staatsexamens.

⇨ Der Pächter, da er die im Gewerbebetrieb anfallenden Rechtsgeschäfte im eigenen Namen abschließt und allein berechtigt und verpflichtet wird. Es kommt nicht darauf an, dass die Betriebsmittel dem Verpächter gehören. Dieser ist *nicht* Kaufmann.

⇨ Der Minderjährige, *nicht* dagegen sein gesetzlicher Vertreter, der im Namen des Minderjährigen das Geschäft führt (Eltern, §§ 1626 ff., 1629 BGB; Vormund, 1793 BGB; Pfleger, § 1909 BGB).

---

[23] Vgl. für die h.M.: BGHZ 34, 293 - 299 (296) = **juris**byhemmer; a.A. BAUMBACH/HOPT, § 105, Rn. 19 ff. Siehe ausführlicher unten Rn. 80.

⇨ *Nicht* Kaufmann ist dagegen der bloß vorgeschobene Stroh-
mann, dem das Geschäft nicht gehört. Er betreibt es in Wirklichkeit nicht selbst, sondern soll durch sein Auftreten die wirklichen
Verhältnisse in unzulässiger Weise verschleiern.[24]

⇨ *Nicht* die Miterbengemeinschaft (§ 2032 BGB), weil diese mangels Rechtsfähigkeit nicht berechtigt und verpflichtet werden
kann, sondern nur die einzelnen Miterben.[25]

Exkurs: Genehmigung des Familiengerichts (FamG)

Die Genehmigung des Familiengerichts[26] ist gemäß §§ 1643 I, 1822,   **25**
1915 BGB bei folgenden Geschäften Minderjähriger auf dem Gebiet
des Handels- und Gesellschaftsrechts erforderlich:

> ⇨ selbständiger Betrieb eines Erwerbsgeschäfts, § 112 BGB
>
> ⇨ entgeltlicher Erwerb oder Veräußerung eines Erwerbsgeschäfts,
>   §§ 1643 I, 1822 Nr. 3 BGB
>
> ⇨ Erteilung einer Prokura, §§ 1643 I, 1822 Nr. 11 BGB
>
> ⇨ Abschluss eines Gesellschaftsvertrages, wenn Gesellschafts-
>   zweck der Betrieb eines Erwerbsgeschäfts ist (§§ 1643 I,
>   1822 Nr. 3 BGB), auch wenn der Minderjährige nur kapitalmäßig
>   als Kommanditist beteiligt ist
>
> ⇨ Die Genehmigungsbedürftigkeit von Änderungen des Gesell-
>   schaftsvertrages ist umstritten: sie wird zum Teil verneint, zum
>   Teil grundsätzlich bejaht, von anderen nur für den Fall „wesentli-
>   cher Änderungen" angenommen. Der BGH votiert für Genehmi-
>   gungsfreiheit.[27] Dies führt jedoch zu dem eigentümlichen Ergeb-
>   nis, dass ein mit Genehmigung eingegangener Vertrag ohne eine
>   solche Genehmigung auch dann geändert werden kann, wenn
>   dadurch maßgebliche neue Verpflichtungen für den Minderjähri-
>   gen entstehen. Daher muss auch die Änderung des Gesell-
>   schaftsvertrages für genehmigungsbedürftig gehalten werden.[28]
>
> ⇨ Nicht genehmigungspflichtig ist die Veräußerung oder der Erwerb
>   von GmbH-Anteilen, solange nicht alle oder fast alle Anteile über-
>   tragen werden, da dies der Übertragung des Erwerbsgeschäfts
>   gleichgestellt wird.

Eltern als Vertragspartner des mdj.   Sind die Eltern selbst Vertragspartner, können sie das Kind wegen   **26**
Kindes   §§ 1629 II S. 1, 1795 II, 181 BGB nicht vertreten, sodass gemäß
                                           §§ 1693, 1909 I S. 1 BGB ein Ergänzungspfleger bestellt werden
                                           muss.

C. Handelsgewerbe

Betreiben eines Handelsgewerbes   Ob das betriebene Gewerbe ein *Handels*gewerbe ist, bestimmt sich   **27**
                                      nach §§ 1 II, 2 und 3 II, III HGB.

---

[24]   BAUMBACH/HOPT, § 1, Rn. 30.

[25]   FISCHER, Fortführung eines Handelsgeschäfts durch eine Erbengemeinschaft?, ZHR 144 (1980), 1 - 17; SCHMIDT, Die Erbengemeinschaft nach ei-
       nem Einzelkaufmann, NJW 1985, 2785 - 2793.

[26]   Vgl. **HEMMER/WÜST, Familienrecht**, Rn. 368 ff.

[27]   BGH, WM 1972, 1368 - 1371 (1370); BGH, NJW 1961, 724 - 725 = **juris**byhemmer; BGHZ 38, 26 - 36.

[28]   MÜKO, § 1822 BGB, Rn. 28.

I. Handelsgewerbe nach § 1 II HGB

Generalklausel

§ 1 HGB ist eine Generalklausel, die jeglichen Gewerbebetrieb erfasst, der einen in kaufmännischer Weise eingerichteten Geschäftsbetrieb erfordert.

28

Die negative Fassung des § 1 II HGB („es sei denn") bedeutet, dass bei jedem Gewerbebetrieb die Kaufmannseigenschaft vermutet wird.[29] Wer ein Handelsgewerbe betreibt, ist *stets* Kaufmann (sog. Istkaufmann) und muss sich daher in das Handelsregister eintragen lassen (§ 29 HGB). Diese Eintragung ist allerdings nur deklaratorisch.

hemmer-Methode: Die Vermutung des § 1 II HGB führt zu der Frage, wer die Beweislast für das Vorliegen der Kaufmannseigenschaft trägt. Für den Außenstehenden besteht meistens nicht die Möglichkeit, zu beurteilen, ob ein Unternehmen einen kaufmännisch eingerichteten Gewerbebetrieb erfordert oder nicht. Will sich daher ein "Nichtkaufmann" auf seine fehlende Kaufmannseigenschaft berufen, so hat er nachzuweisen, dass er lediglich ein Kleingewerbe betreibt. Dies ergibt sich aus der Formulierung des § 1 II HGB. Will sich dagegen ein nicht eingetragener Gewerbetreibender auf seine Kaufmannseigenschaft berufen, wird der Vertragspartner durch § 15 HGB geschützt.[30]

29

Für die Beurteilung, ob ein Handelsgewerbe im Einzelfall vorliegt, ist eine Gesamtwürdigung der Verhältnisse des betreffenden Unternehmens im gewöhnlichen Geschäftsverlauf vorzunehmen. Wurde der Geschäftsbetrieb neu gegründet, so ist darauf abzustellen, ob dabei ein in kaufmännischer Weise eingerichteter Geschäftsbetrieb nach Anlage des Handelsgeschäfts prognostizierbar ist.

30

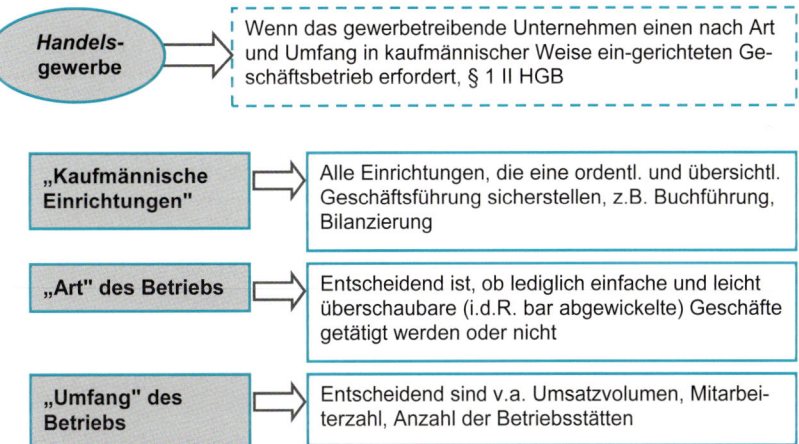

Erfordernis kaufmännischer Einrichtung

Grundsätzlich stellt § 1 II HGB dabei nur auf die Erforderlichkeit der kaufmännischen Einrichtung ab. Ob das Unternehmen tatsächlich in dieser Weise eingerichtet ist, ist unerheblich.

31

Unter einer kaufmännischen Einrichtung versteht man alle Einrichtungen, die eine ordentliche und übersichtliche Geschäftsführung sicherstellen, z.B. Buchführung und Bilanzierung, Führung von Kassenbüchern, die Aufbewahrung von Belegen und die Inventur.

32

Bei der Frage, ob Art und Umfang einer Unternehmung dies erfordern, können die folgenden Kriterien herangezogen werden.

---

[29] Begr. Reg, BT-Dr. 13/ 8444, S. 23; zur Reichweite der Vermutung des § 1 II HGB siehe: MÖNKEMÖLLER, Die Kleingewerbetreibenden nach dem neuen Kaufmannsrecht, JuS 2002, 30 - 34.

[30] Siehe unten, Rn. 123 ff.

hemmer- Methode: Beide Merkmale müssen stets kumulativ vorliegen. Es reicht nicht, dass der Betrieb nur seiner Art oder nur seinem Umfang nach einer kaufmännischen Einrichtung bedarf. *33*

Umfang des Gewerbes

Der Umfang eines Betriebes wird im Wesentlichen bestimmt nach Umsatzvolumen, Mitarbeiterzahl und Anzahl der Betriebsstätten. *34*

Art des Gewerbes

Für die Frage, ob das Unternehmen nach der Art seines Betriebes kaufmännischer Einrichtung bedarf, ist entscheidend, ob die einzelnen Geschäftsvorfälle einfach und überschaubar sind.

Kaufmännische Einrichtungen sind regelmäßig erforderlich, wenn in dem Geschäftsbetrieb nicht nur einfach überschaubare, regelmäßig bar abgewickelte Umsatzgeschäfte getätigt werden, sondern wenn der Betrieb eine Vielfalt von Erzeugnissen vertreibt, umfangreiche Geschäftsbeziehungen zu Kunden und Lieferanten unterhält, Kredite gewährt oder in Anspruch nimmt und die Abwicklung der einzelnen Geschäftsvorfälle sich über einen längeren Zeitraum erstrecken kann. *35*

Eine Abgrenzung der beiden Merkmale wird oft nicht möglich sein, da sie in gegenseitiger Abhängigkeit voneinander stehen. Es kommt entscheidend auf das Gesamtbild des Unternehmens an.

II. Sonderfall: Inhaber mehrerer Unternehmen

Inhaber mehrerer Unternehmen

Sind bei einem gemischten Betrieb in einem Teilbereich die Voraussetzungen für ein Handelsgewerbe erfüllt, so ist die Frage der Kaufmannseigenschaft einheitlich nach dem Gesamtbild des Unternehmens zu beurteilen. Entscheidend ist, welcher Tätigkeitsbereich das Gesamtbild prägt, in welchem Bereich also der Schwerpunkt liegt.[31] *40*

> *Bsp.: Ein Bildhauer betreibt gleichzeitig auch einen Warenhandel.*

Ist ein solcher Schwerpunkt nicht feststellbar, der Handel lediglich von untergeordneter oder gleichrangiger Bedeutung, so ist der Inhaber kein Kaufmann.

Davon ist der Fall zu unterscheiden, dass eine Person Inhaber mehrerer Unternehmen ist.

> *Bsp.: A betreibt in München eine kleine Autowerkstatt bei sich zu Hause in der Garage und einen Gebrauchtwagenhandel in Hamburg.*

Da es sich hier um getrennte Unternehmen handelt, ist die Kaufmannseigenschaft für jedes gesondert zu beurteilen. A ist also Kaufmann (§ 1 II HGB) bzgl. des Autohandels. Bzgl. der Autowerkstatt kann er die Kaufmannseigenschaft nur nach § 2 HGB erlangen. Je nachdem für welches der beiden Unternehmen er handelt, sind die Vorschriften des Handelsrechts anwendbar oder nicht.

hemmer-Methode: Eine Person kann auch mehrere selbständige Gewerbebetriebe betreiben, die jeweils die Voraussetzungen eines Handelsgewerbes erfüllen. Nach Eintragung der Autowerkstatt in das Handelsregister ist A dann nur *ein* Kaufmann mit doppelt begründeter Kaufmannseigenschaft: einmal nach § 1 II HGB und einmal nach § 2 HGB. *41*

---

[31]   BGH, NJW 1999, 2967 - 2969 = **juris**byhemmer.

III. Handelsgewerbe kraft Eintragung

bei anderem Gewerbe ist konstitutive Eintragung notw.

Während der Betreiber eines Handelsgewerbes i.S.d. § 1 II HGB auch ohne Eintragung im Handelsregister kraft Gesetz Kaufmann ist, können die Betreiber aller anderen Gewerbe die Kaufmannseigenschaft nur mittels *konstitutiver* Eintragung ins Handelsregister erreichen. **42**

Nach § 2 HGB kann sich auch jeder Kleingewerbetreibende mit seiner Firma in das Handelsregister eintragen lassen und so die Kaufmannseigenschaft erlangen. Bestehen geblieben ist allerdings die Sonderregelung für den Bereich der Land- und Forstwirtschaft in § 3 HGB.

hemmer-Methode: Wer nur auf das Recht der Handelsgeschäfte blickt, mag sich fragen, warum ein Gewerbetreibender die Eintragung anstreben sollte, wenn diese doch nur dazu führt, dass er den strengeren Regelungen des HGB unterworfen wird. Die eigentliche Bedeutung der Eintragungsmöglichkeit liegt auf dem Gebiet des Gesellschaftsrechtes. Sie eröffnet den Kleingewerbetreibenden den Weg zur OHG, zur KG und insbesondere zur GmbH und Co KG und damit zur Beschränkung der persönlichen Haftung.

1. Der Kannkaufmann nach § 2 HGB

Kannkaufmann, § 2 HGB

Fällt der Betrieb nicht unter § 1 II HGB, so kommt also der Erwerb der Kaufmannseigenschaft gem. § 2 HGB in Betracht. **43**

Gewerbe

Voraussetzung für den Erwerb der Kaufmannseigenschaft nach § 2 HGB ist der Betrieb eines Gewerbes. Auch jetzt noch sind damit insbesondere die freien Berufe von dieser Regelung ausgeschlossen.

Eintragung wirkt konstitutiv

Der von § 2 HGB erfasste Kleingewerbetreibende wird erst mit der Eintragung in das Handelsregister Kaufmann. Diese wirkt also statusbegründend (konstitutiv). **44**

> *Bsp.: Ein Einheimischer auf Sylt, der am Wochenende vor seinem Haus Getränke an Touristen verkauft, ist wohl kein Kaufmann nach § 1 II HGB. Erreicht er jedoch seine Eintragung im Handelsregister mit der Firma „Fisher´s Drinks",[32] ist er ab dem Zeitpunkt der Eintragung Kaufmann i.S.d. HGB.*

hemmer-Methode: In der Klausur bedeutet das für Sie, dass eine Bejahung der Kaufmannseigenschaft nach § 2 HGB nur dann in Betracht kommt, wenn Sie vorher §§ 1 II u. 3 HGB verneint haben. Die Tatsache, dass ein Gewerbe betrieben wird, reicht aber nach § 2 HGB noch nicht aus, um die Kaufmannseigenschaft zu begründen. Zusätzlich ist für den Erwerb der Kaufmannseigenschaft erforderlich, dass der Gewerbebetrieb *tatsächlich* ins Handelsregister eingetragen ist. **45**

46

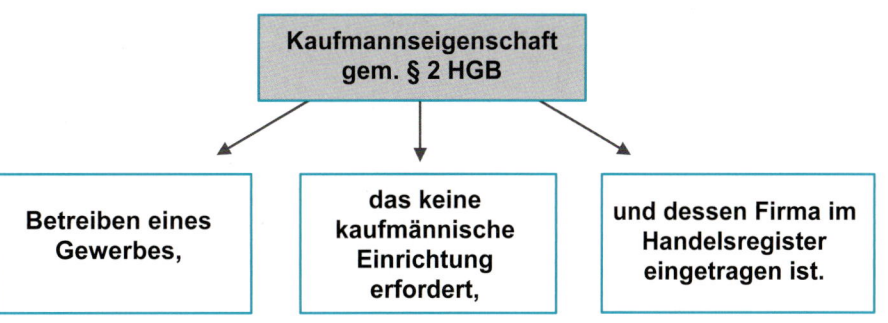

Kaufmannseigenschaft gem. § 2 HGB		
Betreiben eines Gewerbes,	das keine kaufmännische Einrichtung erfordert,	und dessen Firma im Handelsregister eingetragen ist.

---

[32] Zum Firmenrecht siehe unten Rn. 157.

| | **hemmer-Methode: Die Eintragung bewirkt im Übrigen, dass gem. § 5 HGB die Kaufmannseigenschaft fingiert wird.** | 47 |

Achtung: § 5 HGB greift nur ein, wenn tatsächlich ein Gewerbe betrieben wird.

§ 5 HGB hilft dagegen nicht, wenn nur die Eintragung noch fortbesteht, der Gewerbebetrieb jedoch eingestellt wurde. Hier hilft u.U. § 15 HGB i.V.m. § 31 II HGB.

§ 5 HGB ist im Bereich der Kaufmannslehre durch das Handelsreformgesetz von 1998 bedeutungslos geworden, denn wo Gewerbe und Eintragung vorliegen, gilt bereits § 2 HGB.[33]

Kaufmann mit „Rückfahrkarte"

Im Unterschied zu den Istkaufleuten kann sich der Kannkaufmann jederzeit wieder von der Kaufmannseigenschaft befreien, indem er die Löschung der Firma beantragt, § 2 S. 3 HGB. Er ist also Kaufmann aus eigenem Willen. 48

hemmer-Methode: Als Beschreibung für dieses Phänomen wurde von K. Schmidt der bildhafte Ausdruck „Kaufmann mit Rückfahrkarte" entwickelt.[34]

Die Möglichkeit der Löschung auf Antrag bleibt ihm aber natürlich nur so lange offen, wie sein Gewerbebetrieb nicht unter § 1 II HGB fällt und er dadurch eintragungspflichtiger Istkaufmann geworden ist, § 2 S. 3 HGB a.E.

2. Kannkaufmann nach § 3 HGB

§ 3 I HGB bei Land- u. Forstwirten

Die Land- und Forstwirtschaft untersteht gem. § 3 I HGB einer Sonderregelung. Auf ihren Betrieb findet die Vorschrift des § 1 II HGB keine Anwendung.[35] 49

hemmer-Methode: Dieser Bereich bietet in der Klausur gute Möglichkeiten, die Fähigkeit zu exakter Subsumtion und Arbeit am Text der Norm zu überprüfen. 50

kennzeichnend ist Nutzung des Bodens

Land- u. Forstwirtschaft ist dadurch gekennzeichnet, dass durch Nutzung des Bodens pflanzliche oder tierische Rohstoffe gewonnen bzw. verwertet werden. Streitig ist dabei die Einordnung der sog. Handelsgärtnereien und Baumschulen; sie sind jedenfalls dann keine landwirtschaftlichen Betriebe, wenn es am Merkmal der Bodenausnutzung fehlt, weil dann das Unternehmen nicht durch den Eigenanbau geprägt ist.[36] 51

hemmer-Methode: Zur Bestimmung, ob ein landwirtschaftlicher Betrieb vorliegt, kann auch der Rechtsgedanke des § 585 I 2 BGB herangezogen werden.

keine Istkaufleute

Land- u. Forstwirte sind also auch dann *nicht* Istkaufleute, wenn sie die Voraussetzungen des § 1 HGB erfüllen. 52

Bsp.: B ist Eigentümer großer Waldungen. Außerdem gehört ihm ein Sägewerk, in dem er das dort gefällte Holz verarbeitet.

§ 3 II, III HGB, Eintragung mögl.

Land- u. Forstwirte *können* jedoch Kaufmann nach § 3 II, III i.V.m. § 2 HGB werden. Ist die Eintragung erfolgt, dann bleibt der Eingetragene Kaufmann, bis die Löschung der Firma erfolgt. Erfordert das Unternehmen einen in kaufmännischer Weise eingerichteten Geschäftsbetrieb, erfolgt die Löschung nur nach den allgemeinen Vorschriften, § 3 II HGB. 53

---

[33]   Vgl. SCHMIDT, Das Handelsrechtsreformgesetz, NJW 1998, 2161 - 2169 (2164).

[34]   SCHMIDT, Das Handelsrechtsreformgesetz, NJW 1998, 2161 - 2169 (2162 f.).

[35]   Der globale Verweis auf § 1 HGB - inklusive des Abs. 1 - ist ein Redaktionsversehen, vgl. HOFMANN, Die Reformbedürftigkeit des neuen § 3 HGB, NJW 1976, 1830.

[36]   MÖNKEMÖLLER, Die Kleingewerbetreibenden nach dem neuen Kaufmannsrecht, JuS 2002, 30 - 34.

Eine Löschungsoption wie unter § 2 S. 3 HGB, nunmehr doch wieder die Ausgangslage zu wählen, besteht also nicht, vgl. § 3 II HGB a.E.[37]

Es steht also nicht von Einzelfall zu Einzelfall in seinem ständigen Belieben, ob er Kaufmann sein will oder nicht. Anders ist dies, wenn das Unternehmen zu den Kleingewerben i.S.d. § 2 HGB gehört, weil dann § 2 S. 3 HGB unmittelbar eingreift.

hemmer-Methode: In diesem Fall ist auch der Betreiber des land- oder forstwirtschaftlichen Unternehmens „Kannkaufmann mit Rückfahrkarte".

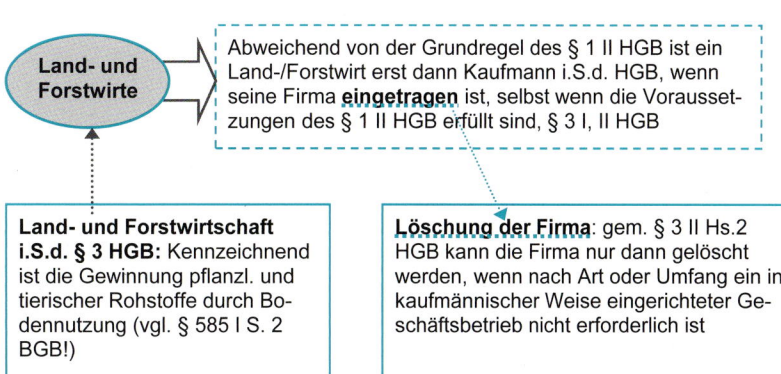

Land- und Forstwirte

Abweichend von der Grundregel des § 1 II HGB ist ein Land-/Forstwirt erst dann Kaufmann i.S.d. HGB, wenn seine Firma **eingetragen** ist, selbst wenn die Voraussetzungen des § 1 II HGB erfüllt sind, § 3 I, II HGB

Land- und Forstwirtschaft i.S.d. § 3 HGB: Kennzeichnend ist die Gewinnung pflanzl. und tierischer Rohstoffe durch Bodennutzung (vgl. § 585 I S. 2 BGB!)

Löschung der Firma: gem. § 3 II Hs.2 HGB kann die Firma nur dann gelöscht werden, wenn nach Art oder Umfang ein in kaufmännischer Weise eingerichteter Geschäftsbetrieb nicht erforderlich ist

Das heißt also: eintragungsfähig ist jeder land- oder forstwirtschaftliche Gewerbebetrieb; die Möglichkeit, die Firma auf Antrag wieder löschen zu lassen und sich dadurch der Kaufmannseigenschaft zu entledigen, besteht nur für diejenigen, deren Unternehmen keinen in kaufmännischer Weise eingerichteten Geschäftsbetrieb erfordert.

keine Verpflichtung zur Eintragung

Im Gegensatz zum Istkaufmann des § 1 HGB ist der Kannkaufmann des § 3 HGB aber auch dann nicht dazu verpflichtet, die Eintragung herbeizuführen, wenn sein Betrieb kaufmännischer Einrichtung bedarf. Dies gilt gem. § 3 III HGB auch für Nebenbetriebe der Land- und Forstwirtschaft.[38]

54

Abgrenzung:
Haupt- u. Nebenbetrieb

Soweit die Eintragung mit Bezug auf die Land- u. Forstwirtschaft erfolgt ist, begründet sie die Kaufmannseigenschaft in diesem Sachbereich. Soweit sie mit Bezug auf einen Nebenbetrieb erfolgt ist, begründet sie die Kaufmannseigenschaft nur bzgl. des Nebenbetriebs.

> *Bsp.: Im Beispiel oben Rn. 52 kann A die Kaufmannseigenschaft bzgl. der Forstwirtschaft oder bzgl. des Sägewerkes oder bzgl. beider durch konstitutive Eintragung ins Handelsregister erlangen.*

⇨ *selbständiges Unternehmen?*

Ein Nebenbetrieb der Land- und Forstwirtschaft liegt dann vor, wenn es sich um einen (nicht ganz) *selbständigen* Betrieb handelt, der mit dem land- oder forstwirtschaftlichen Betrieb zwar nicht identisch ist, mit ihm jedoch in einem wirtschaftlichen Zusammenhang steht. Da es sich um einen *Neben*betrieb handelt, muss die Land- u. Forstwirtschaft insgesamt überwiegen. Der Nebenbetrieb darf aber nicht bloße Verkaufsstelle für die Erzeugnisse des Hauptbetriebs sein. Diese müssen vielmehr dort verarbeitet werden.

55

> *Bsp.: Molkerei, Schnapsbrennerei, Sägewerk.*

---

[37] BAUMBACH/HOPT, § 3, Rn. 8.

[38] Vgl. Rn. 44.

> **hemmer-Methode: Wird das Nebengewerbe z.B. in der Form einer GmbH betrieben, dann brauchen Sie nicht auf § 3 III HGB einzugehen. Die GmbH ist dann vielmehr Formkaufmann, vgl. § 13 III GmbHG i.V.m. § 6 HGB.**

Liegen die Voraussetzungen eines Nebenbetriebes nicht vor, so bestimmt sich die Kaufmannseigenschaft bzgl. der neben der Land- und Forstwirtschaft betriebenen Unternehmung nach den allgemeinen Vorschriften.

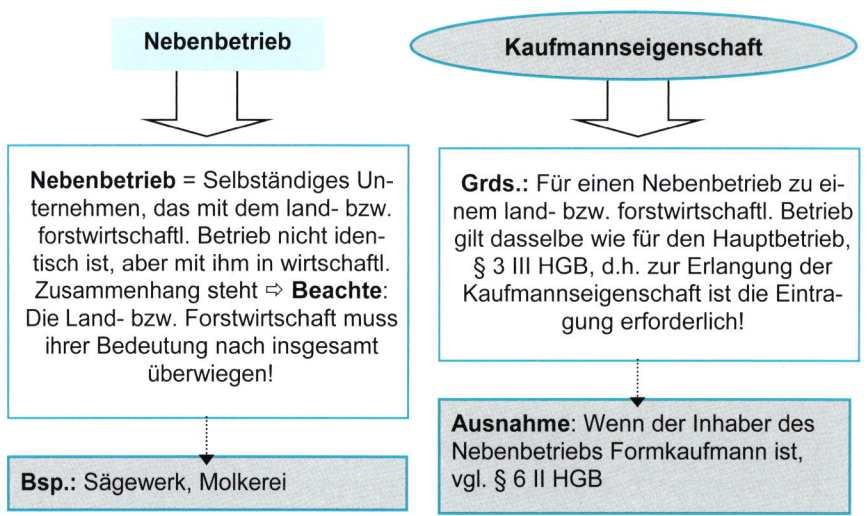

3. Kaufmann kraft Eintragung, §§ 2, 5 HGB

Fiktion d. § 5 HGB

Aus Gründen der Rechtssicherheit ***fingiert*** § 5 HGB die Kaufmannseigenschaft für die im Handelsregister eingetragenen Gewerbetreibenden.

56

> **hemmer-Methode: Es handelt entgegen dem Wortlaut „gegenüber demjenigen, welcher sich auf die Eintragung beruft" nicht um eine Einrede, sondern um eine Einwendung, die von Amts wegen zu beachten ist.**

§ 5 HGB hat durch die Neufassung weitgehend seine Bedeutung verloren, denn die Figur des Minderkaufmanns ist abgeschafft und die eingetragenen Kleingewerbetreibenden sind nun schon gem. § 2 HGB Kaufleute.[39]

Die Regierungsbegründung der HGB-Reform geht jedoch offensichtlich davon aus, dass der Anwendungsbereich des § 5 HGB im Bereich des § 1 HGB geblieben ist. Nach dieser Ansicht ist ein ursprünglich nach § 1 HGB eingetragenes Gewerbe zu Unrecht eingetragen, wenn sein Umfang unter den des § 1 II HGB absinkt.

Der dann grds. erforderlichen Amtslöschung soll der betroffene Unternehmensinhaber nur dadurch entgehen können, dass er der Löschung widerspricht.[40] Ab diesem Zeitpunkt wäre er dann Kaufmann nach § 2 HGB, für die Zwischenzeit bliebe nur der Rückgriff auf § 5 HGB.

---

[39]   Siehe SCHMIDT, NJW 1998, 2161 (2162 f.); MÖNKEMÖLLER, JuS 2002, 30 - 34.

[40]   Begr. Reg, BT-Dr 13/ 8444 S. 49; so wohl auch BÜLOW/ARTZ, Neues Handelsrecht, JuS 1998, 680 - 684.

Gegen diese Ansicht spricht jedoch, dass der Wortlaut des § 2 HGB nur die tatsächliche Eintragung der Firma voraussetzt, nicht dagegen von einer ausdrücklichen Eintragung *nach § 2* spricht.

Der Unternehmensträger, dessen Gewerbebetrieb unter die Grenze des § 1 II HGB schrumpft, ist, solange er eingetragen ist, also automatisch Kaufmann nach § 2 HGB.

Eines Rückgriffes auf § 5 HGB bedarf es nicht.[41] Die Gegenansicht verträgt sich zudem schwer mit dem System der neuen §§ 1 ff. HGB, die gerade den Abschied vom zu Unrecht eingetragenen Minderkaufmann bedeuten.

Fiktion endet mit Einstellung des Geschäftsbetriebes

Ein Anwendungsbereich wäre für § 5 HGB daher nur geblieben, wenn er auf diejenigen Fälle erstreckt worden wäre, in denen es trotz Eintragung an einem Gewerbebetrieb fehlt. § 5 HGB fordert aber ausdrücklich ein „betriebenes Gewerbe", schließt diese Fallgestaltungen also aus.[42]

Die Fiktion des § 5 HGB endet daher, wenn der im Handelsregister als Kaufmann eingetragene Unternehmer seinen Geschäftsbetrieb endgültig einstellt.

dann aber evtl. Kaufmann kraft Rechtsscheins wegen §§ 31 II S. 1, 15 I HGB

Mit der Einstellung des Geschäftsbetriebes endet die Fiktion der Kaufmannseigenschaft und damit die nur Kaufleuten zustehende Fähigkeit, zu firmieren, § 17 I HGB.

Dieses „Erlöschen der Firma" ist gem. § 31 II S. 1 HGB eine eintragungspflichtige Tatsache.

Wenn das Erlöschen des Geschäftsbetriebes und damit der Firma nach § 31 II S. 1 HGB im Handelsregister nicht eingetragen wurde, können sich gutgläubige Geschäftspartner auf die negative Publizität des Handelsregisters nach § 15 I HGB berufen.

hemmer-Methode: Zur negativen Publizität des Handelsregisters nach § 15 I HGB vgl. Rn. 125 ff. in diesem Skript.

§ 5 HGB gilt auch zugunsten des Eingetragenen

Der Normzweck der Beseitigung von Rechtsunsicherheit hat zur Folge, dass § 5 HGB - anders als § 15 I HGB - auch *zugunsten* des Eingetragenen gegenüber Dritten und zugunsten eines Gesellschafters gegen seine Mitgesellschafter gilt.

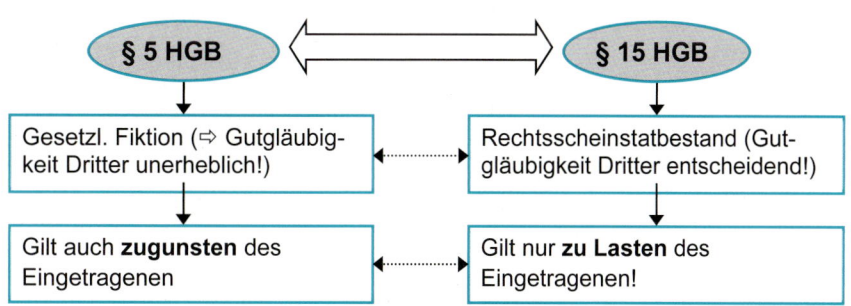

Beachte: Zwar kann § 5 HGB nicht fingieren, dass ein *Gewerbe* (noch nicht bzw. nicht mehr) tatsächl. betrieben wird. Allerdings kann insoweit ein *Rechtsscheintatbestand* (z.B. nach §§ 31 II S. 1, 15 I HGB) greifen!

[41]   So wohl SCHMIDT, Das Handelsrechtsreformgesetz, NJW 1998, 2161 - 2169 (2163, Fn. 31); HOHMEISTER, Die Bedeutung des § 5 HGB seit der Handelsrechtsreform 1998, NJW 2000, 1921 - 1922.

[42]   Zu alledem vgl. SCHMIDT, Das Handelsrechtsreformgesetz, NJW 1998, 2161 - 2169 (2164); zur anderen Ansicht: LIEB, Probleme des neuen Kaufmannsbegriffs, NJW 1999, 35 - 36.

Voraussetzungen

Voraussetzung für die Anwendbarkeit:

⇨ Eine natürliche Person, eine Personengesellschaft oder eine juristische Person muss unter einer Firma (§§ 17 ff. HGB) ins Handelsregister eingetragen sein.   **57**

⇨ Die eingetragene Person oder Personenvereinigung muss ein Gewerbe i.S.d. Definition (vgl. oben Rn. 9 ff.) betreiben.   **58**

Auf ein anderes, etwa freiberufliches Unternehmen (Zahnarzt, Rechtsanwalt) findet § 5 HGB dagegen keine Anwendung, da bereits kein Gewerbe vorliegt.

zulässige Einwendungen

Gegenüber einer Berufung auf § 5 HGB bleiben nur folgende Einwände zulässig: **59**

⇨ Dass der unter der Firma eingetragene Betrieb überhaupt kein Gewerbe, sondern z.B. ein freier Beruf ist.

⇨ Dass der Betrieb nicht aufgenommen oder wieder vollständig aufgegeben und eingestellt worden ist.

In beiden Fällen kann sich ein Dritter jedoch möglicherweise auf die Publizität des Handelsregisters nach § 15 HGB berufen. Im Gegensatz zu § 5 HGB setzt § 15 HGB jedoch guten Glauben voraus und wirkt nur zu Lasten, nicht aber auch zu Gunsten des Eingetragenen selbst. Folglich ist in der Klausur § 5 HGB regelmäßig zuerst zu prüfen.   **60**

4. Rechtsscheinkaufmann

Rechtsscheinkaufmann kraft Auftretens

Vom Kaufmann kraft Eintragung, dessen Behandlung als Kaufmann keinen Tatbestand der Rechtsscheinhaftung darstellt, ist der *Rechtsscheinkaufmann* kraft Auftretens zu unterscheiden.   **61**

Seine Rechtsstellung beruht auf den Grundsätzen der allgemeinen Rechtsscheinhaftung. Während das Gesetz nur für einzelne Fälle eine Rechtsscheinhaftung normiert hat, wurde diese von Rechtsprechung und Literatur zu einem allgemeinen Prinzip weiterentwickelt und gilt im Handelsrecht neben den speziellen Vertrauenshaftungstatbeständen, sofern sich aus dem Sinn und Zweck einer Norm nicht etwas anderes ergibt.

Erweckung des Anscheins in zurechenbarer Weise

Rechtsscheinkaufmann kraft Auftretens (Gestionskaufmann) ist, wer durch ein nach außen gerichtetes Verhalten entgegen den tatsächlichen Verhältnissen in zurechenbarer Weise den Anschein erweckt, er betreibe als Inhaber oder als persönlich haftender Gesellschafter einer Personenhandelsgesellschaft, ein kaufmännisches Unternehmen.[43]   **62**

4 Voraussetzungen

Voraussetzung der Rechtsscheinhaftung sind folgende vier Tatbestandsmerkmale: **63**

⇨ Rechtsscheintatbestand
⇨ Zurechenbarkeit
⇨ Schutzbedürftigkeit
⇨ Kausalität

---

[43]   BGHZ 17, 13 - 19; Baumbach/Hopt, § 5, Rn. 9 ff.

a) Rechtsscheintatbestand

Erwecken von Vertrauen

Beim Geschäftsgegner muss das Vertrauen in eine bestimmte Tatsache geweckt werden. Dies kann geschehen, indem ein Nicht-Kaufmann als Kaufmann auftritt. Auch der GmbH-Geschäftsführer, der ohne den GmbH-Zusatz eine Erklärung unterzeichnet (vgl. §§ 4 , 35a I GmbHG), erweckt den Rechtsschein, er handele - je nach den Gesamtumständen des Einzelfalls - als Einzelkaufmann bzw. im Namen einer OHG.

Aus dem Sinn und Zweck des § 2 HGB folgt aber, dass nicht jeder Gewerbebetrieb sogleich den Rechtsschein eines kaufmännischen Gewerbes erzeugt. Dann wäre § 2 HGB überflüssig, denn hiernach gilt das Kleingewerbe erst dann als Handelsgewerbe, wenn es im Handelsregister eingetragen ist. Es müssen daher zusätzliche Umstände hinzukommen.

> *Bsp.: Um einen potentiellen Kunden zu beeindrucken, schwärmt der Inhaber eines nicht eingetragenen kleinen Installateurbetriebs diesem von angeblichen „riesigen Aufträgen" vor, für die er alle Kräfte seiner „zahlreichen Mitarbeiter" - in Wirklichkeit ist es nur sein Sohn, der ihm ab und zu zur Hand geht- benötige.*

Sonderfall: Scheingesellschaft

Wird der Rechtsschein einer Gesellschaft hervorgerufen, so wird diese Scheingesellschaft nicht wirklich existent. Das ist der Unterschied zur fehlerhaften Gesellschaft, die selbst Träger von Rechten und Pflichten sein kann. Die Scheingesellschaft hingegen ist nur ein Mittel, um die Schein*gesellschafter* in die Haftung nehmen zu können. Die Scheingesellschaft selbst kann nicht klagen oder verklagt werden; sie ist nicht parteifähig.[44]

b) Zurechenbarkeit

keine Anfechtbarkeit

Die Zurechenbarkeit setzt kein Verschulden voraus. Sie beruht vielmehr auf dem Veranlassungs- bzw. Risikoprinzip. Auch wer sich aufgrund eines unverschuldeten Irrtums als Kaufmann geriert, ist gemäß seinem Auftreten als Scheinkaufmann zu behandeln, weil er im Verhältnis zu gutgläubigen Dritten näher an der Risikoquelle steht.

Daher ist es an ihm, das Risiko zu tragen. Auch eine Anfechtung kommt nicht in Betracht, da das Setzen eines Rechtsscheins keine Willenserklärung, sondern eine Tathandlung (Realakt) ist, welche durch Anfechtung nicht rückwirkend beseitigt werden kann.

grds. kein Verschulden erforderlich

Grds. ist also für das Setzen eines zurechenbaren Rechtsscheins kein Verschulden erforderlich. Es reicht aus, wenn die Entstehung des Rechtsscheins objektiv vorhersehbar war. Geschäftsunfähigkeit und beschränkte Geschäftsfähigkeit schließen die Zurechenbarkeit aber regelmäßig aus, da nach den Wertungen unserer Rechtsordnung der Schutz nicht oder beschränkt Geschäftsfähiger dem Schutz des redlichen Verkehrs vorgeht. Ein Minderjähriger braucht sich also nicht an einem von ihm gesetzten Rechtsschein festhalten zu lassen.

Verschuldenserfordernis bei Unterlassen

Allerdings verlangt die h.M. ausnahmsweise dann ein Verschulden, wenn die Setzung des Rechtsscheins dem Betroffenen nicht zurechenbar ist, er jedoch die Beseitigung eines von Dritten gesetzten Rechtsscheins unterlässt. Diese Unterlassung soll nur zu einer Rechtsscheinhaftung führen, wenn das Unterlassen *schuldhaft* war.

64

65

66

---

[44] Vgl. HEMMER/WÜST, **Gesellschaftsrecht**, Rn. 229 ff.

c) Schutzwürdigkeit bzw. Gutgläubigkeit

keine pos. Kenntnis str. bzgl. fahr-lässiger Unkenntnis

Die Schutzbedürftigkeit entfällt, wenn der Geschäftsgegner entwe-der positive Kenntnis vom wahren Sachverhalt hatte oder bei ihm grob fahrlässige bzw. nach anderer Ansicht bereits leicht fahrlässige Unkenntnis vorlag.

67

grds. keine Nachforschungspflicht; Ausnahmen

Allerdings beinhaltet die im Handelsverkehr erforderliche Sorgfalt (§ 347 HGB) keine Verpflichtung, Nachforschungen über die Rich-tigkeit des Rechtsscheins anzustellen. Eine solche Nachforschungs-pflicht kann sich allenfalls aus den besonderen Umständen des kon-kreten Geschäfts ergeben, etwa wenn der Geschäftsumfang sehr groß ist, oder wenn sich schon bei der Vertragsanbahnung konkrete Verdachtsmomente für die Unrichtigkeit der Tatsache, auf die ver-traut wird, ergeben haben.

68

d) Kausalität

Kausalität des Rechtsscheins

Der Geschäftsgegner muss tatsächlich in Kenntnis vom Rechts-schein und im Vertrauen auf dessen Richtigkeit gehandelt haben; dabei ist jedoch keine klare Vorstellung über die Rechtslage erfor-derlich.

69

Von der Kausalität des Rechtsscheins kann regelmäßig ausgegan-gen werden, sofern der Sachverhalt keine entgegenstehenden Hin-weise enthält.

nicht im reinen Unrechtsverkehr

Aus diesem Kausalitätserfordernis ergibt sich, dass eine Rechts-scheinhaftung bei deliktischen Ansprüchen, die keinen Zusammen-hang mit dem Geschäftsbetrieb aufweisen, nicht in Betracht kommt.

e) Rechtsfolgen

aa) Grundsatz

Behandlung des Rechtsschein-kaufmanns entsprechend dem Auftreten

Gemäß § 242 BGB i.V.m. dem Rechtsgedanken der - zu engen - §§ 5, 15 HGB muss sich der Scheinkaufmann kraft Auftretens im Verhältnis zu demjenigen, der auf den Rechtsschein vertraut hat, entsprechend dem von ihm veranlassten Rechtsschein als Kauf-mann behandeln lassen.

70

hemmer-Methode: Problematisch ist, wie lange der Rechtsschein fort-wirkt, z.B. wenn der Scheingesellschafter nicht mehr mitwirkt. Es ist schwer verständlich, warum der Scheingesellschafter dann schlechter stehen soll als der wirkliche Gesellschafter, der für die Zukunft seine Haftung nach dem Ausscheiden durch Eintragung ins Handelsregister ausschließen kann. Für Altschulden gilt § 159 HGB entsprechend.

Wahlrecht des Vertrauenden

Die Rechtsscheinhaftung wirkt nicht zu Ungunsten des gutgläubig Vertrauenden. Der Vertrauende kann wählen, ob er den anderen an dem erzeugten Rechtsschein festhalten will oder nicht.

71

Der Scheinkaufmann kann nicht auf der Anwendung der für Kaufleu-te geltenden Normen bestehen.

Bsp.(1): A ist ein kleiner Winzer. Um groß herauszukommen, lässt er sich Briefpapier mit dem Aufdruck "A-Wein Import/Export" drucken. Seine Ehefrau E, die bei Büroarbeiten aushilft, unterzeichnet mit "ppa" (per procura).

A könnte nur über § 3 HGB Kaufmannseigenschaft durch konstitutive Eintragung ins Handelsregister erlangen. Er erweckt jedoch den Anschein, ein kaufmännisches Gewerbe gem. § 1 HGB zu betreiben (Briefkopf; Prokura, vgl. §§ 17, 48 ff. HGB). Dieser Rechtsschein kann ihm von redlichen Dritten entgegengehalten werden. Er muss sich als Scheinkaufmann wie ein Kaufmann behandeln lassen.

Bsp.(2):[45] *B hat mit der S-GmbH, vertreten durch ihren damaligen Geschäftsführer G einen Darlehensvertrag über 100.000 € geschlossen und die Darlehenssumme ausbezahlt. Er verlangt nun die Rückzahlung der Darlehensvaluta. Die S-GmbH wendet ein, G sei z.Z. des Vertragsschlusses geschäftsunfähig gewesen. G war bei Abschluss des Darlehensvertrages als Geschäftsführer im Handelsregister eingetragen.*

Voraussetzung für einen Anspruch aus § 488 I 2 BGB ist neben der Auszahlung des Darlehens ein wirksamer Vertragsschluss. G müsste die S-GmbH wirksam vertreten haben, § 35 GmbHG.

§ 6 II 1 GmbHG

Nach § 6 II 1 GmbHG kann eine geschäftsunfähige Person nicht Geschäftsführer sein. G hat die Organstellung kraft Gesetzes verloren und konnte die GmbH nicht mehr vertreten. Seine Willenserklärung ist zudem nach § 105 I BGB nichtig. Daran ändert auch § 165 BGB nichts, denn diese Norm setzt zumindest die beschränkte Geschäftsfähigkeit des Vertreters voraus.

§ 15 I HGB

Möglicherweise kann sich die GmbH wegen § 15 I HGB nicht auf das Erlöschen der Geschäftsführerstellung berufen, da G bei Vertragsschluss noch im Handelsregister eingetragen war. Die Beendigung des Amtes als Geschäftsführer ist gem. § 39 I GmbHG eintragungspflichtig. Demnach kann sich die GmbH nicht mehr darauf berufen, dass G keine Vertretungsmacht hatte.

Es bleibt aber die Tatsache, dass die Willenserklärung nichtig war und daher auch bei entsprechender Vertretungsmacht keine wirksame Stellvertretung möglich war. Das Handelsregister besagt nichts über die Geschäftsfähigkeit, sodass die Berufung auf den Verlust der Geschäftsfähigkeit auch nicht über § 15 I HGB ausgeschlossen ist.

Rechtsscheinhaftung

Eine Verpflichtung der GmbH könnte sich aber aus den allgemeinen Grundsätzen der Rechtsscheinhaftung ergeben.

Die Eintragung des G als Geschäftsführer im Handelsregister sowie dessen Auftreten erwecken den Rechtsschein, dass dieser auch die für das Amt erforderlichen persönlichen Voraussetzungen erfüllt.

Die Zurechenbarkeit dieses Rechtsscheins ist gegeben, wenn die übrigen Geschäftsführer der GmbH bei Einhaltung der im Handelsverkehr erforderlichen Sorgfalt hätten erkennen können, dass der G geschäftsunfähig war (zur Klärung dieser Frage hat der BGH die Sache zurückverwiesen).

Die Zurechenbarkeit scheitert jedenfalls nicht daran, dass G geschäftsunfähig ist, denn die Rechtsscheinhaftung tritt nicht zu *seinen* Lasten ein, sondern es geht um die Verpflichtung der Gesellschaft.

Auch durch einen Umkehrschluss zu § 165 BGB ist die Zurechnung des Handelns des geschäftsunfähigen Vertreters nicht ausgeschlossen. Das Interesse des Rechtsverkehrs an der generellen Nichtigkeit der Willenserklärungen Geschäftsunfähiger kann u.U. hinter dem handelsrechtlichen Schutz des Vertrauens auf einen zurechenbar veranlassten Rechtsschein zurücktreten.

Kausalität des Rechtsscheins ist gegeben, denn B hat das Darlehen im Vertrauen auf die Wirksamkeit der Erklärung des G ausbezahlt.

---

[45] Nach BGH, NJW 1991, 2566 - 2567 = **juris**byhemmer.

Da die Grundsätze der Rechtsscheinhaftung mithin eingreifen, kann die GmbH nicht einwenden, dass der G nicht mehr Geschäftsführer und nicht mehr zur Abgabe wirksamer Willenserklärungen in der Lage war. G gilt als Geschäftsführer. Damit konnte er gem. § 35 GmbHG die GmbH wirksam vertreten. Somit liegt ein wirksamer Darlehensvertrag vor. Der Anspruch des B aus § 488 I 2 BGB ist begründet.

bb) Einschränkungen

zwingende Schutzgesetze

Fraglich ist allerdings, ob die Aussage, dass der Scheinkaufmann sich entsprechend dem von ihm gesetzten Rechtsschein behandeln lassen muss, uneingeschränkt gelten kann.   72

Es ergeben sich jedenfalls keine Bedenken, auf den Scheinkaufmann all die Normen anzuwenden, die keine zwingenden Schutzvorschriften zugunsten des Nichtkaufmanns sind.

> *Bspe.: Sorgfaltsmaßstab des § 347 HGB; Zustimmungsfiktion des Schweigens, § 362 HGB; Rügeobliegenheit, § 377 HGB.*

Gutglaubenserwerb gem. §§ 366 HGB, 932 BGB

Streitig ist, ob die Vorschrift des § 366 HGB, die u.a. in Erweiterung der §§ 932 ff. BGB auch den guten Glauben an die Verfügungsermächtigung eines veräußernden Kaufmannes (§ 185 I BGB) schützt, auch beim Erwerb vom Rechtsscheinkaufmann zur Anwendung kommt.

hemmer-Methode: Zu § 366 HGB vgl. Rn. 288 ff. in diesem Skript!

Nach dem Wortlaut der Norm muss der Veräußerer wirklich Kaufmann sein. Außerdem ist zu bedenken, dass der Rechtsnachteil als Folge des § 366 HGB ja nicht den Veräußerer, sondern den wahren Rechtsinhaber trifft. Dieser hat den Rechtsschein aber gar nicht gesetzt und veranlasst.

Daher wendet die völlig zu Recht h.M. § 366 HGB auf den Scheinkaufmann nicht an, und zwar weder direkt noch analog.[46] Die Kaufmannseigenschaft ist also zwingende Voraussetzung des § 366 HGB.[47]

Zudem würde die Erweiterung des § 366 HGB dazu führen, dass der wahre Eigentümer und nicht derjenige, der den Rechtsschein hervorgerufen hat, in seinen Rechten beeinträchtigt wird. Dies würde die Reichweite der Rechtsscheingrundsätze sprengen.[48]

Formvorschriften

Problematisch ist auch die Frage, ob Vorschriften, die *zwingend* Nichtkaufleute schützen, auf Personen, die lediglich kraft Rechtsscheins Kaufmann sind, nicht angewendet werden können.

Hier ist insbesondere an die Formvorschriften §§ 766, 780 BGB zu denken.

Ein rechtsgeschäftlicher Verzicht auf diese Formerfordernisse ist nicht möglich. Dennoch soll nach herrschender Meinung ein "Verzicht" durch bloßes „Sich-Gerieren" als Kaufmann möglich sein. Dass dies kaum zu überzeugen vermag, zeigt folgendes Beispiel.

> *Bsp.: A ist freischaffender Straßenkünstler. Er verbürgt sich telefonisch bei der Bank B für eine Verbindlichkeit seines Getränkelieferanten G, wobei er auf Nachfrage der Bank sagt, er sei im Handelsregister eingetragen.*

---

[46]   A.A. aber CANARIS, Handelsrecht, 24. Auflage (2006), Seite 77.

[47]   BAUMBACH/HOPT, § 366, Rn. 4; BROX, Rn. 306.

[48]   So auch OLG Düsseldorf, NJW-RR 1999, 615 - 618 = **juris**byhemmer.

Wäre A Betreiber eines kleinen privaten Theaters, mit der Folge, dass er als Gewerbetreibender gem. § 2 HGB die Kaufmannseigenschaft erlangen könnte, so wäre nichts daran auszusetzen, ihn hier als Kaufmann gem. §§ 765, 766 BGB, 350 HGB wirksam bürgen zu lassen. Er könnte dann nämlich durch Eintragung Kaufmann werden.

Er könnte unter dieser Voraussetzung also das Eingreifen der Ausnahmevorschrift des § 350 HGB auch dadurch erreichen, dass er sich ins Handelsregister eintragen lässt.

Da er sich hier jedoch als Freiberufler nicht eintragen lassen kann, kann ihm - entgegen der h.M. - auch § 350 HGB nicht entgegengehalten werden. Er schuldet daher nicht aus Bürgschaft, sondern allenfalls aus §§ 280 I, 241 II, 311 II BGB bzw. § 826 BGB. Von einem formlos wirksamen Schuldbeitritt, §§ 311 I, 241 I, 421 BGB oder einem Garantievertrag, §§ 311 I, 241 I, 249 BGB ist jedenfalls ohne nähere Anhaltspunkte nicht auszugehen, da die Bürgschaft die gesetzlich geregelte Grundform der Interzessionsgeschäfte ist und ansonsten die Form des § 766 BGB ausgehebelt würde.[49]

ggf. Rechtsmissbrauch, § 242 BGB

73

Es ist nach richtiger Ansicht im Falle zwingender Schutzvorschriften also einerseits zwischen nicht eingetragenen Kannkaufleuten (§§ 2, 3 HGB), welche diese Vorschriften durch Anmeldung zum Handelsregister ohne weiteres anwendbar machen könnten, und nicht eintragungsfähigen Personen andererseits zu unterscheiden. Letztere können sich zwingender Schutzvorschriften nicht durch bloße Erklärung entäußern.

Ihnen kann allenfalls in ganz seltenen Ausnahmefällen die Einrede des Rechtsmissbrauchs (§ 242 BGB) entgegengehalten werden.

Weitere Bsp.: §§ 29 II, 38 I ZPO.

hemmer-Methode: Schaffung von Problembewusstsein! In solchen Fällen ist auf eine saubere Abfolge der Einwendungen und Gegeneinwendungen zu achten. Folgende Prüfungsreihenfolge empfiehlt sich in der Klausur:
1. **Anspruchsgrundlage § 765 BGB**
2. **Einwand des Formmangels, § 766 BGB**
3. **Gegeneinwand aus § 350 HGB (Replik)**
4. **Gegen - Gegeneinwand der Nichtverzichtbarkeit der Schutznorm trotz Scheinkaufmannseigenschaft (Duplik)**
5. **Grenze des Rechtsmissbrauchs, § 242 BGB (Triplik)**

f) Verhältnis der Lehre vom Scheinkaufmann zu § 5 und § 15 HGB

Scheinkaufmann ist subsidiär zu §§ 5, 15 HGB

74

Die Lehre vom Scheinkaufmann hat mit § 5 HGB nichts zu tun. Während es dort um absoluten Verkehrsschutz mittels einer Fiktion geht, geht es hier um Rechtsscheinschutz, was sich unter anderem daran zeigt, dass § 5 HGB auch zugunsten des Eingetragenen selbst und zugunsten Bösgläubiger wirkt. Wegen der weiterreichenden Rechtswirkungen des § 5 HGB ist die Lehre vom Scheinkaufmann insoweit subsidiär.

Ebenso ist die Lehre vom Scheinkaufmann subsidiär zu § 15 HGB.[50]

Bsp.: A gibt sein Gewerbe auf, ohne dies in das Handelsregister eintragen zu lassen.

A ist bereits nach §§ 15 I, 31 II 1 HGB wie ein Kaufmann zu behandeln, da die Firma zwangsläufig zusammen mit der Kaufmannseigenschaft erloschen ist (§ 17 I HGB).

---

[49] Vgl. dazu HEMMER/WÜST, **Kreditsicherungsrecht**, Rn. 17.

[50] Dazu später unter Rn. 123.

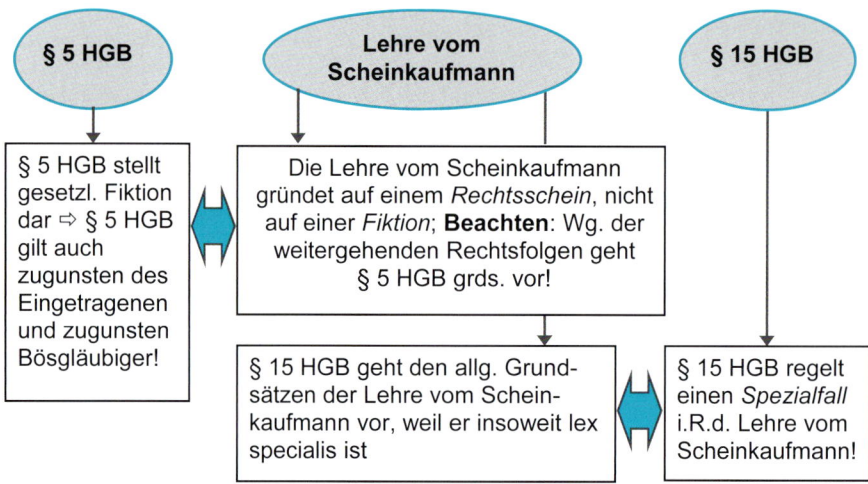

hemmer-Methode: Für Ihre Klausur bedeutet das, dass Sie nach einer Verneinung der Kaufmannseigenschaft gem. §§ 1 II, 2 u. 3 HGB (jedenfalls gedanklich) zuerst § 5 HGB, dann § 15 I, III HGB anprüfen, um dann zur Prüfung der Scheinkaufmannseigenschaft überzugehen.

5. Nichtkaufleute

Begriff

Ein Nichtkaufmann ist nach § 1 II HGB ein Kaufmann, dessen Gewerbebetrieb „nach Art oder Umfang einen in kaufmännischer Weise eingerichteten Gewerbebetrieb nicht erfordert". 75

aber: Unternehmer, § 14 I BGB

Dieser ist als Kleingewerbetreibender aber Unternehmer i.S.d. § 14 I BGB.

hemmer-Methode: Auch selbständig tätige Freiberufler (Rechtsanwalt, Arzt usw.) sind mangels Gewerbebetriebes (vgl. § 1 I S. 2 PartGG) keine Kaufleute i.S.d. §§ 1 ff. HGB, aber Unternehmer i.S.d. § 14 I BGB.

Nicht eingetragene Kleingewerbetreibende sind Nichtkaufleute und unterstehen nicht dem Handelsrecht, sondern dem allgemeinen bürgerlichen Recht.

Auswirkungen auf das Gesellschafts-recht

Der Kleingewerbetreibende, der in einer Gesellschaft mit anderen gemeinsam sein Gewerbe betreiben möchte, ist mangels Eintragung im Handelsregister eine Gesellschaft bürgerlichen Rechts, § 705 BGB. 76

Erst durch Eintragung der Gesellschaft ins Handelsregister wird diese gem. § 123 I HGB je nach ihrer Ausgestaltung OHG oder KG (dann i.V.m. § 161 II HGB).

Dadurch wird insbesondere der Zugang zur haftungsrechtlich attraktiven GmbH und Co. KG eröffnet.

Sondervorschriften

Obwohl für sie grds. das allgemeine Zivilrecht gilt, ist in einigen Sondervorschriften angeordnet, dass die nicht eingetragenen Kleingewerbetreibenden den Kaufleuten gleichgestellt sind. 77

Im Folgenden sind die wichtigsten Sondervorschriften aufgeführt:

§§ 312 ff.; 491 ff.; 655a ff. BGB

⇨ Der Schutz der §§ 312 ff., 491 ff., 655a ff. BGB findet nur auf Verbraucher i.S.d. § 13 BGB Anwendung. Damit gelten die Vorschriften nicht für Unternehmer, also Personen, die in Ausübung ihrer gewerblichen oder sonst selbständigen Erwerbstätigkeit handeln (§ 14 BGB). Somit sind alle Unternehmer i.S.d. § 14 BGB und nicht nur Kaufleute vom Anwendungsbereich dieser Gesetze ausgeschlossen.

77a

§ 310 I BGB

⇨ Auch § 310 I BGB unterscheidet *nicht* zwischen Kaufleuten und Nichtkaufleuten, sondern erfasst alle Unternehmer. Die §§ 305 II, III, 308 Nr. 1, 2 bis 8, 309 BGB finden daher auch auf nicht eingetragene Kleingewerbetreibende *keine* Anwendung.[51]

77b

⇨ Im Rahmen des § 1031 ZPO gilt die Formerleichterung für Schiedsverträge für alle Gewerbetreibenden. § 1031 V ZPO gilt für sie nicht.

77c

hemmer-Methode: Für das Verbot von Gerichtsstandsvereinbarungen nach § 38 ZPO und aufgrund von § 29 II ZPO bleibt es dagegen dabei, dass nur Kaufleute von dem Verbot befreit sind.

Kleingewerbetreibende mit Sonderstellung

Für einige Kleingewerbetreibende ordnet das Gesetz die Anwendung handelsrechtlicher Normen in begrenztem Umfang an, auch wenn sie mangels Eintragung keine Kaufleute nach § 2 HGB geworden sind.

78

Nach §§ 84 IV, 93 III, 383 II, 407 III S. 2 HGB findet Handelsvertreter-, Handelsmakler- Kommissions- und Frachtrecht auch auf Kleinunternehmer dieser Gattungen Anwendung, und im Fall des Kleinkommissionärs gilt dies auch für die Regeln über Handelsgeschäfte der §§ 343 - 372 mit Ausnahme der §§ 348 - 350 HGB. Insbesondere kommen also etwa dem kleinen Handelsvertreter die Schutzvorschriften der §§ 84 ff. HGB zugute, und die Verkehrsschutznorm des § 366 HGB greift auch dann ein, wenn ein kleiner Kommissionär (z.B. ein Antiquitätenhändler) bewegliche Sachen veräußert.[52]

79

---

[51] PFEIFFER, Vom kaufmännischen Verkehr zum Unternehmensverkehr, NJW 1999, 169 - 174.

[52] SCHMIDT, Das Handelsrechtsreformgesetz, NJW 1998, 2161 - 2169 (2163).

§ 4 PERSONENVEREINIGUNGEN ALS KAUFLEUTE

I. Anwendbarkeit der §§ 1-5 HGB

Verweisungsnorm § 6 I HGB

Gemäß der Verweisungsnorm des § 6 I HGB finden die Einzelkaufleute betreffenden Vorschriften auch auf Handelsgesellschaften Anwendung.

80

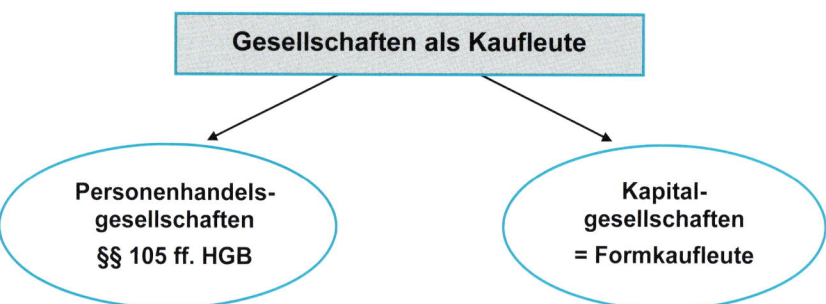

hemmer-Methode: Dies würde es eigentlich rechtfertigen, das gesamte Gesellschaftsrecht an dieser Stelle mitzubehandeln. Davon wurde jedoch abgesehen, weil sich das Gesellschaftsrecht mittlerweile zu einem eigenen Rechtsgebiet entwickelt hat.
Bedeutsam ist aber, dass auch Kleinunternehmern durch Eintragung ihres Gewerbes die Option der Gründung einer OHG oder KG zukommt, vgl. § 105 II HGB. Dies ist insbesondere im Hinblick auf die Haftungsbeschränkung für Kommanditisten in der KG wichtig.

Umstritten ist die Frage, ob auch die einzelnen Gesellschafter einer Personenhandelsgesellschaft ebenfalls Kaufleute sind, oder nur die Gesellschaft selbst.

Eine Ansicht geht davon aus, dass nur die Personenhandelsgesellschaft selbst als Kaufmann gilt. Denn nur die Gesellschaft ist Träger des Unternehmens und damit Kaufmann.

Die h.M und die Rechtsprechung gehen davon aus, dass die persönlich haftenden Gesellschafter von Personenhandelsgesellschaften, die auch Vertretungsmacht haben, Kaufleute sind. Dies ergibt sich aus dem Gesamthandsprinzip. Zwar sind die OHG und KG stark rechtlich verselbständigt, dennoch sind sie keine juristischen Personen. Die Träger von Rechten und Pflichten sind vielmehr die Gesellschafter selbst in ihrer gesamthänderischen Verbundenheit.

Gesellschafter der OHG und der Komplementär der KG sind Kaufleute

Demzufolge sind die Gesellschafter einer OHG und die Komplementäre einer KG stets Kaufleute und betreiben ein Handelsgewerbe. Dafür spricht deren Leitungsmacht (§ 125 HGB bzw. aus §§ 161 II, 125 HGB) und auch gerade die persönliche Haftung gemäß § 128 HGB bzw. aus §§ 161 II, 128 HGB.

Kommanditist ≠ Kaufmann

Der Kommanditist ist hingegen mangels Vertretungsbefugnis (§ 170 HGB) und aufgrund seiner Haftungsbeschränkung (§§ 171, 172 HGB) kein Kaufmann.

hemmer-Methode: Lesen Sie zu dieser Problematik nochmals oben unter Rn. 24 nach.

II. Formkaufmann

Vollkaufleute kraft Gesetzes

Während die OHG und KG stets ein Handelsgewerbe betreiben müssen (vgl. § 105 I HGB; eine Ausnahme stellen die reinen Besitzgesellschaften des § 105 II HGB dar) und somit Kaufleute kraft Gewerbes sind, sind die Aktiengesellschaft, die Kommanditgesellschaft auf Aktien, die Gesellschaft mit beschränkter Haftung und die eingetragene Genossenschaft Formkaufleute.

81

Das folgt aus den § 3 AktG (AG), § 278 III i.V.m. § 3 AktG (KGaA), § 13 III GmbHG (GmbH), 17 II GenG jeweils i.V.m. § 6 I HGB. Aus diesen spezialgesetzlichen Normen ergibt sich, dass die genannten Gesellschaften stets Handelsgesellschaften sind, auch wenn sie in concreto kein Handelsgewerbe oder gar kein Gewerbe betreiben. Gem. § 6 II HGB kommt es dabei auch nicht auf die Größe des Unternehmens an. Sie sind also stets Kaufleute kraft Gesetzes.

Gem. § 6 I HGB finden die Vorschriften des Handelsrechts auf sie Anwendung.

§ 6 II HGB schließt § 1 II HGB aus

§ 6 II HGB ist also nicht die Rechtsgrundlage für die Formkaufmannseigenschaft, sondern regelt lediglich, dass der Formkaufmann auch ohne Vorliegen der Voraussetzungen des § 1 II HGB stets Kaufmann ist.

82

---

§ 6 I HGB → Die die Einzelkaufleute betreffenden Vorschriften sind auch auf **Handelsgesellschaften** anwendbar!

Personengesellschaften:

Eine Personen**handels**gesellschaft (**OHG/KG**) liegt nur dann vor, wenn ein *Handelsgewerbe* i.S.d. § 1 II HGB betrieben wird oder eine *Eintragung* gem. § 2 HGB erfolgt ist, §§ 105 II, 123 II (i.V.m. § 161 II) HGB; sind diese Voraussetzungen nicht erfüllt, liegt lediglich eine **GbR** vor! **Beachte**: § 6 II HGB gilt nur für *Körperschaften*!

Körperschaften:

Jede GmbH, AG, KGaA und eG gilt als **Handelsgesellschaft** (§§ 3, 278 AktG, 13 III GmbHG, 17 II GenG) und ist damit sog. **Formkaufmann, § 6 I HGB** ⇨ gem. § 6 II HGB gilt dies auch dann, wenn sie kein *Gewerbe* bzw. kein *Handelsgewerbe* i.S.d. § 1 II HGB betreibt!

§ 5 VERTRETUNG DES KAUFMANNS[53]

Sonderformen der Vollmacht

Das HGB kennt zwei vom Umfang her typisierte Sonderformen rechtsgeschäftlicher Vertretungsmacht:

⟹ die Prokura, § 48 HGB und

⟹ die Handlungsvollmacht, § 54 HGB.

hemmer-Methode: Grds. gelten über Art. 2 I EGHGB natürlich die Vorschriften der §§ 164 ff. BGB. §§ 48 ff. HGB bringen Sonderregelungen, die in ihrem Verhältnis zu den allgemeinen Regelungen zu sehen sind. Wichtig ist dies insbesondere bei den Komplexen, für die das HGB keine Sonderregelungen getroffen hat, wie z.B. die Wissenszurechnung (§ 166 BGB). Die allgemeinen Regeln des BGB sind also anwendbar, sofern sie den Vorschriften des HGB nicht widersprechen.

83

I. Prokura

Definition

Die Prokura ist eine grundsätzlich unbeschränkte (§ 49 I HGB) und unbeschränkbare (§ 50 I, II HGB) rechtsgeschäftliche Vertretungsmacht[54] im Handelsverkehr.

84

1. Erteilung

ausdrückliche, persönliche Erteilung

Die Prokura kann nach § 48 I HGB nur *persönlich* von einem Kaufmann *ausdrücklich*, d.h. nicht konkludent, erteilt werden. Die Erteilung kann auch durch Erklärung an Dritte (Außenvollmacht, §§ 167 I, 170 BGB) oder durch öffentliche Kundgabe (vgl. § 171 BGB), z.B. über das Handelsregister, erfolgen.

85

Der Kaufmann kann keinen Dritten als *rechtsgeschäftlichen* Vertreter zur Erteilung der Prokura bevollmächtigen. Das gilt auch für einen Prokuristen. Dies ergibt sich aus einem argumentum e contrario aus § 48 I HGB. Denn § 48 I HGB erwähnt nur die Zulässigkeit einer Prokuraerteilung durch den gesetzlichen Vertreter, nicht aber durch einen rechtsgeschäftlichen. So kann z.B. der minderjährige Kaufmann bei der Erteilung der Prokura durch seine Eltern als gesetzliche Vertreter gem. §§ 1626, 1629 BGB vertreten werden. Dabei ist allerdings § 1822 Nr. 11 BGB zu beachten.

keine Duldungsprokura, keine stillschweigende Prokura

Aus dem Erfordernis der ausdrücklichen Erteilung ergibt sich, dass es *keine Duldungsprokura* und *keine stillschweigend erteilte Prokura* gibt. Gegebenenfalls kann die Duldung jedoch als Erteilung einer *Handlungsvollmacht* (§ 54 I HGB) angesehen werden. Eine *Anscheinsprokura* kann hingegen trotz § 48 I HGB in Ausnahmefällen aus Verkehrsschutzgründen[55] vorliegen.

86

hemmer-Methode: Schaffung von Problembewusstsein! *"ausdrücklich"* in diesem Sinne meint "unzweideutig". Der Begriff Prokura ist nicht nötig, wenn diese zweifelsfrei gemeint ist: *Bsp.:* Ermächtigung zur Zeichnung "ppa" (per procura) oder "Vollmacht i.S.v. § 48 HGB".

Eintragung ist deklaratorisch

Die Prokura ist auch ohne Eintragung im Handelsregister wirksam erteilt. Die gemäß § 53 I S. 1 HGB erforderliche Eintragung hat lediglich deklaratorischen Charakter. Grund ist, dass der andere auch außerhalb des Handelsregisters von der Erteilung erfahren haben kann, z.B. aufgrund ständiger Geschäftsbeziehungen.

87

---

[53] Instruktiv KREBS, Ungeschriebene Prinzipien der handelsrechtlichen Stellvertretung als Schranken der Rechtsfortbildung - speziell für Gesamtvertretungsmacht und Generalvollmacht, ZHR 159 (1995), 635 - 662.

[54] Also eine Vollmacht, vgl. die Legaldefinition in § 166 II S. 1 BGB.

[55] BAUMBACH/HOPT, § 48, Rn. 3.

> **hemmer-Methode: Vermittlung klassischer Fallvarianten! Sowohl Erteilung als auch Erlöschen der Prokura sind zum Handelsregister anzumelden, §§ 53 I S. 1, II HGB. Probleme ergeben sich, wenn eine Eintragung der Erteilung nicht erfolgt ist, bezüglich der Wirkung der Nichteintragung des Erlöschens wegen §§ 15 I, 53 II HGB; vgl. unten Rn. 129. Handelsrecht bringt meist nur ergänzende Regelungen zum BGB! Ist daher der Inhaber des Handelsgeschäfts noch minderjährig, so müssen Sie an §§ 1643, 1822 Nr. 11, 1831 u. 1915 BGB denken!**

[88]

nur durch Kaufmann

Prokura kann nur von einem Kaufmann erteilt werden.[56]

bei Nichtkaufmann Umdeutung mögl.

Erteilt ein nicht eingetragener Kleinunternehmer „Prokura", so erweckt er gegebenenfalls den Rechtsschein, er sei Kaufmann und muss sich nach Rechtsscheinregeln hieran festhalten lassen.[57] Regelmäßig wird jedoch nur eine Umdeutung in eine bürgerlich-rechtliche Generalvollmacht in Betracht kommen (§ 140 BGB). Der Prokurist selbst kann keine (Unter-)Prokura erteilen, denn er ist nicht Kaufmann (vgl. auch § 52 II HGB).

[89]

Bei OHG und KG ist im Außenverhältnis jeder persönlich haftende Gesellschafter einzeln (§§ 126 I, 161 II HGB) in der Lage, wirksam Prokura zu erteilen, sofern nicht gem. § 125 II HGB Gesamtvertretung angeordnet ist. Im Innenverhältnis bedarf es zur Bestellung eines Prokuristen hingegen der Zustimmung aller geschäftsführenden Gesellschafter, es sei denn, es ist Gefahr im Verzug (§ 116 III S. 1 HGB).

> **hemmer-Methode: Hier können also ggf. die Regeln vom Missbrauch der Vertretungsmacht eingreifen.**

Zum Widerruf der Prokura ist auch im Innenverhältnis jeder geschäftsführende Gesellschafter einzeln befugt, § 116 III S. 2 HGB.

Ähnliches gilt für die GmbH, bei welcher der Geschäftsführer im Außenverhältnis die Prokura wirksam erteilen kann, § 35 GmbHG. Lediglich im Innenverhältnis ist die Zustimmung der Gesellschafterversammlung erforderlich (§ 46 Nr. 7 GmbHG).

2. Umfang der Prokura

a) Grundsatz

unbeschränkt u. unbeschränkbar

Der Umfang der Prokura ist für das *Außenverhältnis* durch § 49 HGB *zwingend* festgelegt, vgl. § 50 I HGB.

[90]

Die Prokura ermächtigt danach zu allen Geschäften, die der Betrieb *irgendeines* - also nicht notwendig des konkret betriebenen - Handelsgewerbes mit sich bringt. Dies gilt selbst für ganz *außergewöhnliche* Geschäfte (arg. e. § 54 I, II zu § 49 I HGB).

> *Bsp.(1): Der Prokurist kann auch Prozesse führen (§ 49 I HGB), Interzessionsgeschäfte eingehen, z.B. bürgen, einer Schuld beitreten, Wechsel zeichnen.*

> *Bsp.(2): Der Prokurist eines Juwelengroßhandels hat im Außenverhältnis Vertretungsmacht zum Ankauf einer Schiffsladung Ölsardinen, da irgendein Handelsgewerbe ein solches Geschäft mit sich bringen kann, § 49 I HGB.*

---

[56] Eine Partnerschaftsgesellschaft nach §§ 1 ff. PartGG kann als Zusammenschluss von „Freiberuflern" keine Prokura erteilen, vgl. OLG München, NJW 2005, 3730 = juris**by**hemmer.

[57] Vgl. Rn. 61.

Die Prokura reicht aber nicht als Bevollmächtigung für die Anmeldung des Ausscheidens eines Geschäftsführers einer GmbH zum Handelsregister aus. Die Anmeldung des Ausscheidens eines GmbH-Geschäftsführers ist nämlich kein Geschäft des „laufenden Betriebs", sondern betrifft mit Rücksicht auf die dem Geschäftsführer zukommende Organstellung und die damit einhergehende umfassende Vertretungsbefugnis die Grundlagen des kaufmännischen Unternehmens.

Argument: Wenn selbst die Anmeldung eines Prokuristen als Grundlagengeschäft (vgl. § 48 I HGB) anzusehen ist, muss dies erst Recht für die Anmeldung eines Geschäftsführers oder dessen Ausscheiden gelten, auch wenn der Geschäftsführer sein Amts selbst niedergelegt hat.[58]

b) Beschränkungen

gesetzl. o. rechtsgeschäftliche Beschränkungen

Der Umfang der Prokura kann ausnahmsweise durch Gesetz oder Rechtsgeschäft beschränkt sein.

91

92

aa) Gesetzliche Beschränkungen der Prokura

gesetzl. Beschränkungen

Die Prokura befugt nicht:

Betrieb eines Handelsgewerbes

⇨ Zu Handlungen, die nicht auf den *Betrieb*, sondern auf die Einstellung des Betriebes gerichtet sind, z.B. zur Veräußerung des Gewerbebetriebs[59] oder zur Insolvenzanmeldung (§ 13 InsO),[60] sowie zu Grundlagengeschäften. Dies sind Handlungen, die den Bestand des Geschäfts selbst verändern, wie die Änderung der Firma oder die Aufnahme eines Teilhabers.[61]

Prokura

⇨ Zur Erteilung (§ 48 I HGB) und zur Übertragung (§ 52 II HGB) einer Prokura. Dagegen kann der Prokurist eine bürgerlich-rechtliche oder eine Handlungsvollmacht gemäß § 54 HGB erteilen.

Grundstücksgeschäfte

⇨ Zur Veräußerung und Belastung von Grundstücken (§ 49 II HGB). Diese Beschränkung gilt nach § 49 II HGB analog auch für die entsprechenden *Verpflichtungs*geschäfte, die auf Veräußerung oder Belastung eines Grundstücks gerichtet sind.[62] Uneingeschränkt möglich ist dagegen der *Erwerb* von Grundstücken. Dies ergibt sich schon aus dem eindeutigen Wortlaut.

Bsp.: Prokurist P kauft als Stellvertreter des Kaufmanns K ein Grundstück von V. Das Grundstück wird an K aufgelassen und dieser im Grundbuch eingetragen. Der Kaufpreis wird nur zum Teil sofort gezahlt. Für den Restkaufpreis bestellt P in Vertretung des K eine Grundschuld für V.

P konnte den K beim Erwerb des Grundstücks wirksam vertreten, da sich § 49 II HGB nur auf die Veräußerung von Grundstücken bezieht. Fraglich ist, ob P auch Vertretungsmacht für die Belastung des Grundstücks mit der Restkaufpreisgrundschuld hatte. Grundsätzlich ist für die Belastung von Grundstücken eine besondere Vollmacht nach § 49 II HGB erforderlich, welche P nicht hatte. Allerdings dient die Belastung des Grundstücks hier nur der Abwicklung des Erwerbs, es handelt sich also um eine bloße Modalität des Erwerbs. Schließlich hätte V das Grundstück auch mit einer Eigentümergrundschuld belasten und dann erst an K auflassen können. Der Erwerb des belasteten Grundstücks wird von der Vertretungsmacht aus § 49 I HGB gedeckt. Es besteht kein Bedarf, den § 49 II HGB auf die Belastung mit einer Restkaufpreisgrundschuld anzuwenden.

---

[58]　Vgl. hierzu **OLG Düsseldorf, Life&Law 01/2013, 61 f.** = NZG 2012, 1223 f. = **juris**byhemmer.

[59]　BGH, BB 1965, 1373 - 1374 = **juris**byhemmer.

[60]　BAUMBACH/HOPT, § 49, Rn. 2.

[61]　BAUMBACH/HOPT, § 49, Rn. 2.

[62]　BAUMBACH/HOPT, § 49, Rn. 4.

Privatgeschäfte

⇨ Zur Vornahme von Rechtsgeschäften aus dem privaten Bereich des Geschäftsinhabers und von höchstpersönlichen Rechtsgeschäften aus dem handelsrechtlichen Bereich des Inhabers.

Bsp.: *Unterzeichnung des Jahresabschlusses (§ 245 HGB).*[63]

bb) Rechtsgeschäftliche Beschränkungen des Umfangs der Prokura

rechtsgeschäftliche Beschränkungen grds. (-)

Eine Prokura kann gem. § 50 I HGB gegenüber Dritten nicht durch eine Willenserklärung des Geschäftsinhabers eingeschränkt werden.

93

sachlich grds. (-)

(1) Eine Einschränkung des *sachlichen* Umfangs der Prokura (Ausschluss bestimmter Rechtsgeschäfte) kann grundsätzlich nicht durch Rechtsgeschäft erfolgen (§ 50 I HGB).

94

hemmer-Methode: Verständnis für Zusammenhänge - Leichtigkeit und Schnelligkeit des Handelsverkehrs! Die Geschäftspartner müssen sich unbedingt auf den gesetzlich garantierten Umfang der Prokura verlassen können, ohne bei Verhandlungen mit einem Prokuristen nach etwaigen rechtsgeschäftlichen Beschränkungen der Vertretungsmacht forschen zu müssen.

persönlich mögl.

(2) § 50 I schließt jedoch eine Einschränkung der persönlichen Ausübungsbefugnis (ohne Einschränkung ihres sachlichen Inhalts), z.B. durch Bindung des Prokuristen an die Mitwirkung anderer Personen *nicht* zwingend aus.[64]

95

hemmer-Methode: Eine solche Beschränkung der persönlichen Ausübungsbefugnis ist in § 48 II HGB bei der Erteilung einer Gesamtprokura und in § 50 III HGB bei Beschränkung der Prokura auf eine Niederlassung bereits im Gesetz vorgesehen.

Bindung an die Mitwirkung anderer

Nach h.M. ist eine *rechtsgeschäftliche* Beschränkung der persönlichen Ausübungsbefugnis bei der Prokura möglich durch Bindung des Prokuristen an die Mitwirkung eines anderen Stellvertreters.

96

Denkbare Gestaltungsformen:

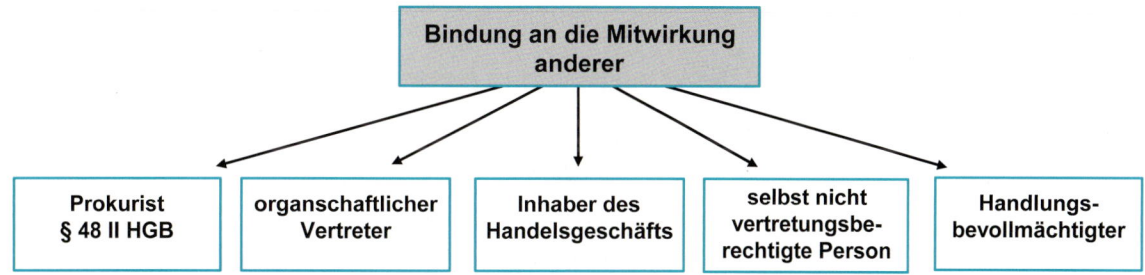

zulässige Gestaltungen

Von diesen denkbaren Gestaltungsformen sind jedoch nur einige zulässig.

97

(a) Gesamtprokura

Gesamtprokura (+)

Eine (echte) Gesamtprokura ist in § 48 II HGB vorgesehen. Es gelten insoweit die allgemeinen Grundsätze der Gesamtvertretung.

98

---

[63] BAUMBACH/HOPT, § 245, Rn. 1.

[64] Ausführlich STÖTTER, Die personelle Beschränkung der Prokura, BB 1977, 767 ff.

> **hemmer-Methode: Regel-Ausnahme-Verhältnis!** Die Gesamtvertretung ist regelmäßig nur bei der Aktivvertretung von Bedeutung. Sobald es dagegen um den Zugang von Willenserklärungen geht (Empfangsvertretung) ist nach dem Rechtsgedanken der §§ 26 II S. 2 BGB, 125 II S. HGB, 35 II S. 3 GmbHG *jeder* Gesamtvertreter *allein* vertretungsbefugt.
> Ebenso begründet bei der Wissenszurechnung nach § 166 I BGB bereits die Kenntnis eines Vertreters die Bösgläubigkeit, da ansonsten durch Bestellung einer möglichst großen Anzahl von Gesamtvertretern die Wissenszurechnung stets ausgeschaltet werden könnte. Es gilt: „Ein faules Ei verdirbt den ganzen Brei"! Vgl. HEMMER/WÜST, Gesellschaftsrecht, Rn. 107 ff.

(b) Bindung an die Mitwirkung organschaftlicher Vertreter

organschaftliche Vertreter (+)

Die Bindung eines Prokuristen an die Mitwirkung eines organschaftlichen Vertreters einer Handelsgesellschaft (persönlich haftender Gesellschafter [phG] einer OHG oder KG; Geschäftsführer einer GmbH, Vorstandsmitglied einer AG) ist nach allgemeiner Auffassung möglich. **99**

gemischte u. halbseitige Gesamt-Prokura

Insoweit eine Bindung an die Mitwirkung von Organen möglich ist, sind die gemischte Gesamtprokura und die halbseitige Gesamtprokura zu unterscheiden: **100**

Eine *gemischte* Gesamtprokura liegt vor, wenn einer oder mehrere Prokuristen an die Mitwirkung eines oder mehrerer Organe gebunden ist/sind und umgekehrt.

> *Bsp.: Prokurist A darf nur gemeinsam mit dem phG B einer OHG tätig werden. Auch B darf nur unter Mitwirkung des A die OHG vertreten, vgl. § 125 III HGB.*

sachlicher Umfang der Prokura in diesen Fällen

Für die Organe der OHG ist bereits in § 125 III HGB, für den Vorstand der AG in § 78 III AktG eine Bindung an die Mitwirkung eines Prokuristen vorgesehen. Dann muss auch umgekehrt der Prokurist an die Mitwirkung dieser Organe gebunden werden können.[65] **101**

Der sachliche Umfang der Vertretungsmacht des Prokuristen erweitert sich in diesen Fällen auf den Umfang der Vertretungsmacht des betreffenden Organs, da sonst die diesem obliegenden Aufgaben nicht durchführbar wären.[66]

Nicht möglich ist es jedoch, dass der einzige vertretungsberechtigte Gesellschafter einer OHG oder KG an die Mitwirkung eines Prokuristen gebunden wird. Dies rechtfertigt sich aus dem Grundsatz der **Selbstorganschaft**.[67]

halbseitige Prokura nach h.M. (+)

Nach h.M. ist auch eine *halbseitige* Gesamtvertretung zulässig. Diese besteht darin, dass keine wechselseitige Bindung der Vertreter vorliegt, sondern dass nur ein Vertreter an die Zustimmung des anderen gebunden ist, während der andere Vertreter allein vertretungsberechtigt bleibt.[68] **102**

> *Bsp.: Prokurist P darf nur zusammen mit dem phG B die OHG vertreten; B aber ist allein vertretungsberechtigt.*

---

[65] BGHZ 26, 330 - 337 (332) = **juris**byhemmer; BGHZ 62, 166 - 174 (170) = **juris**byhemmer.

[66] Kritisch KREBS, Ungeschriebene Prinzipien der handelsrechtlichen Stellvertretung als Schranken der Rechtsfortbildung - speziell für Gesamtvertretungsmacht und Generalvollmacht, ZHR 159 (1995), 635 - 662 (645 ff.).

[67] Vgl. zu diesen Problemen auch den OETKER, Der praktische Fall, JuS 2001, 251 - 258 (255).

[68] Vgl. BGHZ 99, 76 - 81 = **juris**byhemmer, mit Anmerkung KOCH, EWiR 1987, 263 - 264.

(c) Inhaber des Handelsgeschäfts

bei Inhaber (-)

Eine Bindung an die Mitwirkung des Alleininhabers des Unternehmens ist dagegen nicht möglich, da dies eine Umgehung von § 50 II HGB bedeuten würde.

103

(d) Bindung an die Zustimmung einer selbst nicht vertretungsberechtigten Person

bei nicht vertretungsberechtigter Person (-)

Eine Bindung des Prokuristen an die Zustimmung einer selbst nicht vertretungsberechtigten Person ist *nicht* möglich, da wegen des zwingenden Umfangs der Prokura die für die Zustimmung zuständige Person dieselben Kompetenzen wie ein Prokurist haben müsste. Die Erteilung dieser Kompetenzen kann aber nicht als in dem Zustimmungserfordernis konkludent enthalten angesehen werden, weil eine Erteilung der Prokura nur *ausdrücklich* möglich ist (§ 48 I HGB).

104

> *Bsp.: Der Prokurist P soll nur zusammen mit dem Kommanditisten K handeln können.*

Ein Kommanditist hat nach der zwingenden Vorschrift des § 170 HGB keine organschaftliche Vertretungsmacht. Ihm kann allenfalls selbst Prokura erteilt werden. Nur dann ist die Bindung eines Prokuristen an seine Zustimmung möglich.

(e) Bindung an die Zustimmung eines Handlungs-bevollmächtigten

Handlungsbevollmächtigter (-)

Eine solche Bindung ist aus den gleichen Gründen wie die Bindung an die Zustimmung einer selbst nicht vertretungsberechtigten Person unzulässig.

105

Möglich: **Persönliche** Beschränkungen der Vertretungsmacht ⇨ u.U. ist der Prokurist also an die *Mitwirkung einer anderen Person* gebunden:

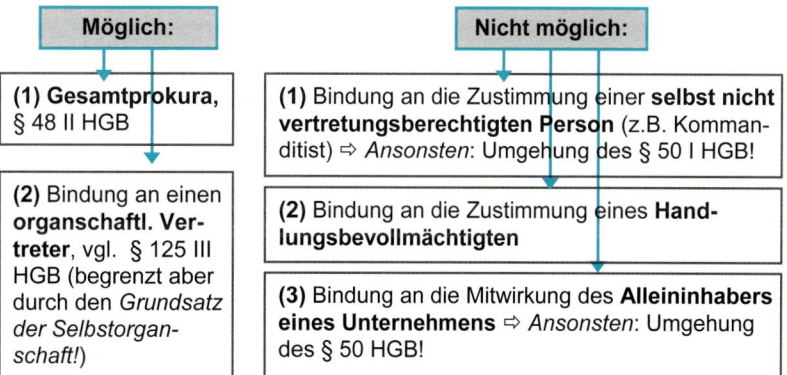

cc) Sonderproblem: Missbrauch der Vertretungsmacht

Kollusion; Missbrauch der VM

Über die Figur des Missbrauchs der Vertretungsmacht wird der Grundsatz der Abstraktheit der rechtsgeschäftlichen Vertretungsmacht durchbrochen und der Umfang des rechtlichen Könnens an denjenigen des rechtlichen Dürfens im Innenverhältnis angebunden.

106

Bsp.: Die Bank B verlangt vom Einzelunternehmer U Rückzahlung eines Darlehens in Höhe von 100.000 €, welches der Prokurist P des U im Namen des U in Anspruch genommen hat. U verweigert die Rückzahlung, da er dem P die Aufnahme von Krediten untersagt hat und die Bank wusste, dass der U gewöhnlich keinen Kredit in diesem Rahmen in Anspruch nimmt. Außerdem hat der P den gesamten Betrag seinem Privatkonto bei der gleichen Bank gutschreiben lassen.

Vertretung

(a) Rückzahlungsanspruch der B gegen U aus § 488 I 2 BGB.

Es müsste ein Vertrag zwischen B und U geschlossen worden sein. P hat eine eigene Willenserklärung im Namen des U abgegeben (§ 164 I S. 2 BGB). Grds. ergibt sich die Vertretungsmacht hier aus § 49 I HGB, denn die Aufnahme von Krediten gehört zu den Geschäften, die der Betrieb eines Handelsgewerbes gewöhnlich mit sich bringt. Eine Beschränkung der Vertretungsmacht entfaltet keine Wirkung gegenüber Dritten (§ 50 I HGB).

Missbrauch der VM

(b) Somit liegt grundsätzlich wirksame Stellvertretung des U vor. Möglicherweise greifen hier aber die Regeln über den Missbrauch der Vertretungsmacht ein. Diese Regeln sind allerdings im Interesse des Rechtsverkehrs zu modifizieren.[69]

Kollusion
⇨ § 138 BGB
a.A.:
§ 853 BGB

(aa) Wirken der Vertreter und der Vertragsgegner *bewusst zum Nachteil* des Vertretenen zusammen, wird dieser trotz bestehender Vertretungsmacht des Vertreters nicht gebunden. Das bewusste Zusammenwirken in Schädigungsabsicht stellt ein gegen die guten Sitten verstoßendes Verhalten dar (§ 138 I BGB, sog. *Kollusion*), aufgrund dessen der Vertretene nicht verpflichtet werden kann;[70] der Vertrag ist nichtig.

(bb) Auch wenn die Voraussetzungen eines kollusiven Zusammenwirkens nicht vorliegen, kann der Vertretenen wegen Missbrauchs der Vertretungsmacht nicht in Anspruch genommen werden, wenn der Vertreter von seiner Vertretungsmacht in *ersichtlich verdächtiger Weise* Gebrauch gemacht hat.

Da den Vertragsgegner aber keine Prüfungspflicht trifft, greifen diese Grundsätze nur dann ein, wenn aufgrund massiver Verdachtsmomente eine **objektive Evidenz des Missbrauchs** vorliegt.

Modifikationen

Eine Ansicht in der Literatur verlangt, dass der Vertragspartner den Missbrauch erkennen muss. Bloßes Erkennenmüssen soll danach, anders als im allgemeinen Zivilrecht, nicht ausreichen. Die h.M. lässt es dagegen ausreichen, wenn der Missbrauch grob fahrlässig verkannt wird.[71] Vom Vorliegen dieser Voraussetzungen muss hier wohl ausgegangen werden.

Problem: unbeschränkbare Vertretungsmacht

(cc) Fraglich ist, ob eine Einschränkung dieser Grundsätze bei der Prokura vorzunehmen ist, weil das Gesetz *die Unbeschränkbarkeit der Vertretungsmacht* anordnet, vgl. § 50 I HGB.

nach zitierter BGH-Rechtsprechung soll bewusstes Handeln zum Nachteil des Vertretenen erforderlich sein

Hier sollen angeblich die Regeln des Missbrauchs der Vertretungsmacht nur dann zur Anwendung gelangen, wenn der Vertreter *bewusst* zum Nachteil des Geschäftsherrn gehandelt hat.[72]

Als Beleg hierfür werden mehrere Entscheidungen des BGH zitiert, in denen dies so entschieden worden sei.[73]

Die Lehre hat diese Einschränkung stets kritisiert und völlig zu Recht eingewendet, dass der Schutz des Geschäftsgegners maßgeblich und das Verhalten des Vertreters insoweit unbeachtlich sein muss.

---

[69] **HEMMER/WÜST, BGB-AT**, Rn. 284a ff.; Hopt/Mössle, JuS 1984, 959.

[70] RGZ 130, 142.

[71] BAUMBACH/HOPT, § 50, Rn. 5.

[72] PALANDT, § 164, Rn. 14.

[73] Vgl. BGHZ 50, 112 - 115 = **juris**byhemmer; BGH, NJW 1996, 589 - 591 = **juris**byhemmer.

BGH stellt klar, dass dies nie so entschieden wurde

Mit Beschluss vom 10.04.2006 hat der BGH ausdrücklich darauf hingewiesen, dass er diesen Standpunkt nicht vertritt und auch so nie vertreten habe.[74]

Die Grundsätze zum evidenten Missbrauch der Vertretungsmacht setzen auch im Fall der unbeschränkbaren Prokura nicht voraus, dass der Prokurist (bewusst) zum Nachteil der Gesellschaft handelt. Es reicht, dass der Prokurist (objektiv) gegen die internen Beschränkungen verstößt.

Entgegen den „Unterstellungen" im Schrifttum hat der BGH auch im Urteil vom 13.11.1995[75] keinen gegenteiligen Standpunkt eingenommen.

In allen zitierten BGH-Entscheidungen wird lediglich betont, dass die Voraussetzungen eines evidenten Missbrauchs der Vertretungsmacht *„insbesondere"* dann in Betracht kommen, wenn das Geschäft für den Vertretenen nachteilig ist, weil sich dann dem Vertragspartner ein missbräuchliches Verhalten des Vertretungsorgans aufdrängen muss.

Damit ist aber nicht gesagt, dass ein bewusst nachteiliges Handeln eine tatbestandliche Voraussetzung für die Annahme eines Missbrauchs der Vertretungsmacht sei.[76]

hemmer-Methode: Der BGH hat in diesem Beschluss genau das klargestellt, was die Literatur schon immer gefordert hat:
Die Grundsätze zum evidenten Missbrauch der Vertretungsmacht setzen auch im Fall einer gesetzlich unbeschränkbaren Vertretungsmacht nicht voraus, dass der Geschäftsführer (bewusst) zum Nachteil der Gesellschaft handelt. Es reicht, dass der Geschäftsführer (objektiv) gegen die internen Beschränkungen verstößt.
Ob diese erfreuliche Klarstellung dafür sorgen wird, dass die vermeintlich anders lautende BGH-Rechtsprechung aus den Kommentaren verschwindet, bleibt abzuwarten.
Festzuhalten ist, dass in den genannten Entscheidungen der BGH tatsächlich nie die These aufgestellt hat, dass im Falle einer gesetzlich unbeschränkbaren Vertretungsmacht der Vertreter bewusst zum Nachteil des Vertretenen handeln muss. Dies wurde nur zur Untermauerung eines objektiven Evidenzfalles erwähnt. Deutlich wird dies aus der Verwendung des Wortes „insbesondere".

Rechtsfolge str.

(c) Umstritten ist allerdings die Rechtsfolge. Dabei geht es darum, ob B sich nach § 242 BGB nicht auf die Vertretungsmacht des P berufen kann[77] oder in entsprechender Anwendung der §§ 177 ff. BGB die Vertretungsmacht entfällt.[78]

h. Lit: § 177 BGB anlog

(aa) Nach Ansicht der h.Lit. ermöglichen die §§ 177 ff. BGB eine genauere und flexiblere Festlegung der Rechtsfolgen des Missbrauchs der Vertretungsmacht. Das Geschäft ist daher nach § 177 BGB schwebend unwirksam. Mit der Verweigerung der Genehmigung wird das Geschäft endgültig unwirksam. Vorteil dieser Ansicht ist, dass der Vertretene die Möglichkeit der Genehmigung hat.

hemmer-Methode: Ein Anspruch der B gegen P aus § 179 I BGB scheitert analog § 179 III BGB daran, dass die B den Missbrauch kannte.

(bb) Der BGH wendet dagegen § 242 BGB an. Sofern den U am Missbrauch eine Mitverantwortung trifft (etwa weil er den P nicht ordentlich überwacht hat), wendet der BGH den Rechtsgedanken des § 254 BGB entsprechend an, der seinerseits nur eine Ausprägung des Gedankens von Treu und Glauben sei.[79]

---

[74] Vgl. BGH, **Life&Law 10/2006, 657 - 660** = ZIP 2006, 1391 = **juris**byhemmer.

[75] BGH, ZIP 1996, 68 - 70 (69 f.) = **juris**byhemmer.

[76] Etwas anderes ergibt sich auch nicht aus der Entscheidung BGHZ 50, 112 - 115 (114) = **juris**byhemmer.

[77] So BGH, NJW 1984,1461 - 1462 = **juris**byhemmer.

[78] So ein Teil der Literatur: PALANDT, § 164, Rn. 14; LARENZ, Allg. Teil, § 30 II a, S. 599 f.

[79] BGHZ 50, 112 - 115 = **juris**byhemmer.

(cc) Diese "halbe Vertretung" wird von der Literatur kritisiert. § 254 BGB sei bei der Frage der wirksamen Vertretung unanwendbar, da er Schadensersatzansprüche betreffe und nicht den hier in Frage stehenden vertraglichen Primäranspruch.

Zudem würde eine Anwendung von § 254 BGB nur dann Sinn machen, wenn der Anspruch teilbar ist.

Ein Verschulden des U könne nur so berücksichtigt werden, dass die Vertretungsmacht des P zwar nach § 177 BGB entfällt, U aber der B aus §§ 280 I, 241 II, 311 II BGB schadensersatzpflichtig sei. Bei diesem Schadensersatzanspruch könne § 254 BGB herangezogen werden, sodass im Rahmen des § 280 I BGB zu überprüfen ist, inwieweit der Anspruch wegen pflichtwidriger Überwachung des P aufgrund des Verschuldens der B, die den Missbrauch des P hätte erkennen müssen, herabzumildern ist.

hemmer-Methode: Der Missbrauch der Vertretungsmacht spielt insbesondere im Handelsrecht eine Rolle, da hier die organschaftlichen und rechtsgeschäftlichen Vertreter aufgrund des gesetzlich normierten Umfangs der Vertretungsmacht im Außenverhältnis regelmäßig mehr können als sie im Innenverhältnis (aufgrund interner Beschränkungen der Geschäftsführungsbefugnis) dürfen. Vergleichen Sie dazu ausführlich HEMMER/WÜST, BGB-AT I, Rn. 242. Beachten Sie, dass ein Fall der Kollusion im Handelsrecht wie im normalen Zivilrecht behandelt wird.

dd) Erlöschen der Prokura

freie Widerruflichkeit

Die Prokura ist jederzeit ohne Rücksicht auf das Grundverhältnis widerruflich (§ 52 I HGB). Mit Erlöschen des Grundverhältnisses erlischt nach § 168 S. 1 BGB automatisch auch die Prokura. Die Prokura erlischt hingegen nicht mit dem Tod des Inhabers des Handelsgeschäfts (§ 52 III HGB).

107

Ausnahme v.d. freien Widerruflichkeit

Ausnahmsweise ist die Prokura im Innenverhältnis nicht frei widerruflich, sondern der Widerruf an das Vorliegen eines wichtigen Grundes gebunden. Dies ist dann der Fall, wenn ein Kommanditist einer KG gesellschaftsvertraglich das Recht auf die Stellung als Prokurist hat. Dann gelten im Innenverhältnis die §§ 117, 127 HGB analog, nicht aber im Außenverhältnis.[80]

Verlust der Kaufmannseigenschaft nach § 2 S. 3 HGB

Die Prokura erlischt auch, wenn ein Kannkaufmann die Löschung seiner Firma aus dem Handelsregister gem. § 2 S. 3 HGB erreicht. Sie verwandelt sich dann in eine Generalvollmacht. Allerdings ist zusätzlich regelmäßig § 15 HGB zu beachten, falls das Erlöschen der Prokura nicht ins Handelsregister eingetragen wurde.

Problem bei Gesamtprokura

Erlischt die Prokura eines Gesamtprokuristen (s.o.), so bleibt diejenige des anderen hiervon unberührt. Die noch bestehende Gesamtprokura erstarkt nun aber nicht automatisch zur Einzelprokura. Vielmehr ist der verbleibende Gesamtprokurist zunächst nur passiv vertretungsberechtigt, denn zur Entgegennahme von Willenserklärungen reicht stets ein Gesamtvertreter aus.[81] Durch Erteilung der Gesamtprokura an einen neuen Vertreter erhält die Gesamtprokura wieder ihren ursprünglichen Umfang.

108

---

[80]   BGHZ 17, 392 - 398 (395; HEMMER/WÜST, **Gesellschaftsrecht**, Rn. 95 f.

[81]   Vgl. hemmer-Methode, Rn. 98.

3. Spezialfragen

Gesellschafter einer Personengesellschaft

a) Gesellschafter einer Personengesellschaft können nur dann Prokuristen sein, wenn sie keine organschaftliche Vertretungsmacht haben, da ein rechtsgeschäftlicher Vertreter aufgrund einer zwingenden Vorschrift des ungeschriebenen objektiven Rechts nicht zugleich gesetzlicher Vertreter und umgekehrt ein gesetzlicher Vertreter nicht zugleich rechtsgeschäftlicher Vertreter sein kann.[82]

109

Daraus folgt:

⇨ Der Gesellschafter einer OHG kann nur dann zum Prokuristen bestellt werden, wenn ihm die Vertretungsmacht als Gesellschafter wirksam entzogen ist.

⇨ Bei der Kommanditgesellschaft kann nur ein Kommanditist, nicht dagegen ein Komplementär zum Prokuristen bestellt werden.

Erlöschen bei Einbringung in eine Gesellschaft

b) Da die Prokura gemäß § 48 I HGB von dem Inhaber des Handelsgeschäfts persönlich zu erteilen ist, erlöschen die von einem Einzelkaufmann erteilten Prokuren, wenn dieser einen Gesellschafter in sein Unternehmen aufnimmt; eine solche "Aufnahme" kann nämlich nur in der Weise erfolgen, dass das Geschäft in eine neu gegründete Handelsgesellschaft eingebracht wird. Die Prokuren müssen dann von der Gesellschaft als der neuen Inhaberin des Handelsgeschäfts neu erteilt werden.

110

hemmer-Methode: Ein äußerst examensrelevantes Problem stellt sich beim Betriebsübergang nach § 613a BGB.
Zwar gehen die Arbeitsverhältnisse auf den neuen Betriebsinhaber über.
Die Prokura erlischt jedoch, da sie persönlich vom Inhaber des Handelsgeschäfts erteilt werden muss und dieser nun ein anderer ist.
Allerdings kann u.U. eine stillschweigende Handlungsvollmacht i.S.d. § 54 HGB des alten „Ex-Prokuristen" anzunehmen sein.[83]

Eintritt eines neuen Gesellschafters

Tritt dagegen ein neuer Gesellschafter in eine Gesellschaft ein, so bleiben die bisher bestehenden Prokuren erhalten, da die fortbestehende Gesellschaft weiterhin Inhaberin des Handelsgeschäfts ist.

Prokurist als Erbe des Inhabers

c) Gemäß § 52 III HGB erlischt eine Prokura grundsätzlich nicht durch den Tod des Geschäftsinhabers. Das Fortbestehen ist jedoch fraglich, wenn der Prokurist zu den Erben des verstorbenen Geschäftsinhabers gehört, da er sich dann selbst vertreten würde.[84]

111

II. Handlungsvollmacht

Begriff § 54 I HGB / Abgrenzung zur Prokura

Handlungsvollmacht ist eine Vollmacht, die zur Vornahme bestimmter zu einem Handelsgewerbe gehöriger Geschäfte ermächtigt und nicht Prokura ist (vgl. die Legaldefinition in § 54 I HGB). Dabei besteht keine Vertretungsmacht bzgl. aller Geschäfte *irgendeines* Kaufmanns, sondern nur bzgl. *branchentypischer* Geschäfte.[85]

Bsp.: Anders als ein Prokurist (vgl. Rn. 90) kann ein Handlungsbevollmächtigter eines Juwelengroßhandels keine Schiffsladung mit Ölsardinen kaufen.

---

[82] Ausführlich KREBS, Ungeschriebene Prinzipien der handelsrechtlichen Stellvertretung als Schranken der Rechtsfortbildung - speziell für Gesamtvertretungsmacht und Generalvollmacht, ZHR 159 (1995), 635 - 662 (641 ff.).

[83] BAUMBACH/HOPT, § 52, Rn. 5 a.E.

[84] BGHZ 30, 391 - 399 (397), str.; a.A. aus praktischen Gründen ein beachtlicher Teil des Schrifttums, HÜFFER, Die Fortführung des Handelsgeschäft in ungeteilter Erbengemeinschaft und das Problem des Minderjährigenschutzes, ZGR 1986, 603 - 655 (631).

[85] BROX, Rn. 223.

§ 54 I HS 1 HGB führt drei verschiedene Arten der Handlungsvollmachten auf: *112*

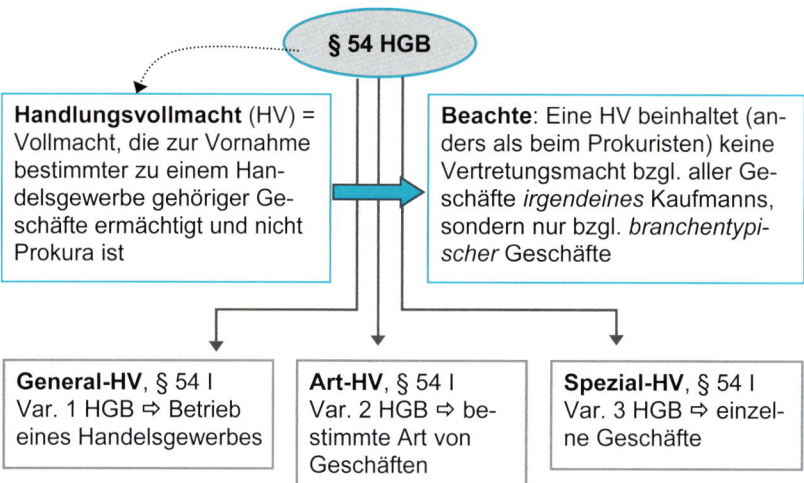

§ 54 II HGB	Nach § 54 II HGB erstreckt sich die Vollmacht auf die dort genannten Geschäfte nicht. *113*

> *Beachte aber:* Unter die "Aufnahme von Darlehen" fällt nicht das Eingehen einer Bürgschaftsverbindlichkeit.

zwingender Umfang im Außenverhältnis	Sonstige Beschränkungen der Vertretungsmacht sind nach § 54 III HGB im *Außenverhältnis* grundsätzlich unwirksam. Etwas anderes gilt, wenn der Dritte hiervon Kenntnis hatte oder seine Unkenntnis auf Fahrlässigkeit beruhte ("Kennenmüssen" legaldefiniert in § 122 II BGB). *114*

hemmer-Methode: Auch hier müssen Sie wieder an den Missbrauch der Vertretungsmacht denken. Wiederholen Sie nochmals den Fall unter Rn. 106!

keine ausdrückliche Erteilung notw.	Die Handlungsvollmacht muss - anders als die Prokura - nicht ausdrücklich erteilt werden. *115*

hemmer-Methode: Denken in Zusammenhängen! Schlägt die Erteilung einer Prokura fehl, dann ist - weil in ihr als minus stets die Erteilung einer Handlungsvollmacht enthalten ist - an eine Umdeutung (§ 140 BGB) zu denken, sofern ein entsprechender Wille der Parteien vorliegt. Zu beachten ist dabei, dass eine Prokura zu allen Geschäften irgendeines Handelsgeschäfts gehörend ermächtigt, während eine Generalhandlungsvollmacht nur zu Geschäften ermächtigt, die zu dem ausgeübten Handelsgewerbe gehören.

Duldungs- u. Anscheinsvollmacht	Da eine ausdrückliche Erteilung nicht erforderlich ist, spielen hier die Regeln über die Duldungs- und die Anscheinsvollmacht eine erhebliche Rolle.[86] *116*

hemmer-Methode: Im bürgerlichen Recht ist die Frage sehr umstritten,[87] ob es eine rechtsgeschäftliche Bindung kraft Anscheinsvollmacht gibt oder ob lediglich eine Haftung aus §§ 280 I, 241 II, 311 II BGB (c.i.c.) in Betracht kommt.
Für Letzteres (Mindermeinung) spricht zwar, dass Willenserklärung und Verschulden verschiedene Kategorien sind, die Nichterfüllung pflichtgemäßer Sorgfalt also nur zu einer Schadensersatzpflicht, nicht aber zur Geltung eines Rechtsgeschäfts führen kann.[88]

---

[86]   Dazu HEMMER/WÜST, BGB AT I, Rn. 248.

[87]   Vgl. PALANDT, § 173, Rn. 13, STAUDINGER, § 167 BGB, Rn. 32 ff.; auch HEMMER/WÜST, BGB AT I, Rn. 248.

[88]   MüKo, § 167 BGB, Rn. 45.

Dennoch geht die h.M. von einer rechtsgeschäftlichen Bindung aus, da der Vertretene sich so behandeln lassen muss, als wäre der ihm zurechenbare Rechtsschein zutreffend. Dies muss unabhängig von dem Streit im bürgerlichen Recht jedenfalls im Handelsrecht gelten, da dem Kaufmann aus der fehlerhaften Organisation seines Betriebes keine Vorteile erwachsen dürfen.[89]

Wahlrecht str.

Folgt man der h.M., die eine vertragliche Bindungswirkung annimmt, so stellt sich das Problem, ob der Dritte ein Wahlrecht hat, den Vertretenen aufgrund der Anscheinsvollmacht oder den Vertreter nach § 179 BGB in Anspruch zu nehmen.

Die h.M. wendet sich gegen ein solches Wahlrecht, da § 179 I BGB auf die Fälle zu beschränken sei, in denen der Geschäftsgegner ein berechtigtes Interesse an der Inanspruchnahme des Vertreters hat. Ein solches Interesse sei nicht vorhanden, wenn der Vertretene nach den Regeln der Anscheinsvollmacht hafte. Gegen diese Auffassung spricht allerdings, dass sich der Dritte in den Fällen der Rechtsscheinhaftung stets auch auf die wahre Rechtslage stützen können soll, da der Rechtsscheinschutz allein ihm dient und deshalb verzichtbar ist.

III. Angestellte in Laden oder Warenlager

§ 56 HGB

Wer in einem Laden oder in einem offenen Warenlager angestellt ist, gilt nach § 56 HGB als ermächtigt für *Ver*käufe und Empfangnahmen, die in einem derartigen Laden gewöhnlich geschehen.

117

Tatbestandsmerkmale

Mit „angestellt" ist keine rechtsgeschäftliche Anstellung gemeint. Daher kommt es auf das Vorliegen eines Vertrages bzw. auf dessen Wirksamkeit nicht an. Auch das Tätigwerden im Ladengeschäft aufgrund Gefälligkeit reicht aus. Selbst Minderjährige und Geschäftsunfähige können Angestellte i.S.d. § 56 HGB sein.

Laden bzw. Warenlager meint jeden dem Publikum zugänglichen Verkaufsraum. Anstellung meint jedes Tätigwerden mit Wissen und Wollen des Kaufmanns. Es ist also kein rechtswirksames Arbeitsverhältnis erforderlich.

Die Tätigkeit muss im Laden selbst erfolgen, es reicht jedoch aus, wenn der Vertragsschluss dort angebahnt, aber anderenorts vorgenommen wird.

§ 56 HGB setzt nach seiner systematischen Stellung voraus, dass der Vertretene Kaufmann ist. Allerdings geht die h.M. aufgrund von Vertrauensschutzerwägungen von einer analogen Anwendung aus, wenn der Vertretene Inhaber eines nichtkaufmännischen Unternehmens ist. Die Gegenmeinung kommt durch Anwendung des Instituts der Duldungs- und Anscheinsvollmacht zum gleichen Ergebnis.

Unter den Begriff "Verkäufe" fallen auch die damit einhergehenden dinglichen Geschäfte sowie der Abschluss von Werk- u. Werklieferungsverträgen.

hemmer-Methode: § 56 HGB kann also z.B. auch i.R.d. Frage nach der Vertretung bei der Übereignung nach §§ 929 ff. BGB eine Rolle spielen, vgl. dazu das Beispiel unter Rn. 119.

---

[89] RGZ 162, 129 (148).

Der Begriff der Empfangnahme bezieht sich zum einen auf Willenserklärungen und sonstige rechtlich erhebliche Erklärungen im Zusammenhang mit Verkaufsgeschäften (Mahnung, Aufforderung zur Nacherfüllung, etc.), zum anderen auf die Gegenleistung, d.h. es tritt Erfüllung ein (§§ 362 I, 164 ff. BGB, § 56 HGB).

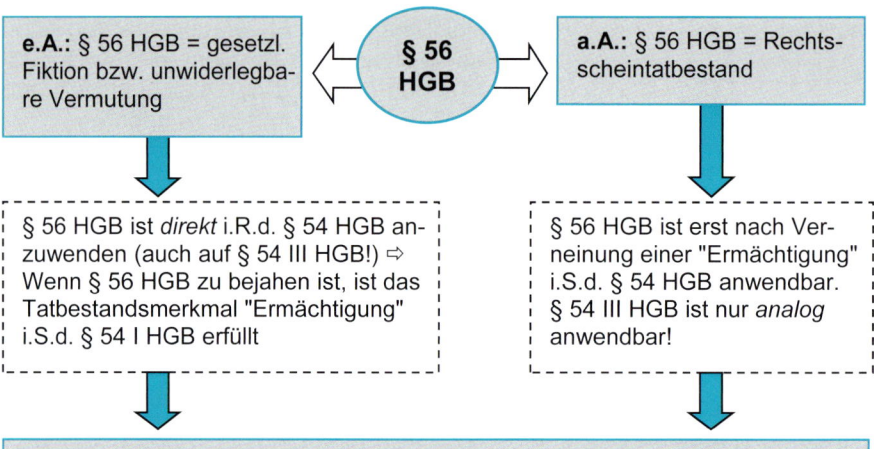

nicht bei Ankäufen

*An*kaufsgeschäfte werden dagegen vom Wortlaut nicht erfasst. Nach ganz h.M. findet § 56 HGB auch nicht analog Anwendung, da dabei die für § 56 HGB charakteristische Typizität und Steuerbarkeit des Geschäfts - einschließlich des Verkaufspreises - fehlt. Hier können die Grundsätze der Duldungs- bzw. Anscheinsvollmacht eingreifen.

hemmer-Methode: Die dogmatische Einordnung des § 56 HGB ist umstritten. Sie brauchen diese Frage nicht zu entscheiden, sondern nur die Auswirkungen auf den Fallaufbau konsequent zu beachten:
Sieht man in § 56 HGB die gesetzliche Fiktion oder unwiderlegliche Vermutung einer Vollmacht ("gilt als"), so ist die Vorschrift i.R.d. § 54 HGB zu prüfen. § 54 III HGB kann dann *direkt* angewendet werden. Sieht man § 56 HGB jedoch als Rechtsscheintatbestand, so ist er erst im Anschluss an die Verneinung einer rechtsgeschäftlichen Bevollmächtigung nach § 54 HGB zu prüfen. § 54 III HGB findet dann nur *analoge* Anwendung.
Es stellt sich dann das weitere Problem, ob eine Beseitigung der Rechtsscheinwirkung durch Anfechtung möglich ist (vgl. dazu HEMMER/WÜST, BGB-AT III, Rn. 430).

Bsp.: U betreibt ein Computergeschäft. Als er kurz für eine Stunde zu einem Kunden fahren muss, bittet er seinen Schwager S, solange auf den Laden aufzupassen. S könne etwaige Kunden beraten, doch den Verkauf möchte U persönlich durchführen.

Innerhalb der Stunde verkauft S ein Notebook 30 % unter dem ausgezeichneten Preis an A. Er war stets der Ansicht, U habe überhöhte Preise und kein verkäuferisches Talent. U verlangt erbost die Herausgabe des Computers von A.

1. Anspruch aus § 985 BGB?

A ist Besitzer. U müsste noch Eigentümer sein. Der Verlust des Eigentums nach § 929 S. 1 BGB könnte durch wirksame Einigung zwischen U und A sowie Übergabe eingetreten sein. Da U keine Willenserklärung abgegeben hat, kommt nur Vertretung durch S in Betracht. S hat eine eigene Willenserklärung im fremden Namen (§ 164 I S. 2 BGB) abgegeben. Er hatte allerdings keine rechtsgeschäftliche Vertretungsmacht (Vollmacht).

118

119

Die Vertretungsmacht könnte sich aber aus § 56 HGB ergeben. § 56 HGB greift ein, denn es handelt sich um einen Verkauf innerhalb eines Ladens. Unerheblich ist, dass S kein Angestellter im arbeitsrechtlichen Sinn ist, weil es für § 56 HGB genügt, dass der S mit Wissen und Wollen des U in dessen Geschäft i.R.d. Verkaufs tätig wurde. § 56 HGB führt zwar nicht dazu, dass eine wirkliche Bevollmächtigung vorliegt.

Der gutgläubige Dritte kann sich aber darauf berufen, dass eine unwiderlegliche Vermutung eingreift, nach der S als bevollmächtigt gilt. Somit konnte der S den U wirksam vertreten, denn § 56 HGB gilt nicht nur für das schuldrechtliche, sondern auch für das dingliche Geschäft.

2. Anspruch aus § 1007 II S. 1, III BGB?

U war früherer Besitzer der Sache. S war sein Besitzdiener. Grundsätzlich wäre der Computer, eine bewegliche Sache, dem U abhandengekommen, da S ohne Wissen und Wollen des U dessen Besitzverlust bewirkt hat. Jedoch wäre dies nicht mit dem Ziel des § 56 HGB vereinbar. § 56 HGB bewirkt daher auch, dass die Weggabe des Ladenangestellten im Rahmen einer Veräußerung der Sache nicht zum Abhandenkommen führt. Schließlich würde der Anspruch aus § 1007 II BGB auch daran scheitern, dass A Eigentümer des Notebook geworden ist, § 1007 II S. 1 HS 2 BGB.

3. Anspruch aus § 812 I S. 1 Alt. 1 BGB?

A hat Eigentum und Besitz an dem Computer erlangt (s.o.). Dies geschah durch Leistung des U, dem das Handeln des S als eigenes zugerechnet wird. Als Rechtsgrund kommt ein Kaufvertrag in Betracht. S und A waren sich über den Kauf einig. S hat eine eigene Willenserklärung abgegeben. Er handelte im fremden Namen, denn es handelt sich um ein unternehmensbezogenes Geschäft.

Er war zwar nicht rechtsgeschäftlich bevollmächtigt, die Vertretungsmacht ergibt sich jedoch aus § 56 HGB, dessen Voraussetzungen vorliegen (s.o.). Die Vertretungsmacht umfasst auch Nebenabreden zum Kaufvertrag, etwa die Einräumung von Rabatt[90] oder die Zusicherung einer Eigenschaft. Es ist nichts dafür ersichtlich, dass A Kenntnis vom Fehlen der Vertretungsmacht hatte oder dies kennen musste (§ 54 III HGB entsprechend). Beim Kennenmüssen ist zu beachten, dass den U keine Nachforschungspflicht trifft. Die Einräumung des hohen Rabatts allein genügt nicht, um die Unredlichkeit des A zu begründen.

Die Leistung ist somit nicht rechtsgrundlos erfolgt. Ein Anspruch ist mithin nicht gegeben.

---

[90] OLG Karlsruhe, MDR 1980, 849 - 850.

§ 6 DAS HANDELSREGISTER

Begriff d. Handelsregisters

Das Handelsregister ist ein bei den Amtsgerichten geführtes öffentliches Verzeichnis von Rechtstatsachen auf dem Gebiet des Handelsrechts, §§ 8 ff. HGB, §§ 35, 374 ff. FamFG.   *120*

hemmer-Methode: Seit dem 01.01.2007 existiert ein elektronisches Unternehmensregister. Jedermann aus dem In- und Ausland kann nun in leicht zugänglicher und preiswerter[91] Form die veröffentlichungspflichtigen Unternehmensdaten über die zentrale Internetseite www.unternehmensregister.de einsehen.

Die Handels-, Genossenschafts- und Partnerschaftsregister wurden auf den elektronischen Betrieb umgestellt. Zuständig für die Führung der Register sind die Amtsgerichte.[92] Um die Verwaltung der Register zu beschleunigen, können **Unterlagen** nur noch **elektronisch eingereicht** werden.

Aus Gründen der Rechtssicherheit bleibt für die Anmeldungen zur Eintragung eine öffentliche Beglaubigung erforderlich. Weil die Register elektronisch geführt werden, werden **Handelsregistereintragungen** künftig **auch elektronisch bekannt gemacht**.

Die Unterlagen der Rechnungslegung sind ebenfalls elektronisch einzureichen. Über die Einzelheiten der Einreichung der Jahresabschlussunterlagen informiert der elektronische Bundesanzeiger unter **www.ebundesanzeiger.de**.[93]

I. Zweck des Handelsregisters

Zweck:
Sicherheit u. Leichtigkeit d. Geschäftsabwicklung

Zweck des Handelsregisters ist es, im Handelsverkehr die für die Sicherheit und Leichtigkeit der Geschäftsabwicklung notwendige Publizität bezüglich der eintragungsfähigen Tatsachen herzustellen, vgl. §§ 9, 10 HGB.   *121*

Das Handelsregister ist für die Öffentlichkeit frei zugänglich. Anders als beim Grundbuch muss für die Einsichtnahme in die Akten des Handelsregisters *kein* berechtigtes Interesse (§ 9 I HGB) nachgewiesen werden.   *122*

II. Die Publizitätswirkungen des Handelsregisters, § 15 HGB[94]

In § 15 HGB sind in den Absätzen 1-3 verschiedene Wirkungen angeordnet.   *123*

hemmer-Methode: Wichtig ist vor allem die richtige Einordnung des § 15 HGB in den Anspruchsaufbau. Lesen Sie dazu die Ausführungen in HEMMER/WÜST, BGB-AT I, Rn. 252.

---

[91]   Der Abruf einer Handelsregistereintragung kostet 4,50 €. Für jedes zusätzliche Dokument sind weitere 4,50 € zu entrichten (Abschnitt 4, Nr. 400, 401 der Justizverwaltungskostenordnung).

[92]   Für die zentrale Entgegennahme, Speicherung und Veröffentlichung der Jahresabschlüsse sind nicht mehr die Amtsgerichte, sondern der elektronische Bundesanzeiger zuständig. Damit werden die Gerichte von justizfernem Verwaltungsaufwand entlastet und der elektronische Bundesanzeiger zu einem zentralen Veröffentlichungsorgan für wirtschaftsrechtliche Bekanntmachungen ausgebaut.

[93]   Vgl. auch LIEBSCHER/SCHARFF, Das Gesetz über elektronische Handelsregister und Genossenschaftsregister sowie das Unternehmensregister, NJW 2006, 3745 - 3752.

[94]   Hager, JuS 1982, 57; einen guten Überblick gibt TRÖLLER, Die Publizität des Handelsregisters, § 15 HGB, JA 2000, 27 - 31.

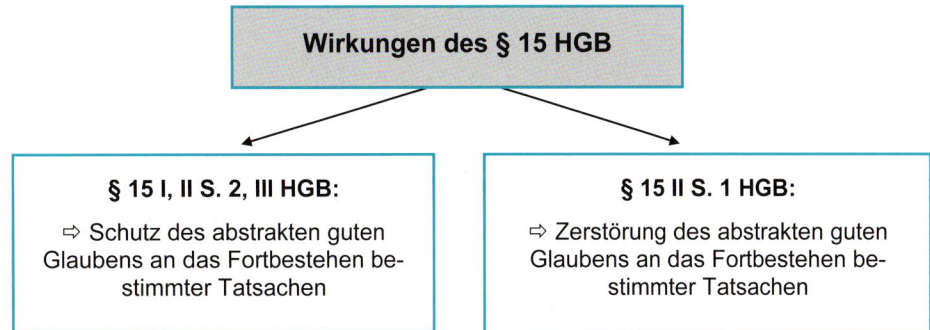

negative u. positive Publizität

Beim Umfang des öffentlichen Glaubens ist zu trennen zwischen der Wirkung der Bekanntmachung einer Eintragung (positive Publizität, § 15 III HGB, vgl. im Einzelnen Rn. 142) und der Wirkung des *Fehlens* einer Eintragung (negative Publizität, § 15 I HGB, vgl. im Einzelnen Rn. 125 ff.).

124

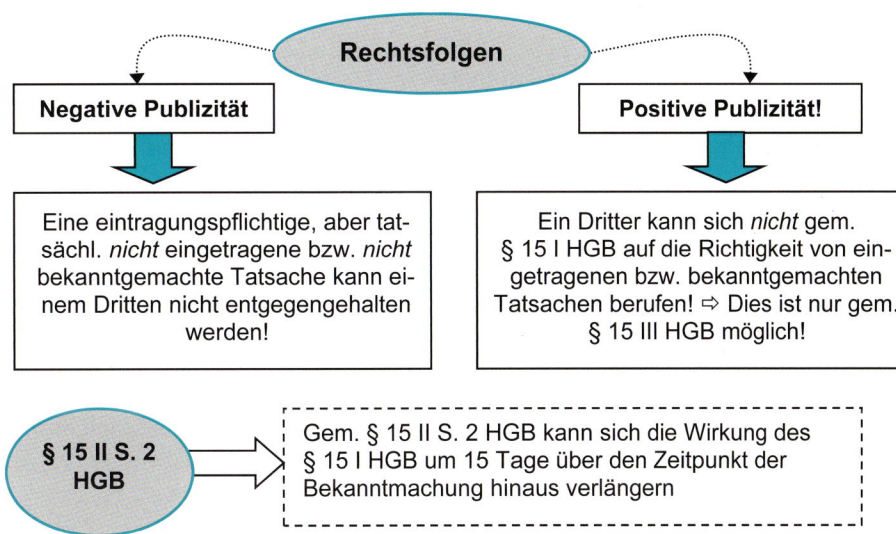

1. Negative Publizität, § 15 I HGB

Wesen der negativen Publizität

§ 15 I HGB will das *allgemeine* Vertrauen auf die Nichtexistenz nicht eingetragener und bekannt gemachter, eintragungspflichtiger Tatsachen schützen (negative Publizität), nicht dagegen den guten Glauben an die Richtigkeit eingetragener Tatsachen (positive Publizität). Die positive Publizität wird nur durch § 15 III HGB geschützt, nicht durch § 15 I HGB.

125

hemmer-Methode: Merken Sie sich das richtige Schlagwort! Man darf bei § 15 I HGB nur auf das Schweigen, nicht aber auf das Reden des Handelsregisters vertrauen.

a) Die Voraussetzungen des § 15 I HGB

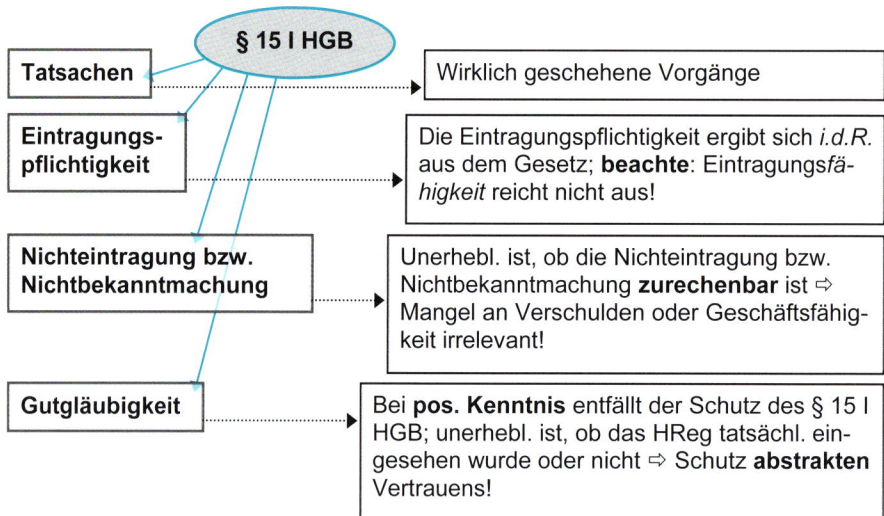

aa) Tatsachen

Tatsachen

Tatsachen i.d.S. § 15 HGB sind *wirklich geschehene* Vorgänge.   **126**

> *Bspe.: Das Erlöschen der Firma; das Ausscheiden eines Gesellschafters aus einer Personenhandelsgesellschaft; der Widerruf der Prokura.*

(-), wenn Eintragung konstitutiv

Bei Ereignissen, die erst durch *konstitutive* Eintragung zu "Tatsachen" werden, kann § 15 I HGB nur Anwendung finden, wenn sie zwar eingetragen, aber nicht bekannt gemacht wurden.

> *Bspe.: Erlangung der Kaufmannseigenschaft nach (§ 2 HGB)[95] und Entstehung einer Kapitalgesellschaft (§ 11 I GmbHG, § 41 I S. 1 AktG).*

Keine Tatsache liegt ferner vor, wenn die Parteien die Änderung eines in Wirklichkeit nicht bestehenden Rechtsverhältnisses herbeiführen wollen.

> *Bsp.: Widerruf einer in Wirklichkeit nicht bestehenden Prokura.[96]*

bb) Eintragungspflichtigkeit

Eintragungspflichtigkeit ergibt sich aus Gesetz

§ 15 I HGB ist nicht auf jede eintragungs*fähige* Tatsache anwendbar, sondern nur auf sog. eintragungs*pflichtige* Tatsachen. Wann eine solche eintragungspflichtige Tatsache vorliegt, bestimmt das Gesetz im jeweiligen Sachzusammenhang.

> *Bspe.: §§ 29 (Anmeldung der Firma), 31 (Änderung und Erlöschen der Firma), 53 I, III (Erteilung und Erlöschen der Prokura), 106 II (Anmeldung einer Personenhandelsgesellschaft), 107 (anzumeldende Änderungen), 143 I, II HGB (Auflösung der Gesellschaft und Ausscheiden von Gesellschaftern).*

ungeschriebene Eintragungspflichten

Manchmal ergibt sich die Eintragungspflichtigkeit nicht aus einer konkreten Norm, sondern aus dem Zweck des Handelsregisters. Es liegt also eine *ungeschriebene* Eintragungspflicht vor: **127**

---

[95]   Vgl. Rn. 44.

[96]   RGZ 142, 105.

Bsp.: § 181 BGB ist auf Geschäftsführer einer GmbH entsprechend anwendbar, § 35 III S. 1 GmbHG. Eine generelle Befreiung des Geschäftsführers einer GmbH von § 181 BGB muss in der Satzung enthalten sein und im Handelsregister eingetragen werden.

hemmer-Methode: Da es sich bei der Befreiung vom Verbot des Selbstkontrahierens um eine abweichende vertragliche Anordnung über die Vertretung der Gesellschaft handelt, ist diese Tatsache auch bei den Handelsgesellschaften nicht nur eintragungsfähig, sondern eintragungspflichtig[97].

Nicht ausreichend ist, dass die Tatsache lediglich eintragungsfähig ist.

Bsp.: Haftungsausschluss nach §§ 25 II, 27 I i.V.m. 25 II, oder § 28 II HGB.

nicht eintragungsfähig
⇨ *keine Wirkung*

Werden nicht eintragungsfähige Tatsachen dennoch im Handelsregister eingetragen, so entfalten sie *keinerlei* Rechtswirkung.

128

Bsp.: Ein Widerspruch (vgl. § 892 I BGB) oder eine Vormerkung (§ 883 BGB). Diese Sicherungsmittel gegen die Wirkung des öffentlichen Glaubens gibt es nur beim Grundbuch.

cc) Das Erfordernis der Voreintragung bei § 15 I HGB

fehlende Voreintragung

Fraglich ist, ob eine Eintragungs- bzw. Löschungspflicht auch dann besteht, wenn es bereits an einer Voreintragung der Tatsache fehlt, die beseitigt werden soll (Fälle der sog. sekundären Unrichtigkeit des Handelsregisters).

129

Bsp.: A bestellt P zum Prokuristen. Drei Jahre später widerruft er die Prokura. Weder die Erteilung noch der Widerruf sind im Handelsregister eingetragen worden. Kurz nach dem Widerruf schließt P in Vertretung des A einen Kaufvertrag mit Z. Z verlangt Erfüllung von A. Zu Recht?

Z hat einen Erfüllungsanspruch gegen A, wenn dieser wirksam vertreten wurde. Eine Vollmacht lag nicht mehr vor, da die Prokura mit dem Widerruf erloschen ist. Die nach § 53 II HGB erforderliche Eintragung ist nur deklaratorisch. P könnte im Verhältnis zum gutgläubigen Dritten allerdings aufgrund der §§ 15 I, 53 II HGB als Prokurist gelten.

Problematisch ist daran nur, ob §§ 15 I, 53 II HGB auch anwendbar sind, wenn die Erteilung der Prokura nie eingetragen war. Dies könnte deswegen fraglich sein, weil es mangels Eintragung der Erteilung am Rechtsschein einer Prokura fehlen könnte, mit der Folge, dass ein solcher Rechtsschein auch nicht zerstört werden müsste.

Dem folgt die h.M. jedoch zu Recht nicht. Auf die fehlende Voreintragung der (gemäß § 53 I S. 1 HGB eintragungspflichtigen) Prokuraerteilung kann es hier nicht ankommen.[98] Weil der Verkehr auch auf andere Art und Weise von der Erteilung der Prokura Kenntnis erlangt haben kann, muss dieser Rechtsschein durch eine Eintragung des Widerrufs der Prokura § 53 II HGB vernichtet werden.

Abwandlung: A widerruft die Prokura diesmal noch am Tag der Erteilung. Niemand erfährt von der Erteilung.

Hier muss eine Einschränkung des oben Gesagten gelten, da die voreinzutragende Tatsache intern geblieben ist und die einzutragende Tatsache in ganz kurzem zeitlichen Abstand folgte.[99]

---

[97]　BGH, NJW-RR 2004, 120 = **juris**byhemmer; Baumbach/Hopt, § 119, Rn. 22.

[98]　So die h.M.: vgl. Baumbach/Hopt, § 15, Rn. 11.

[99]　Baumbach/Hopt, § 15, Rn. 11 a.E.

> **hemmer-Methode: Es handelt sich hier um eine klassische Fallgestaltung, die in der Klausur meist in folgenden Konstellationen auftritt:**
> - **Erteilung u. Widerruf der Prokura**
> - **Ein- und Austritt bei einer Personenhandelsgesellschaft (§§ 107, 143 II HGB)**

---

dd) Nichteintragung / Nichtbekanntmachung

Eintragung o. Bekanntmachung (-)

Die eintragungspflichtige Tatsache darf nicht in das Handelsregister eingetragen *oder* nicht bekannt gemacht (§ 10 HGB) worden sein.   **130**

> **hemmer-Methode: § 15 I HGB spricht zwar von „und". Damit ist aber lediglich gemeint, dass, wenn Eintragung *und* Bekanntmachung vorliegen, die Unkenntnis dieser Tatsache nicht mehr geschützt ist.**

§ 15 I HGB gilt auch zu Lasten Geschäftsunfähiger

Da die negative Publizität des § 15 I HGB nicht an ein Verhalten anknüpft, ist die bloße Tatsache der fehlenden Eintragung oder der fehlenden Bekanntmachung ausreichend. Auf eine Zurechenbarkeit oder gar ein Verschulden des Betroffenen kommt es insoweit nicht an. Da § 15 I HGB demnach nicht auf dem Veranlassungsprinzip beruht, sondern hier der Fortbestand einer einmal wahr gewesenen Tatsache unterstellt wird, wirkt die negative Publizität gem. **§ 15 I HGB auch zu Lasten Minderjähriger.**[100]

> **hemmer-Methode: Der durch § 15 I HGB Benachteiligte kann sich dann, falls er den Rechtsschein nicht veranlasst hat, ggf. im Wege der Amtshaftung, §§ 839 BGB, Art. 34 GG an den Staat halten. Das Spruchrichterprivileg des § 839 II BGB findet keine Anwendung, da die Führung des Handelsregisters materiell betrachtet Verwaltung, nicht aber richterliche Tätigkeit ist.**

---

ee) Guter Glaube

nur positive Kenntnis schadet

Der Schutz des § 15 I HGB entfällt nur bei positiver Kenntnis des Dritten von der Tatsache.   **131**

> **hemmer-Methode: Die Kenntnis von Vertretern wird auch hier nach allgemeinen Grundsätzen zugerechnet, § 166 I BGB bzw. § 31 BGB analog. Vergleichen Sie zu den Problemen der Wissenszurechnung im Gesellschaftsrecht die ausführliche Darstellung bei HEMMER/WÜST, Gesellschaftsrecht, Rn. 107 ff.**

nicht: grobe Fahrlässigkeit

Grobe Fahrlässigkeit schadet dagegen nicht. Eine Nachforschungs- oder Erkundigungspflicht trifft den Dritten selbst bei Zweifeln nicht.

> *Bsp.: Der Dritte hat ein Rundschreiben, in dem auf die Veränderungen hingewiesen worden war, nicht gelesen. Dennoch braucht er die Tatsachen nicht gegen sich gelten zu lassen, sofern sie nicht eingetragen und bekannt gemacht wurden.*

abstrakter Vertrauensschutz

Es ist nach h.M. nicht erforderlich, dass der Dritte das Handelsregister vorher tatsächlich eingesehen hat. Geschützt wird vielmehr ein *abstraktes* Vertrauen.

Eine „echte" Kausalität zwischen der fehlenden Eintragung oder fehlenden Bekanntmachung und dem Rechtsgeschäft ist nicht erforderlich.

---

[100]   Vgl. Tyroller, Ausgewählte Probleme des Minderjährigenrechts – Teil 3, **Life&Law 07/2006, 498 ff.**

Der Schutz des § 15 I HGB greift aber nur ein, wenn die Möglichkeit bestand, dass der Dritte sein Handeln auf die Registereintragung einrichtete. Die Anwendung der Vorschrift ist auf Fälle beschränkt, in denen die Kenntnis der einzutragenden Tatsachen für das Verhalten des Dritten und seine durch dieses Verhalten beeinflussten Rechte oder Verbindlichkeiten von Bedeutung sein kann.[101]

hemmer-Methode: Der Dritte muss sich also bei seinem geschäftlichen Verhalten auf den unrichtigen Eintragungsstand wenigstens verlassen haben können.

Bsp.: A kontrahiert mit der X-OHG. Kurz vorher war der Gesellschafter G ausgeschieden, ohne dass dies ins Handelsregister eingetragen wurde. A verlangt Erfüllung von G.

Gemäß §§ 128 S. 1, 15 I, 143 II HGB haftet dem A auch ein ausgeschiedener Gesellschafter, dessen Ausscheiden nicht ins Handelsregister eingetragen wurde. Dies gilt selbst dann, wenn nicht einmal sein Eintreten eingetragen war (vgl. oben Rn. 129)! Es kommt nicht darauf an, ob A sich irgendwelche Vorstellungen über die Gesellschafter gemacht hat, da der Vertrauensschutz des Handelsregisters abstrakt ist.

hemmer-Methode: Ein Nachweis, dass der Dritte tatsächlich im Vertrauen auf die Richtigkeit und Vollständigkeit des Handelsregisters gehandelt hat, wird von § 15 I HGB nicht vorausgesetzt. Hier kann im Klausursachverhalt eine Falle eingebaut sein!

ff) Anwendbarkeit des § 15 I HGB bei gesetzlichen Schuldverhältnissen

gesetzl. Schuldverhältnisse

Die Anwendung des § 15 I HGB setzt zwar nicht den Nachweis voraus, dass der Gläubiger tatsächlich im Vertrauen auf die Richtigkeit und Vollständigkeit des Handelsregisters gehandelt hat. 132

Er muss jedoch typisiert (abstrakt) vertraut haben können. Daraus folgt, dass § 15 I keine Anwendung finden kann, wenn der zur Entstehung des Anspruchs führende Vorgang in keinem Zusammenhang mit dem "Geschäftsverkehr" (vgl. § 15 IV HGB) zwischen den Beteiligten steht.[102]

bei reinem "Unrechtsverkehr" (-)

Bei rein deliktischen Schädigungen oder bei Gefährdungshaftung, die in keinem Zusammenhang mit einer geschäftlichen Beziehung zwischen den Beteiligten stehen, ist § 15 I HGB folglich nicht anwendbar.

Bsp.: Ein unbeteiligter Dritter wird bei einem Verkehrsunfall durch das Geschäftsfahrzeug einer OHG verletzt.

Ein ausgeschiedener phG, dessen Ausscheiden noch nicht ins Handelsregister eingetragen ist, haftet nicht nach §§ 128 S. 1, 15 I, 143 II HGB.

hemmer-Methode: "Niemand lässt sich gerade im Vertrauen auf das Handelsregister von einem anderen überfahren".

anders bei Verbindung zu rechtsgeschäftlichem Verhalten

Unstreitig ist § 15 I HGB dagegen auf gesetzliche Schuldverhältnisse anwendbar, die durch ein rechtsgeschäftliches Verhalten oder in unmittelbarem Zusammenhang mit diesem begründet werden. 133

Bspe.: Betrug bei Vertragsverhandlungen; Unterschlagungen verwahrter Gelder; Leistungskondiktion, nicht dagegen ohne weiteres eine Eingriffskondiktion.

---

[101] BGH, NJW-RR 2004, 120 = **juris**byhemmer; BAUMBACH/HOPT, § 15, Rn. 9.

[102] BAUMBACH/HOPT, § 15, Rn. 8 a.E.

innerer Sachzusammenhang

Gleiches gilt für gesetzliche Schuldverhältnisse, die zwar nicht auf einem rechtsgeschäftlichen Verhalten beruhen, die sich aber im Zusammenhang mit einer bestehenden Geschäftsbeziehung ereignet haben. Als „Geschäftsverkehr" haben auch tatsächliche Handlungen zu gelten, mittels derer ein Kaufmann in Rechtsbeziehungen zu Dritten tritt, wenn zwischen der Geschäftsbeziehung und dem anspruchsbegründenden Vorgang ein innerer Sachzusammenhang besteht.

Dies ist immer - aber auch nur dann - der Fall, wenn der anspruchsbegründende Vorgang sich nur deshalb ereignen konnte, weil es sich bei dem Dritten um einen Geschäftspartner handelte, wenn ein sonstiger Dritter von einem derartigen Vorfall also nicht betroffen werden könnte.

hemmer-Methode: Pauschales Auswendiglernen vermeiden! § 15 I HGB ist also im "Unrechtsverkehr" nicht generell unanwendbar. Die Frage ob ein typisiertes Vertrauen vorlag, ist vielmehr wertend anhand aller Umstände des Einzelfalls zu lösen.

gg) Anwendbarkeit des § 15 I HGB im öffentlichen Recht

öffentlich-rechtliche Pflichten

Auch unter den weit auszulegenden Begriff des Geschäftsverkehrs fallen *nicht* solche öffentlich-rechtlichen Pflichten, denen ein Kaufmann ohne eigenes Zutun kraft Gesetzes oder kraft behördlicher Anordnung ausgesetzt ist.

134

> **Bspe.:** *Bilanzierungspflicht (§ 242 HGB); Steuerpflicht*

b) Die Rechtsfolgen des § 15 I HGB

aa) Grundsatz

Grundsatz der negativen Publizität

Nach § 15 I HGB kann eine eintragungspflichtige, aber nicht eingetragene oder nicht bekannt gemachte Tatsache von demjenigen, in dessen Angelegenheiten sie einzutragen war, einem gutgläubigen Dritten nicht entgegengehalten werden.

135

Verlängerung der Publizitätswirkung

§ 15 II S. 2 HGB verlängert diese Wirkung um 15 Tage über den Zeitpunkt der Bekanntmachung (§ 10 II HGB) hinaus, sofern der Dritte die Tatsache weder kannte noch kennen musste (vgl. § 122 II BGB). Bei der Fahrlässigkeitsprüfung (vgl. „Kennenmüssen", § 122 II BGB) sind strenge Maßstäbe anzulegen.

136

> **Bsp.:** *Im Gegensatz zum ersten Bsp. unter Rn. 131 könnte die Tatsache im Rahmen des § 15 II S. 2 HGB dem Dritten doch entgegen gehalten werden, wenn auf eine eingetragene Tatsache in einem Rundschreiben hingewiesen wurde, das der Dritte einfach nicht gelesen hat.*

Zur Verdeutlichung der Wirkung des § 15 I HGB folgendes Beispiel:

> *Die X-OHG steht mit Z in laufender Geschäftsverbindung. Das Ausscheiden des persönlich haftenden Gesellschafters A der X-OHG wird nicht im Handelsregister eingetragen. Z will den A für eine nach seinem Ausscheiden entstandene Schuld der X-OHG in Anspruch nehmen.*

Das Ausscheiden des A ist eine gem. § 143 II HGB eintragungspflichtige Tatsache. Unterbleibt die Eintragung des Ausscheidens, so muss sich A gem. § 15 I HGB behandeln lassen, als ob er noch persönlich haftender Gesellschafter der X-OHG wäre (§ 128 S. 1 HGB).

keine positive Publizität

§ 15 I HGB schützt jedoch nicht den guten Glauben an die Richtig- **137**
keit eingetragener Tatsachen.

> *Bsp.: P wurde durch ein Versehen des Registerrichters als Prokurist der*
> *B-OHG eingetragen; eigentlich sollte P als Prokurist der P-OHG einge-*
> *tragen werden. Als P dies bemerkt, vertritt er eifrig die B-OHG. Einer der*
> *"Vertragspartner" - der A - verlangt Erfüllung von der B-OHG.*

A hätte nur im Fall einer wirksamen Vertretung einen Erfüllungsanspruch
gegen die B-OHG. Da keine tatsächliche Bevollmächtigung des P durch
die B-OHG vorlag, stellt sich die Frage, ob die B-OHG dem A das Fehlen
der Vollmacht des P entgegenhalten kann. Das Vertrauen darauf, dass P
wirklich Prokurist der B-OHG ist, ist allerdings nicht nach § 15 I HGB geschützt. Denn § 15 I HGB schützt nicht das Vertrauen in die Richtigkeit
von Eintragungen, sondern nur das Vertrauen in die Abwesenheit nicht
eingetragener Tatsachen.

Ein Schutz des Vertrauens in die Richtigkeit einer Eintragung kann nur
über die positive Publizitätswirkung nach § 15 III HGB oder über die allgemeinen Grundsätze der Rechtsscheinhaftung begründet werden (vgl.
Rn. 142 ff. u. 61 ff.).

bb) Richtung der Wirkung

Belasteter

Die negative Publizität des Handelsregisters nach § 15 I HGB wirkt **138**
zu Lasten dessen, "in dessen Angelegenheiten" die Tatsache einzutragen war. Dies ist zunächst derjenige, der nach den gesetzlichen
Vorschriften zur Anmeldung verpflichtet war.

> *Bspe.: §§ 31 i.V.m. 29 HGB (Anmeldung durch "den Kaufmann"),*
> *§ 53 HGB (Anmeldung durch den "Inhaber des Handelsgeschäfts").*

Darüber hinaus wirkt sie auch zu Lasten dessen, der durch die einzutragende Tatsache in seiner Rechtsstellung entlastet würde.

> *Bsp.: Die negative Publizität wirkt zu Lasten des ausgeschiedenen Ge-*
> *sellschafters, der infolge des Ausscheidens gem. §§ 128 S. 1, 160 HGB*
> *nur noch für Altverbindlichkeiten haften würde, mangels Eintragung aber*
> *auch für Neuverbindlichkeiten haftet, §§ 128 S. 1, 15 I, 143 II HGB.*

cc) Keine Wirkung zugunsten des Eintragungspflichtigen

nicht Eintragungspflichtiger

§ 15 I HGB entfaltet keine Wirkungen *zugunsten* des Eintragungs- **139**
pflichtigen.

> *Bsp.: G war phG der X-OHG. Mit Wirkung zum 31.12.2018 schied er aus*
> *der OHG aus. Anmeldung und Eintragung des Ausscheidens im Handels-*
> *register erfolgte nicht.*
>
> *Am 20.01.2019 kündigt er ein Darlehen, das die OHG dem Z gewährt*
> *hat, § 488 I BGB. Z sagt sofort, G habe dazu kein Recht.*

G handelte hier aufgrund seines Ausscheidens als Vertreter ohne
Vertretungsmacht. Eine Genehmigung durch die X-OHG kam nicht
in Betracht, da Z die Kündigung sofort zurückgewiesen hat, § 180 S.
1, S. 2 BGB.

Etwas anderes könnte sich nur dann ergeben, wenn sich die X-OHG
nach §§ 125 I, 15 I, 143 II HGB auf die fehlende Eintragung berufen
könnte. Dies ist jedoch nicht der Fall, da sie nicht zum Kreis der ge-
schützten Dritten gehört.

dd) Sog. "Rosinentheorie"

Rosinentheorie

Grundsätzlich kann der Dritte sich *entweder* auf die wahre Rechtslage *oder* auf den Rechtsscheinschutz des § 15 I HGB berufen.

140

Wahlrecht des Dritten

Der Dritte hat also ein Wahlrecht, ob er sich auf die Wirkung des § 15 I HGB berufen möchte oder nicht. § 15 I HGB soll als Verkehrsschutznorm nur zugunsten des Dritten wirken.

> **Bsp.:** *Wird das Erlöschen einer Prokura nicht eingetragen, so ist wegen § 53 II HGB ein Anwendungsfall des § 15 I HGB gegeben. Schließt der ehemalige Prokurist nach dem Erlöschen der Prokura einen Vertrag mit einem Dritten, so hat dieser ein Wahlrecht: Er kann entweder den Vertretenen in Anspruch nehmen, welcher sich mangels Eintragung nicht auf das Erlöschen der Prokura berufen kann, oder sich auf die wahre Rechtslage berufen und den Prokuristen gem. § 179 BGB in Anspruch nehmen, da dieser ohne Vertretungsmacht handelte.*

hemmer-Methode: „Berufen" meint nicht, dass § 15 I HGB eine Einrede darstellt. Die Vorschrift ist vielmehr von Amts wegen zu prüfen. Es steht dem Dritten jedoch frei, in seinem Sachvortrag auf § 15 I HGB einzugehen oder nicht (Beibringungsgrundsatz).

Fraglich und umstritten ist aber, ob sich auch ein innerlich zusammenhängender Sachverhalt so aufteilen lässt, dass er einerseits nach der Wirklichkeit, andererseits aber nach dem Rechtsschein gem. § 15 I HGB beurteilt werden kann, je nachdem, was für den Dritten günstiger ist (sog. „Rosinentheorie").

> **Bsp.:**[103] *Von den zwei Komplementären einer KG, X und Y, die Gesamtvertretungsmacht besaßen, scheidet X aus der KG aus, ohne dass dies im Handelsregister eingetragen wird (vgl. § 143 HGB). A schließt mit der KG einen Kaufvertrag, wobei Y als deren Alleinvertreter auftrat. Aus diesem Vertrag nimmt er X in Anspruch.*

Voraussetzung für den geltend gemachten Anspruch wäre einerseits, dass Y die KG wirksam vertreten hat und gem. §§ 124, 128 HGB, dass X sich noch als Gesellschafter behandeln lassen müsste.

Die Alleinvertretungsmacht des Y entsprach der wahren Rechtslage, denn die Eintragung im Handelsregister hat nur deklaratorischen Charakter und mit dem Ausscheiden des X aus der KG wurde die vorher bestehende Gesamtvertretungsmacht in eine Einzelvertretungsmacht umgewandelt, da sonst die Gesellschaft gelähmt gewesen wäre. A kann sich also darauf berufen, dass Y die KG wirksam vertreten hat, indem er sich auf die tatsächliche Sachlage beruft. Fraglich ist, ob er zugleich nach §§ 128, 15 I HGB gegen X vorgehen kann, denn an sich schließen sich die Alleinvertretungsmacht und die weitere persönliche Haftung des X für nach seinem Ausscheiden begründete Verbindlichkeiten der KG aus.

Ansicht des BGH

Der BGH hat die Möglichkeit bejaht, sich einerseits auf die wahre Rechtslage zu berufen (hier: Vertretungsmacht des Y) und sich andererseits wegen Fehlens der Eintragung auf § 15 I HGB zu stützen (hier: Haftung des X). Diese Ansicht wird als "Rosinentheorie" bezeichnet, weil der BGH keinen Anstoß daran nimmt, dass der Dritte sein Wahlrecht innerhalb eines Sachverhaltes unterschiedlich ausübt - "der Dritte darf sich die Rosinen herauspicken". A muss sich also nicht insgesamt entsprechend dem Inhalt des Handelsregisters behandeln lassen.

Ansicht der h.Lit.

Die Lit. [104] kritisiert diese Ansicht des BGH. Es mag noch zulässig sein, dass ein Dritter sich bzgl. *unterschiedlicher* Tatsachen einerseits auf die Realität und andererseits auf die Lage des Handelsregisters beruft. Auf keinen Fall kann es aber angehen, dass ein Dritter bzgl. *ein und derselben* Tatsache sein Wahlrecht unterschiedlich ausübt.

---

[103]　Nach BGHZ 65, 309 - 311 = **juris**byhemmer.

[104]　TIEDTKE, Die Haftung des gesamtvertretungsberechtigten Komplementärs nach seinem Ausscheiden aus der Kommanditgesellschaft, DB 1979, 245 - 248.

So aber ist es in dem vorliegenden Fall: Indem er einerseits Alleinvertretungsmacht annimmt, sagt er, dass X - der Realität entsprechend - nicht mehr Gesellschafter gewesen sei. Gleichzeitig macht A aber geltend, dass X noch hafte, da er sich gem. § 15 I HGB noch als Gesellschafter behandeln lassen müsse. Auf den Punkt gebracht heißt das, dass A sein Wahlrecht so ausübt, dass X einerseits aus der Gesellschaft ausgeschieden und gleichzeitig nicht ausgeschieden sei. Diese Widersprüchlichkeit kann aber nach Ansicht der Lit. nicht Gegenstand eines vertrauensschützenden Verkehrsschutzes sein.

Für den BGH spricht aber, dass es sich letztlich um zwei eintragungspflichtige Tatsachen i.S.d. § 15 I HGB handelt.

Zum einen muss das Ausscheiden aus der Gesellschaft ins Handelsregister eingetragen werden, § 143 II HGB. Dadurch änderte sich aber auch die Vertretungsmacht. Die Gesamtvertretungsmacht von X und Y wurde durch das Ausscheiden des X zur Einzelvertretungsmacht des Y. Diese Änderung der Vertretungsmacht bedarf gem. § 107 Var. 5 HGB ebenfalls der Eintragung ins Handelsregister.

Hinsichtlich verschiedener Tatsachen ist aber eine unterschiedliche Berufung auf § 15 I HGB nach allgemeiner Meinung möglich.

hemmer-Methode: Wie Sie sich hier im Examen entscheiden, spielt für die Bewertung Ihrer Klausur überhaupt keine Rolle, wenn Sie das Problem lediglich erkennen und diskutieren!

141

ee) Keine Besserstellung über den Rechtsschein hinaus

Besserstellung

Der Gutgläubige soll durch § 15 I HGB *nicht besser gestellt werden* als er stünde, wenn der Rechtsschein Wirklichkeit wäre.

> *Bsp.:*[105] *V hat an die C-KG im Juni 2019 Waren geliefert und verlangt hierfür von A Bezahlung. Der Ehemann E der A, welcher bis zu seinem Tode persönlich haftender Gesellschafter der KG war, ist im Oktober 2018 verstorben. Die A war vor dem Tod ihres Mannes Kommanditistin und hatte ihre Einlage voll einbezahlt. Im Gesellschaftsvertrag war eine Nachfolgeklausel zugunsten der A enthalten, wonach die Gesellschaft nach dem Tod des E fortgeführt und der Geschäftsanteil des E bei gleichzeitiger Umwandlung in einen Kommanditanteil auf die A übergeht. Der E blieb jedoch bis zur Eröffnung des Insolvenzverfahrens über die KG im Oktober 2016 als Komplementär eingetragen.*

Haftung als Kommanditistin (-)

Die A haftet als Kommanditistin nach §§ 171 I, 161 II, 128 HGB für die Verbindlichkeiten der KG. Der Umfang der Haftung ist jedoch beschränkt auf ihre Haftungseinlage. Die A kann dem V also entgegenhalten, sie habe ihre Einlage bereits geleistet.

§ 176 II HGB (-)

Nach dem Tod des E hat die A dessen Geschäftsanteil als Kommanditanteil erhalten. Dies wurde jedoch nicht im Handelsregister eingetragen. § 176 II HGB greift nach Meinung des BGH grds. auch dann ein, wenn ein Kommanditanteil kraft Erbrechts durch eine Nachfolgeklausel in Form einer sog. Umwandlungsklausel erlangt wird.[106] Hier war die A jedoch bereits Kommanditistin, sodass kein "Eintritt" nach § 176 II HGB vorliegt, sondern sich lediglich Inhalt und Umfang ihrer Mitgliedschaftsrechte verändert haben, weil die Kommanditbeteiligungen kraft Gesetzes zusammengelegt wurden.[107]

§§ 15 I, 143 II HGB (+)

Die Haftung für Verbindlichkeiten aus der Zeit bis zur Eintragung dieser Änderung richtet sich nach § 15 I HGB. A könnte als Rechtsnachfolgerin des E gem. §§ 15 I, 161 II, 128 HGB haften, weil der E z.Z. des Abschlusses des Kaufvertrages noch als Komplementär im Handelsregister eingetragen war. Das Ausscheiden war eine eintragungspflichtige Tatsache nach §§ 161 II, 143 II HGB, sodass die A diese Tatsache dem V gem. § 15 I HGB nicht entgegenhalten kann.

---

[105] Nach BGHZ 66, 98 - 103 = jurisbyhemmer.

[106] Ausführlich dazu HEMMER/WÜST, Gesellschaftsrecht, Rn. 213 ff.

[107] Vgl. HEMMER/WÜST, Gesellschaftsrecht, Rn. 213 ff.

aber:
Haftungsbeschränkung

Grundsätzlich würde die A nun wie ein Komplementär haften. Allerdings ist in diesem Fall eine Besonderheit zu beachten. Der V soll nämlich nicht besser gestellt werden, als wenn der Rechtsschein zuträfe. Dann hätte dem V aber nur der E mit seinem eigenen Vermögen unbeschränkt als Komplementär gehaftet. Würde die A dem V wie ein Komplementär haften, so hätte der V Zugriff sowohl auf das ehemalige Vermögen des E als auch der A. Damit würde V besser gestellt, als er bei Richtigkeit des Rechtsscheins stünde! Das ist aber nicht Sinn des § 15 I HGB. Deshalb haftet A lediglich als Erbin mit der Möglichkeit, die Haftung auf den Nachlass zu beschränken.

hemmer-Methode: Wegen § 131 III S. 1, Nr. 1 HGB sind sog. Fortsetzungsklauseln bei der OHG/KG anders als bei der GbR (vgl. § 727 BGB) entbehrlich. Nachfolgeklauseln verlieren dadurch allerdings nicht an Bedeutung. Das Fehlen einer Nachfolgeklausel hätte nämlich das Ausscheiden der Erben zur Folge, was vielfach nicht gewollt sein wird. Verschaffen Sie sich hierzu einen Überblick in HEMMER/WÜST, GesellschaftsR, Rn. 205 ff.

2. Der positive Verkehrsschutz nach § 15 III HGB

a) Grundsatz

Vertrauen auf Bekanntmachung,
§ 15 III HGB

Ein Dritter kann sich, wenn eine einzutragende Tatsache unrichtig bekannt gemacht worden ist, demjenigen gegenüber, in dessen Angelegenheiten die Tatsache einzutragen war, auf die bekannt gemachte Tatsache berufen, *es sei denn*, dass er die Unrichtigkeit kannte.

142

§ 15 III HGB schützt also den guten Glauben an die Richtigkeit nach § 10 HGB bekannt gemachter, eintragungspflichtiger Tatsachen (positive Publizität).

b) Voraussetzungen

entscheidend:
Bekanntmachung

Wie § 15 I HGB gilt auch § 15 III HGB nur für eintragungs*pflichtige*, nicht auch für bloß eintragungs*fähige* Tatsachen. Entscheidend kommt es auf deren Bekanntmachung gem. § 10 HGB an, nicht auf deren Eintragung.

143

str.:
Unrichtigkeit

Fraglich ist, was unter dem Tatbestandsmerkmal der Unrichtigkeit der Bekanntmachung zu verstehen ist. Folgende Fallgruppen sind denkbar:

144

```
        ┌─────────────┐        ┌──────────────────────────────────────┐
        │  Positive   │ ═════▶ │ Schutz des guten Glaubens an die       │
        │ Publizität  │        │ Richtigkeit von gem. § 10 HGB bekannt- │
        └─────────────┘        │ gemachten, eintragungspflichtigen      │
                               │ Tatsachen                              │
                               └──────────────────────────────────────┘

                        ┌──────────────────────────────┐
                        │    „unrichtig bekanntgemacht"  │
                        └──────────────────────────────┘
```

(+) bei einer unrichtigen Bekanntmachung richtig eingetragener Tatsachen	**h.M.: (+)** bei unrichtiger Eintragung und unrichtiger Bekanntmachung, **arg.:** entscheidend sei die Diskrepanz zw. wahrer Rechtslage und Bekanntmachung!	**(-)** bei unrichtiger Eintragung und richtiger bzw. nicht erfolgter Bekanntmachung

reine Bekanntmachungsfehler jedenfalls (+)	§ 15 III HGB findet jedenfalls dann Anwendung, wenn eine richtige Eintragung infolge eines Versehens unrichtig bekannt gemacht worden ist, also bei reinen Bekanntmachungsfehlern. **145**

Es kann sich dabei um ein Versehen des Registergerichts bei Erlass der Bekanntmachungsverfügung oder um ein Versehen der Landesjustizverwaltung bei der Einstellung in das elektronische Informations- und Kommunikationssystem (§ 10 HGB) handeln.

hemmer-Methode: Bei einem Bekanntmachungsfehler des Registergerichts kommt ferner ein Amtshaftungsanspruch des Dritten oder desjenigen, in dessen Angelegenheiten die Eintragung erfolgte, in Betracht.

uneigentliche Bekanntmachungsfehler

146 Die Anwendbarkeit des § 15 III HGB ist streitig, wenn nicht nur die Bekanntmachung, sondern bereits die Eintragung im Handelsregister unrichtig ist. Ein eigentlicher Bekanntmachungsfehler liegt dann nicht vor.

Trotzdem findet nach ganz h.M. die Vorschrift auch hier Anwendung. Unrichtigkeit meint nämlich nicht eine Diskrepanz von Eintragung und Bekanntmachung, sondern eine solche von Bekanntmachung und wahrer Rechtslage.

Um die uferlose Weite des dadurch erzeugten Rechtsscheins einzudämmen, ist jedoch erforderlich, dass der durch die unrichtige Eintragung und Bekanntmachung erzeugte Rechtsschein dem Betroffenen zurechenbar sein muss (str.).

Einschränkung durch Veranlassungsprinzip

147 § 15 III HGB wirkt nur zu Lasten dessen, der einen Eintragungsantrag gestellt hat oder sich einen solchen Antrag (als Gesellschafter) zurechnen lassen muss. "Veranlassung" bezieht sich allerdings nur auf die Eintragung oder Bekanntmachung; eine Veranlassung ihrer Fehlerhaftigkeit ist nicht erforderlich, die Anmeldung zum Handelsregister braucht also selbst nicht fehlerhaft zu sein.[108]

Bsp.: Durch ein Versehen des Registergerichts wird P nicht als Prokurist der B-OHG, sondern der P-OHG eingetragen und bekannt gemacht.

Da die P-OHG den Rechtsschein nicht veranlasst hat, wirkt der Rechtsschein der Eintragung entgegen dem Wortlaut des § 15 III HGB nicht zulasten der P-OHG.

str.: Geschäftsunfähigkeit

148 Aus dem Veranlassungsprinzip ergibt sich nach h.M. ferner, dass § 15 III HGB *nicht* zu Lasten geschäfts*unfähiger* oder in der Geschäftsfähigkeit *beschränkter* Personen anzuwenden ist, da die Zurechnung eines Rechtsscheins nach dem Veranlassungsprinzip Geschäftsfähigkeit des Veranlassers voraussetzt.[109]

hemmer-Methode: Da § 15 I HGB nicht auf dem Veranlassungsprinzip beruht, sondern hier der Fortbestand einer einmal wahr gewesenen Tatsache unterstellt wird, wirkt die negative Publizität gem. § 15 I HGB auch zu Lasten Geschäftsunfähiger (vgl. oben Rn. 130).

unanwendbar, wenn richtige Bekanntmachung

149 Ist eine Tatsache ins Handelsregister unrichtig eingetragen, aber richtig oder überhaupt nicht bekannt gemacht, so kommt eine Anwendung des § 15 III HGB nicht in Betracht.

Auch eine analoge Anwendung scheidet aus, da § 15 III HGB gerade auf die Unrichtigkeit der *Bekanntmachung* abstellt. § 15 I HGB ist nicht anwendbar, da er auf dem Prinzip der negativen Publizität beruht.

---

[108]   Zum Veranlassungsprinzip der ganz h.M. vgl. CANARIS, § 5 III 2 f), S. 82 f.; SCHMIDT, HdR, § 14 III 2 d), S. 408 ff.

[109]   Wohl h.L.; BAUMBACH/HOPT, § 15, Rn. 19; vgl. auch Tyroller, Ausgewählte Probleme des Minderjährigenrechts – Teil 3, **Life&Law 07/2006, 498 ff.**

Es kommt hier jedoch zugunsten gutgläubiger Dritter, die auf die unrichtige Eintragung als solche vertraut haben, ein Rechtsscheinschutz nach den allgemeinen Grundsätzen über die Haftung für einen objektiv veranlassten Rechtsschein in Betracht (Rn. 150 ff.).

3. Ungeschriebene Ergänzungstatbestände zu § 15 I, III HGB

veranlasster Rechtsschein

Nach allgemein anerkannten Rechtsgrundsätzen hat derjenige, der einen Rechtsschein in zurechenbarer Weise veranlasst oder schuldhaft geduldet hat, hierfür einzustehen.[110]   *150*

Eintragung im HR als Rechtsscheintatbestand

Einen derartigen Rechtsscheintatbestand stellen auch unrichtige Eintragungen im Handelsregister dar. Sie begründen damit unter bestimmten Voraussetzungen eine positive Publizität der Eintragung als solcher.   *151*

(1) Voraussetzung ist zunächst, dass die falsche Eintragung durch eine unrichtige Anmeldung (objektiv) veranlasst oder schuldhaft geduldet worden ist. Während bei der Veranlassung also schon ein objektives Verhalten genügt, ist beim Unterlassen der Berichtigung ein Verschulden erforderlich.[111] Da der Rechtsschein in zurechenbarer Weise gesetzt worden sein muss, setzt diese Setzung volle Geschäftsfähigkeit voraus.

(2) Der Dritte muss gutgläubig gewesen sein. Nach wohl h.M. soll der gute Glaube analog § 15 I, III HGB nur bei positiver Kenntnis ausgeschlossen sein.

Kausalität erforderlich

(3) Im Gegensatz zu § 15 I und § 15 III HGB ist ferner Voraussetzung, dass der Dritte die Eintragung im Handelsregister gekannt hat und im Vertrauen auf die Richtigkeit dieser Eintragung gehandelt hat (konkreter Vertrauensschutz).

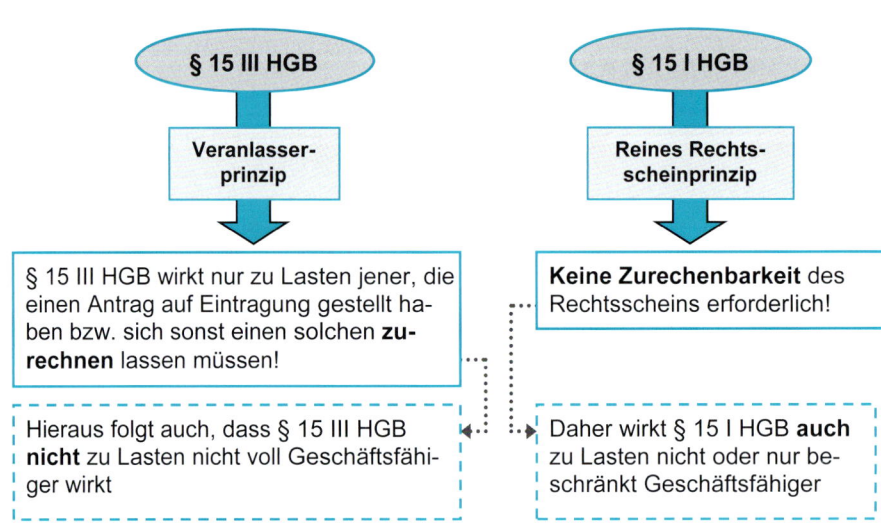

hemmer-Methode: Die Grundsätze über die Haftung für veranlassten oder schuldhaft geduldeten Rechtsschein durch unrichtige Eintragungen im Handelsregister kommen nur insoweit zur Anwendung, als keine speziellen Rechtsscheintatbestände eingreifen (Subsidiarität).
Derartige spezielle Rechtsscheintatbestände für Eintragungen im Handelsregister ergeben sich insbesondere aus § 5 HGB und aus § 15 III HGB.

---

[110]   Vgl. allg. oben Rn. 61 ff.

[111]   Vgl. oben Rn. 66.

4. Zerstörung eines anderweitig entstandenen Rechtsscheins gem. § 15 II S. 1 HGB

§ 15 II S. 1 HGB

Gemäß § 15 II S. 1 HGB müssen sich Dritte alle Tatsachen, die in das Handelsregister eingetragen und bekannt gemacht worden sind, entgegenhalten lassen, es sei denn, dass sie die betreffende Rechtshandlung innerhalb von 15 Tagen nach der Bekanntmachung vorgenommen haben und beweisen können, dass sie die Tatsache weder kannten noch kennen mussten, § 15 II S. 2 HGB.

152

§ 15 II HGB erfasst dabei nur *richtige* Tatsachen; allerdings müssen diese nicht wie bei § 15 III HGB eintragungspflichtig sein. Es genügt - wie schon der Wortlaut ergibt - auch eine bloß eintragungsfähige Tatsache.

Verhältnis zur Rechtsscheinhaftung

Problematisch ist das Verhältnis des § 15 II HGB zu anderen Rechtsscheintatbeständen:

Dieses Spannungsverhältnis zwischen § 15 II S. 1 HGB und sonstigen Rechtsscheintatbeständen ist dahin gehend zu lösen, dass spezielle Rechtsscheintatbestände der Vorschrift des 15 II HGB vorgehen.

Wer einen Rechtsschein veranlasst oder duldet, der stärker ist als die Registerpublizität, unterliegt der Vertrauenshaftung. Allerdings sind strenge Maßstäbe anzulegen, um § 15 II S. 1 HGB nicht auszuhöhlen.

153

> *Bspe.:*

> ⇨ *Hat ein Gesellschafter seine Vertretungsmacht dadurch verloren, dass er aus der Gesellschaft ausgeschieden ist oder dass ihm die Stellung eines Kommanditisten eingeräumt worden ist (§ 170 HGB), duldet es aber die Gesellschaft, dass er weiterhin als ihr Vertreter auftritt, so kann sie sich - je nach den Umständen des Einzelfalls - einem Dritten gegenüber nicht gem. § 15 II HGB auf das Erlöschen der Vertretungsmacht berufen, auch wenn diese Veränderungen ordnungsgemäß im Handelsregister eingetragen und bekannt gemacht worden sind.*

> ⇨ *Ein Einzelhandelsgeschäft wird unter ordnungsgemäßer Eintragung im Handelsregister von einem anderen übernommen. Der bisherige Geschäftsinhaber wird als nicht vertretungsberechtigter Mitarbeiter angestellt und tätigt unter Fortführung der bisherigen Firma weiter Bestellungen.*

154

Fraglich ist, ob ihn die langjährigen Geschäftspartner weiterhin persönlich auf Erfüllung in Anspruch nehmen können. Dies ist grds. dadurch ausgeschlossen, dass der Inhaberwechsel gem. § 15 II S. 1 HGB im Handelsregister eingetragen worden ist. Andererseits hat er durch die Fortführung der bisherigen Einzelhandelsfirma den Rechtsschein erweckt, dass er weiterhin Alleininhaber des unter der Firma betriebenen Unternehmens sei.

Allerdings darf der neue Inhaber gem. § 22 I HGB die bisherige Einzelhandelsfirma ohne einen den Inhaberwechsel andeutenden Zusatz fortführen. Die Fortführung der Einzelhandelsfirma stellt daher keinen ausreichenden Rechtsscheintatbestand dar.

Aus diesem Grunde ist ein die Anwendung des § 15 II S. 1 HGB ausschließender spezieller Rechtsscheintatbestand nicht gegeben. Die Vertragspartner müssen sich die neue Stellung des bisherigen Inhabers als bloßer Angestellter entgegenhalten lassen.

> ⇨ *Abwandlung: Das Einzelhandelsgeschäft wurde in eine GmbH u. Co. KG eingebracht.*

155

Die bisherige Einzelhandelsfirma darf nicht fortgeführt werden, vielmehr muss ein Zusatz beigefügt werden, der die Beteiligung einer GmbH als Komplementärin erkennen lässt, § 19 II HGB.

Durch die unzulässige Fortführung der Einzelhandelsfirma ist hier also der Rechtsschein erzeugt worden, dass der bisherige Inhaber weiterhin persönlich hafte. Diesen speziellen Rechtsscheintatbestand muss sich der bisherige Geschäftsinhaber trotz Eintragung der Veränderungen (§ 15 II HGB) entgegenhalten lassen.[112]

Rechtsmissbrauch

Eine Berufung auf die Vorschrift des § 15 II HGB kann unter besonderen Voraussetzungen rechtsmissbräuchlich sein.

156

> **Bsp.:** *Während schwebender Vertragsverhandlungen wird eine OHG in eine KG umgewandelt. Der bisherige phG führt, obwohl er nunmehr Kommanditist geworden ist, die Verhandlungen weiter. Die Vertragspartner weist er nicht auf die inzwischen eingetretenen und im Handelsregister eingetragenen und bekannt gemachten Veränderungen hin.*

Trotz der Eintragung und Bekanntmachung dieser Veränderungen muss die KG die von dem Kommanditisten abgeschlossenen Rechtsgeschäfte gegen sich gelten lassen. Der Kommanditist haftet persönlich für die aus diesen Geschäften entstehenden Verbindlichkeiten.

---

[112]   BGHZ 62, 216 - 230 = **juris**byhemmer.

TEIL 3: FIRMENRECHT UND DAS UNTERNEHMEN DES KAUFMANNS

§ 7 FIRMENRECHT

I. Die Firma als Handelsname des Kaufmanns

§ 17 I HGB

Gemäß § 17 I HGB wird der Name, unter dem der Kaufmann im Handel seine Geschäfte betreibt und die Unterschrift abgibt, als *Firma* bezeichnet. Die Firma und der bürgerliche Name des Einzelkaufmanns können identisch sein, sie können aber auch voneinander abweichen.

157

Nach § 17 II HGB kann der Kaufmann sowohl unter seiner Firma als auch unter seinem bürgerlichen Namen klagen und verklagt werden. Die Handelsgesellschaft trägt hingegen neben der Firma keinen weiteren Namen.

Die Angabe der Firma in der Klageschrift genügt daher den Anforderungen des § 253 II Nr. 1 ZPO.

hemmer-Methode: In der Klausur ist zu beachten, dass die Firma entgegen dem umgangssprachlichen Gebrauch nur der *Name* ist, nicht aber selbst Träger von Rechten und Pflichten.

nur für Kaufleute

Sieht man § 17 I HGB im Zusammenhang mit §§ 1, 6 I HGB, so ergibt sich, dass nur Kaufleute und Handelsgesellschaften eine Firma haben können.

158

Nichtkaufleute führen eine sog. Geschäftsbezeichnung

Nichtkaufleute und Gesellschaften bürgerlichen Rechts können dagegen allenfalls eine sog. Geschäftsbezeichnung führen. Diese darf nach h.M. nicht firmenähnlich sein, weil dadurch der Rechtsschein eines Handelsgewerbes entstehe.

Während die Firma eines Kaufmanns dem speziellen Firmenschutz gem. § 37 HGB unterliegt, genießt eine Geschäftsbezeichnung nur über §§ 12, 823 I BGB Schutz (siehe auch §§ 5, 15 MarkenG).

II. Übertragung der Firma

Firma als Wertobjekt, aber nicht einzeln übertragbar

Die Firma dient nicht nur zur Kennzeichnung eines Unternehmens. Sie stellt auch einen nicht unerheblichen Vermögenswert dar, da sich in ihr regelmäßig der von dem Unternehmen erarbeitete Ruf bei den Geschäftspartnern verkörpert („good will").

159

Deshalb besteht ein Interesse daran, die Firma möglichst zu erhalten. Gläubiger des Unternehmens könnten ein Interesse daran haben, die Firma im Wege der Zwangsvollstreckung zu verwerten.

Allerdings kann die Firma, weil sie nur mit dem Unternehmen übertragen werden kann, das nicht als Ganzes pfändbar ist, nicht Gegenstand einer Pfändung sein, vgl. § 23 HGB. Der Insolvenzverwalter kann jedoch das Unternehmen mit Firma veräußern (str.).

aber zusammen mit Handelsgeschäft

Wird ein bestehendes Handelsgeschäft entweder unter Lebenden oder von Todes wegen übertragen und stimmen der bisherige Geschäftsinhaber bzw. dessen Erben zu, so kann die alte Firma gem. § 22 HGB vom Nachfolger fortgeführt werden.   *160*

hemmer-Methode: Es ist kaum vorstellbar, dass das Firmenrecht den Schwerpunkt einer Klausur bilden kann. Schreiben Sie jedoch die Klausur mit leichter Hand und weisen Sie deshalb bei einem Kaufmann, der nicht unter seinem bürgerlichen Namen auftritt, stets auf § 17 HGB hin.   *161*

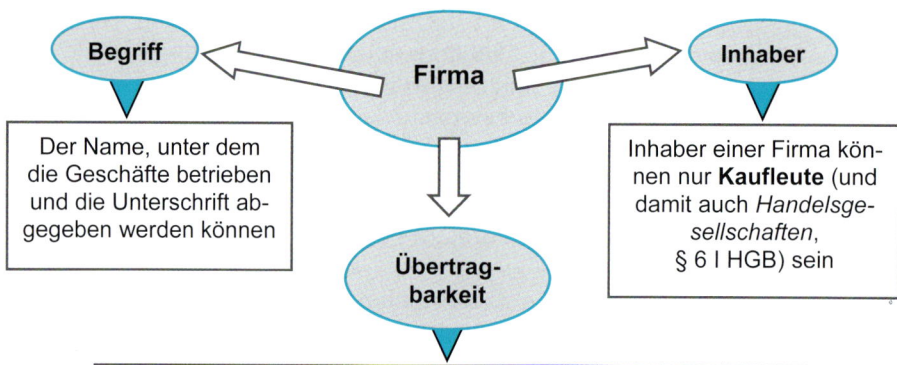

III. Grundsätze des Firmenrechts

Schutz des Rechtsverkehrs

Die Bildung der Firma eines Kaufmanns folgt bestimmten Regeln, die vor allem dem Schutz des Rechtsverkehrs dienen. Verwechslungen sollen vermieden und Klarheit über die Haftungsverhältnisse geschaffen werden.   *162*

Dabei gelten folgende Grundsätze:

⇨ Firmenwahrheit, § 18 II, I HGB

⇨ Firmenbeständigkeit, §§ 21, 22, 24 HGB

⇨ Firmenausschließlichkeit, § 30 HGB

⇨ Firmeneinheit (ungeschriebener Grundsatz)

⇨ Firmenöffentlichkeit, § 31 HGB

Firmenwahrheit

Der Grundsatz der **Firmenwahrheit** besagt, dass eine Firma wahr sein muss, insbesondere keine Zusätze enthalten darf, die dazu geeignet sind, eine Täuschung des Rechtsverkehrs herbeizuführen, § 18 II HGB. Die Einschränkung des § 18 II S. 2 HGB betrifft dabei nur das Verfahren vor dem Registergericht bei der Eintragung der Firma, bedeutet aber keine materiellrechtliche Begrenzung dieses Grundsatzes.[113]

Für alle Kaufleute sind nun auch Personal-, Sach- und Phantasiefirmen zulässig, sofern sie nur folgende Voraussetzungen erfüllen:

---

[113]   Sehr interessant zur Eintragungsfähigkeit ist BayObIG, ZIP 2001, 960 f. (eine Entscheidung zum Führen des @ in der Firma).

(1) Unterscheidungskraft und damit einhergehende Kennzeichnungs-wirkung, § 18 I HGB, 163

(2) Beachtung des Täuschungsverbotes, § 18 II HGB,[114]

(3) Offenlegung des Gesellschaftsverhältnisses und der Haftungsverhältnisse, § 19 HGB, die seit der Neuregelung des Firmenrechtes auch vom Einzelkaufmann zu beachten ist.

> **hemmer-Methode: Wichtig ist die Erkennbarkeit der Haftungslage insbesondere bei Gesellschaften. Hier gewinnt der Grundsatz der Firmenwahrheit besondere Bedeutung, weil unrichtige Firmen hier auch den Rechtsschein einer anderen Haftungslage setzen können. Eine KG muss deshalb schon in ihrer Firma auf ihre Rechtsnatur hinweisen, vgl. § 19 I Nr. 3 HGB.**
>
> **Für die Firma von juristischen Personen und Personenhandelsgesellschaften, in denen keine natürliche Person unbeschränkt haftet (z.B. GmbH und Co KG) gelten Sonderregeln, welche den besonderen Gefahren der Haftungsbeschränkung Rechnung tragen sollen, vgl. §§ 19 II HGB, 4 GmbHG, 4 AktG.**

Firmenbeständigkeit

Der Grundsatz der **Firmenbeständigkeit** besagt, dass eine Firma auch fortgeführt werden darf, wenn der Unternehmensträger wechselt oder seinen Namen ändert, §§ 21, 22, 24 HGB. Auch in diesem Fall muss aber der Rechtsformzusatz mit der tatsächlichen Lage übereinstimmen und daher ggf. geändert werden, vgl. § 19 HGB. Der Schutz des Rechtsverkehrs hat insoweit Vorrang vor dem Grundsatz der Firmenbeständigkeit. 164

> *Bsp.: Herr A betreibt ein Handelsgewerbe unter der Firma Anton A. Als er heiratet, nimmt er den Namen seiner Frau Berta B an. Dennoch kann er die alte Firma fortführen - obwohl sie vielleicht irreführend geworden ist.*

Firmenausschließlichkeit

Der Grundsatz der **Firmenausschließlichkeit** will den Rechtsverkehr vor Verwechslungen schützen, indem er verlangt, dass neu hinzukommende Firmen sich deutlich von bereits im selben Ort oder in derselben Gemeinde im Handelsregister eingetragenen Firmen unterscheiden müssen, § 30 HGB. 165

> *Bsp.: Tragen zwei Kaufleute am selben Ort den gleichen Namen und wollen beide eine Personalfirma führen, so muss der Zweite einen Zusatz zu seinem Vor- und Zunamen wählen, der eine Verwechslung ausschließt.*

Firmeneinheit

Der Grundsatz der **Firmeneinheit** besagt, dass *ein* Kaufmann für *ein* Unternehmen nur *eine* Firma benutzen darf. Dieser Grundsatz ergibt sich nicht aus dem Gesetz, sondern aus dem Sinn und Zweck der Firma. Für mehrere unterschiedliche Unternehmen, z.B. in unterschiedlichen Städten, darf und muss er mehrere Firmen führen. 166

Firmenöffentlichkeit

Der Grundsatz der **Firmenöffentlichkeit** besagt, dass grds. die Firma eines Kaufmanns, ihre Änderung sowie das Erlöschen der Firma eintragungspflichtig sind, vgl. § 31 HGB. Jeder soll sich über die Firma informieren können.

Exkurs: Angaben auf Geschäftsbriefen

Verstärkt wird die durch die Firma bewirkte Transparenz des kaufmännischen Unternehmens durch die zwingend *auf Geschäftsbriefen zu verwendenden Angaben.*

---

[114] Das BayOblG hat entschieden, dass der Umstand, dass der Firmenname (Meditec) geeignet ist, auf verschiedene Unternehmensgegenstände hinzuweisen (Medizintechnik, Medienbereich), keine Irreführung i.S.d. § 18 II HGB ist, vgl. NJW-RR 2000, 111 - 112 = **juris**byhemmer. Das Gleiche gilt nach OLG Hamm für "Euro" oder "European"; vgl. NZG 1999, 994 - 995 = **juris**byhemmer.

Seit der HGB-Reform sind sämtliche Unternehmen verpflichtet, auf Geschäftsbriefen und Bestellscheinen die Firma mit Rechtsformzusatz, den Ort der Niederlassung, das Registergericht und die Registernummer anzugeben, §§ 37a, 125a HGB, 80 AktG, 35a GmbHG, 25a GenG.

Exkurs Ende

IV. Schutz der Firma

Das Recht an der Firma ist ein absolutes Recht, welches dem Namensrecht der natürlichen Person (vgl. § 12 BGB) korrespondiert. Anders als dieses weist es neben persönlichkeitsrechtlichen auch vermögensrechtliche Züge auf, vgl. § 22 HGB. Es handelt sich also insoweit um ein Mischrecht.

Aus dieser Rechtsnatur folgt, dass die Firma als absolutes Recht neben dem handelsrechtlichen Firmenschutz gem. § 37 II HGB auch den namensrechtlichen Schutz des § 12 BGB genießt, und zwar unabhängig davon, ob in ihr der Name einer natürlichen Person enthalten ist.

Außerdem genießt sie Deliktsschutz nach § 823 I BGB sowie nach § 823 II BGB i.V.m. § 37 II S. 1 HGB (beachte aber § 823 II S. 2 BGB). Demzufolge tritt neben den handelsrechtlichen Unterlassungsanspruch aus § 37 II HGB stets auch ein quasinegatorischer Unterlassungsanspruch nach den allgemeinen Regeln.

Darüber hinaus kann das Recht an der Firma wegen des ihm zukommenden (vermögensrechtlichen) Zuweisungsgehalts auch Gegenstand einer Eingriffskondiktion, § 812 I S. 1 Alt. 2 BGB, sein.

hemmer-Methode: Vergleichen Sie zu dem Problem, ob dem Namen einer natürlichen Person bzw. ihrem allgemeinen Persönlichkeitsrecht ein Zuweisungsgehalt i.S.d. § 812 I S. 1 Alt. 2 BGB zukommt, HEMMER/WÜST, Bereicherungsrecht, Rn. 331.

Als weitere Anspruchsgrundlagen zum Schutz des Rechts an der Firma kommen §§ 3 ff. UWG sowie §§ 14 V, 15 MarkenG in Betracht.

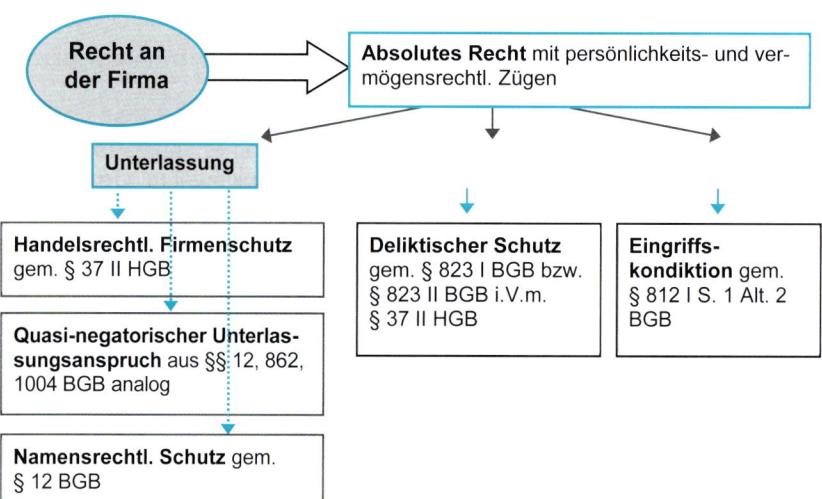

167

§ 8 WECHSEL DES UNTERNEHMENSTRÄGERS

I. Der Begriff des Unternehmens

"Unternehmen"

Ein Unternehmen ist die organisatorisch-ökonomische Einheit aus personellen und sachlichen Mitteln, inklusive der immateriellen Werte, der Arbeitnehmer und der ausgeübten Tätigkeiten.

168

Dieser Komplex ist nicht selbst Träger von Rechten und Pflichten. Das ist vielmehr der Inhaber des Unternehmens - also der Einzelkaufmann, die Personenhandelsgesellschaft (vgl. §§ 124 I, 161 II HGB), die GmbH oder AG (vgl. §§ 13 I GmbHG, 1 I S. 1 AktG).

Teilweise verwendet das HGB anstelle des Begriffes des Unternehmens synonym den Begriff des Handelsgeschäfts, vgl. §§ 22, 25 HGB. Dies ist allerdings problematisch, da der Begriff des Handelsgeschäfts auch in den §§ 343 ff. HGB in ganz anderem Sinn verwandt wird.

Das Unternehmen kann als solches Gegenstand von Rechtsgeschäften sein, also z.B. als ganzes verkauft oder verpachtet werden. Dies ergibt sich aus § 25 HGB. Allerdings ist im Rahmen der sachenrechtlichen Geschäfte der Spezialitätsgrundsatz zu beachten: Das Unternehmen als Gesamtheit von Sachen und Rechten kann nicht Gegenstand eines einheitlichen Verfügungsgegenstands sein.

> **hemmer-Methode: Denken in Zusammenhängen! Beim Unternehmenskauf ergeben sich klausurtypisch spezifische Probleme des Mängelrechts (z.B. Anwendbarkeit von § 434 I S. 2 BGB über § 453 I BGB: Kann ein Unternehmen objektiv mangelhaft sein?).**
> **Lesen Sie hierzu HEMMER/WÜST, Schuldrecht BT I, Rn. 343 ff.**

II. Haftungsfragen beim Wechsel des Unternehmensträgers

Abgrenzungsfragen

§§ 25, 27 u. 28 HGB regeln Haftungsfragen beim Wechsel des Unternehmensträgers. Diese Vorschriften sind gedanklich von denjenigen Vorschriften abzugrenzen, die nicht an einen Wechsel des Unternehmensträgers anknüpfen. Dabei ist an §§ 130, 173, 176 II, 160 HGB zu denken. Hier bleibt die Gesellschaft weiterhin Unternehmensträger, es ändert sich jedoch ihr Mitgliederbestand.[115]

169

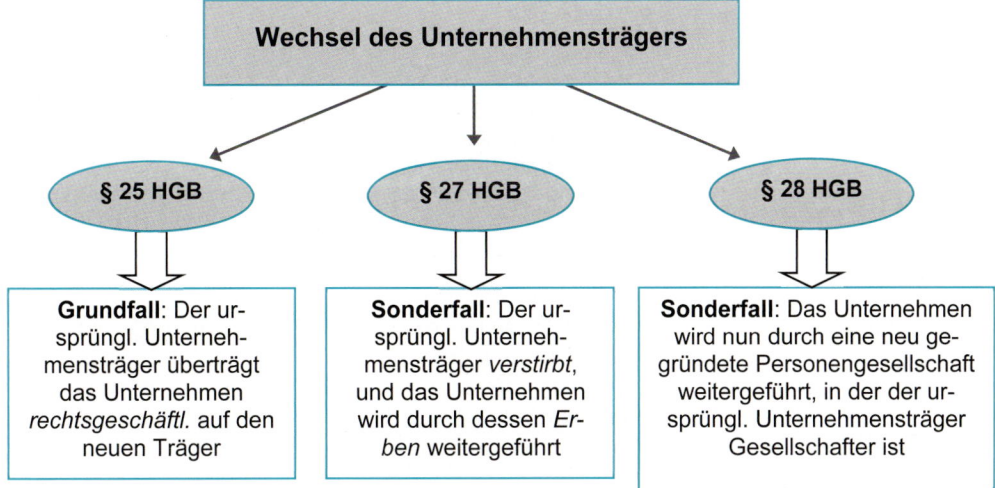

---

[115]   Vgl. **HEMMER/WÜST**, Gesellschaftsrecht, Rn. 452 ff., 488 ff., 507 ff.

1. Wechsel des Unternehmensträgers durch Rechtsgeschäft unter Lebenden, § 25 HGB

§ 25 HGB

Während sich also bei Unternehmensübertragungen selbst keine spezifisch handelsrechtlichen Probleme ergeben, sondern alles nach dem allgemeinen Zivilrecht abgewickelt wird, regelt das Handelsrecht die Haftungsfolgen beim Wechsel des Unternehmensträgers.

170

Nach § 25 I HGB haftet der rechtsgeschäftliche Erwerber eines Handelsgeschäfts für alle im Betriebe des Geschäfts begründeten Verbindlichkeiten, sofern er die alte Firma fortführt.

a) Rechtsfolge des § 25 I S. 1 HGB

aa) Gesetzlicher Schuldbeitritt

gesetzlicher Schuldbeitritt

Die Rechtsfolge des § 25 I S. 1 HGB besteht nach h.M. in einem gesetzlichen Schuldbeitritt des Erwerbers.[116] Das ergibt sich insbesondere aus § 26 HGB, welcher die Modalitäten der Weiterhaftung des Veräußerers regelt.

171

Erwerber und Veräußerer des Unternehmens haften für die alten Geschäftsverbindlichkeiten als Gesamtschuldner, § 421 BGB.

hemmer-Methode: In der Klausur bedeutet das, dass § 25 I S. 1 HGB nicht als Anspruchsgrundlage, sondern als Haftungserweiterungsnorm in Verbindung mit einer Anspruchsgrundlage geprüft werden muss.

Dabei ist die Haftung des Erwerbers nicht auf das erworbene Handelsgeschäft beschränkt. Vielmehr haftet der Erwerber mit seinem gesamten Vermögen.

Gegenrechte

Der in Anspruch genommene Erwerber kann dem Dritten nicht nur eigene Gegenrechte entgegensetzen (insbesondere § 25 II HGB, vgl. Rn. 173; aber auch z.B. eine ihm gegenüber erfolgte Stundung), sondern in Rechtsanalogie zu § 417 I S. 1 BGB auch alle Gegenrechte aus der Person des früheren Inhabers, die diesem im Zeitpunkt des Geschäftsübergangs zustehen.

Dies gibt sich zwingend daraus, dass es sich um eine Einstandspflicht für fremde Schuld handelt, und der Mitverpflichtete nicht schlechter stehen soll. Für die Zeit danach stehen ihm auch alle Gegenrechte eines Gesamtschuldners nach §§ 422 ff. BGB zu.[117]

hemmer-Methode: § 417 I S. 1 BGB regelt unmittelbar nur die befreiende Schuldübernahme, §§ 414, 415 BGB. Er findet jedoch nach allgemeiner Ansicht auch auf den Schuldbeitritt (kumulative Schuldübernahme) Anwendung. Das Gleiche muss dann gelten, wenn wie hier ein Schuldbeitritt kraft Gesetzes erfolgt.
Vgl. Sie außerdem zur Geltendmachung von Gegenrechten aus fremdem Recht auch § 768 BGB, § 129 HGB sowie ausführlich HEMMER/WÜST, Familienrecht, Rn. 99 ff.

Einrede der Gestaltbarkeit

Aufgrund seiner akzessorischen Mithaftung muss es dem Übernehmer darüber hinaus auch möglich sein, dem Gläubiger *analog §§ 770, 1137 I 1, 1211 I S. 1 BGB*, die *Einrede der Gestaltbarkeit* entgegenzusetzen, d.h. Gestaltungsrechte des Veräußerers einredeweise geltend zu machen.

172

---

[116]   BAUMBACH/HOPT, § 25, Rn. 10 m.w.N.

[117]   BAUMBACH/HOPT, § 25, Rn. 10.

Die Stellung des Gläubigers darf sich durch die Mithaftung insoweit nicht verbessern.[118] Die genannten Vorschriften erfassen im Übrigen nach ganz h.M. nicht nur die in ihnen genannten, sondern alle denkbaren Gestaltungsrechte (Rücktritt, Minderung, Kündigung) und Gestaltungsmöglichkeiten (Anspruch auf Nacherfüllung).[119]

In der Klausur ist folgender Aufbau zweckmäßig:

Obersatz: Der Dritte (X) kann vom Übernehmer (B) 4.000,- € aus Kaufvertrag verlangen, §§ 433 II BGB i.V.m. 25 I S. 1 HGB, wenn es sich bei dem Anspruch um eine alte Geschäftsverbindlichkeit des Veräußerers (A) handelt, für welche B nach Maßgabe des § 25 I S. 1 HGB als Gesamtschuldner (§ 421 BGB) neben A haftet.

I. Anspruchsbegründung:

1. Anspruchsbegründung X gegen A; hier kann ggf. nach oben verwiesen werden; wenn ein Anspruch gegen A bereits geprüft wurde.

2. Voraussetzungen der Haftungsausdehnungsnorm, § 25 I S. 1 HGB.

II. Verteidigungsmöglichkeiten des Übernehmers:

1. Eigene Gegenrechte, insbes. § 25 II HGB.

2. Gegenrechte aus der Person des bisherigen Inhabers analog § 417 I 1 BGB.

3. Einrede der Gestaltbarkeit analog §§ 770, 1137 I S. 1, 1211 I BGB, 129 II/III HGB.

---

bb) Möglichkeiten der Haftungsbeschränkung, § 25 II HGB

Haftungsbeschränkung durch Eintragung, § 25 II HGB

§ 25 II HGB eröffnet dem Erwerber die Möglichkeit, die Haftung für die Verbindlichkeiten des Veräußerers durch Vereinbarung mit dem Veräußerer auszuschließen. Der Ausschluss wirkt aber nur dann gegenüber Dritten, wenn er im Handelsregister eingetragen *und* bekannt gemacht ist. 173

Obwohl der Wortlaut des § 25 HGB dafür keinerlei Anhaltspunkte bietet, muss nach h.M.[120] die Vereinbarung entweder zeitgleich mit dem Inhaberwechsel oder zumindest unmittelbar danach eingetragen werden.

Eine spätere Eintragung entfaltet keinerlei Wirkung. Dies wird aus dem Verkehrsschutzzweck des § 25 HGB gefolgert. § 25 II HGB ist lex specialis zu § 15 HGB, der daher hier keine Anwendung findet.[121]

Haftungsbeschränkung durch Mitteilung

Die Haftung des Erwerbers kann außerdem gem. § 25 II HGB durch Mitteilung an den jeweiligen Gläubiger ausgeschlossen werden. Freilich wirkt die Mitteilung nur gegenüber demjenigen, dem sie zugegangen ist. 174

---

[118] ERMAN, § 417 BGB, Rn. 5; a.A. insoweit die wohl h.L., PALANDT, § 417, Rn. 2.

[119] PALANDT, § 770, Rn. 4.

[120] BGH, WM 1992, 736 - 739 = jurisbyhemmer.

[121] Wird diese Eintragung erst 7 Monaten nach Firmenfortführung vorgenommen, so kann dies die Haftung nach § 25 I S. 1 HGB nicht mehr beseitigen; OLG München, ZIP 2007, 1063 - 1064 = jurisbyhemmer.

Im Anwendungsbereich des § 25 II HGB erfolgt die Eintragung einer Haftungsbeschränkung allein bei dem die Firma fortführenden Rechtsträger, nicht hingegen bei dem übertragenden, selbst wenn dieser fortbesteht. Denn diejenige Rechtsfolge, die nach der typischen Interessenlage der Beteiligten allgemein im Vordergrund steht und durch § 25 II HGB abgewendet werden soll, nämlich die Haftung nach § 25 I S. 1 HGB, kann allein beim fortführenden Rechtsträger eintreten.[122]

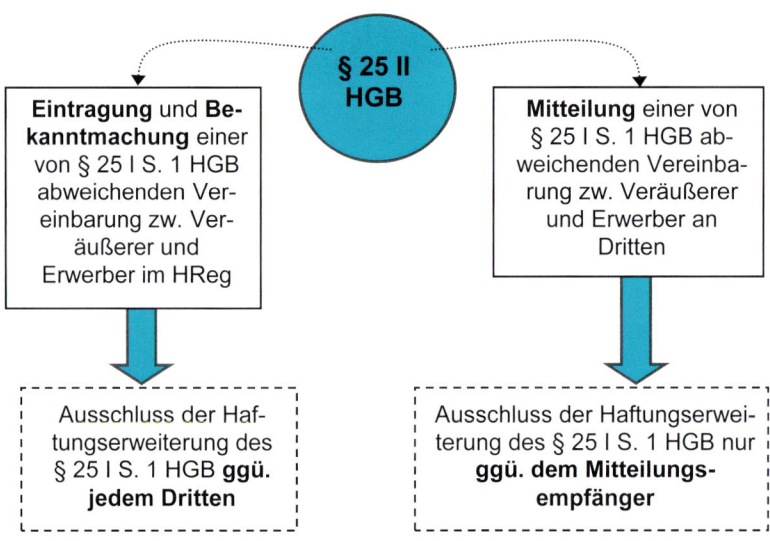

Wirkung nur bzgl. § 25 I S. 1 HGB

Der Haftungsausschluss des § 25 II HGB gilt allerdings nur für die Haftung gem. § 25 I S. 1 HGB. Davon unberührt bleibt die Haftung des Erwerbers aus einem besonderen Verpflichtungsgrund im Sinne des § 25 III HGB.

b) Zweck des § 25 HGB

Voraussetzungen str.

Die Voraussetzungen des § 25 HGB sind im Einzelnen äußerst umstritten. Auch ein Rekurs auf die ratio legis (objektiv-teleologische Auslegung) ist wenig ertragreich, da auch diese umstritten ist. Drei Ansichten stehen einander gegenüber: Die Rechtsscheintheorie, die Erklärungstheorie und die Haftungsfondstheorie.

175

Rechtsscheintheorie

Die Theorie der Rechtsscheinhaftung[123] geht davon aus, dass der Grund für die Haftung des § 25 I S. 1 HGB darin liegt, dass durch die Firmenfortführung der Schein erweckt wird, als würde der alte Inhaber das alte Unternehmen fortführen.

176

Gegen die Annahme, es handle sich um einen Fall der *Rechtsscheinhaftung*, spricht, dass auch die positive Kenntnis des Dritten von der Übertragung des Unternehmens und vom Fehlen einer rechtsgeschäftlichen Schuldübernahme zwischen Veräußerer und Erwerber nicht die Haftung verhindert.

Auch wenn der Firma ein Nachfolgezusatz angefügt wird, kann eine Haftung aus § 25 I S. 1 HGB eintreten.

177

122　　OLG Düsseldorf, NJW-RR 2008, 1211 - 1212 = **juris**byhemmer.

123　　BGHZ 18, 248 - 253 (250); BGHZ 32, 60 - 67 (62) = **juris**byhemmer.

Erklärungstheorie	Die *Erklärungstheorie* sieht in der Fortführung des Unternehmens samt Firma einen Fall sozialtypischen Verhaltens, für das § 25 I S. 1 HGB die gesetzliche Auslegungsregel enthalte, dass eine Schuldübernahme gewollt sei. Hiergegen werden ähnliche Einwendungen geltend gemacht wie gegen die übrige Lehre vom sozialtypischen Verhalten: Die Willenserklärung läuft auf eine Fiktion hinaus; die Grenze zwischen vertraglicher und gesetzlicher Haftung verschwimmt.

178

Haftungsfondstheorie	Die *Haftungsfondstheorie* sieht hinter § 25 I S. 1 HGB den Zweck, dass mit der Übernahme der Aktiva des Unternehmens auch die Passiva übergehen müssten. Dagegen spricht, dass § 25 I S. 1 HGB maßgeblich auf die Übernahme der Firma abstellt. Außerdem ist die Haftung des Erwerbers des Unternehmens nach § 25 II HGB abdingbar.

179

Abwägung ⇨ vermittelnde Ansicht vorzugswürdig	Offensichtlich haben alle Theorien ihre „Fehler". Vorzugswürdig ist daher eine vermittelnde Auffassung. Maßgeblich dürfte sein, dass die Fortführung von Handelsgeschäft und Firma für eine **Kontinuität** der Haftung des Unternehmens sprechen und diese Kontinuität der typischen **Verkehrserwartung** entspricht.[124]

180

Ein Rekurs auf die ratio legis ist bei der Auslegung also kaum möglich. Diese hat sich vielmehr eng an den Wortlaut zu halten.

> **hemmer-Methode:** „Theorien" sind niemals abstrakt zu diskutieren. Sie sind vielmehr entweder Ausgangspunkt oder Ergebnis einer Gesetzesauslegung. Nur in diesem Zusammenhang dürfen sie in der Klausur erscheinen. Grundloses Herunterbeten von Theorien langweilt den Korrektor nur und lässt erkennen, dass die Schwerpunkte nicht erkannt wurden. Daher sind Theorien *nur dann* darzustellen, wenn sie für das Auslegungsergebnis relevant sind.

c) Voraussetzungen des § 25 I 1 HGB

Voraussetzungen des § 25 I S. 1 HGB

1 Gegenstand des Erwerbs = *kaufmännisches* Unternehmen; **arg.:** § 25 I S. 1 HGB spricht von der Fortführung der „Firma" ⇨ eine solche kann gem. § 17 I HGB nur ein **Kaufmann** haben!

2 **Erwerb** des Handelsgeschäfts **unter Lebenden**

3 **Fortführung** des **Handelsgeschäfts** und der **Firma**

4 Begründung der in Frage stehenden Verbindlichkeit im **Betrieb des Geschäfts**

aa) Kaufmännisches Handelsgewerbe

nur bei Kaufmann	Nach h.M. muss ein kaufmännisches Unternehmen vorliegen, denn § 25 HGB steht im HGB-Abschnitt über die Firma und verlangt die Fortführung der Firma. Das Firmenrecht findet aber nur auf Kaufleute Anwendung, § 17 HGB.

181

---

[124] BGH, NJW 1992, 911 - 912 = **juris**byhemmer.

Wenn ein Kaufmann ein nicht eingetragenes kleingewerbliches Unternehmen übernimmt, hängt die Haftung des Übernehmers davon ab, ob sich der Vorgänger hat eintragen lassen oder nicht. Dies erscheint kaum nachvollziehbar und willkürlich. Doch muss man, da der Nichteingetragene als Nichtkaufmann keine Firma führen kann, dieses Ergebnis akzeptieren, wenn man mit der h.M. am Merkmal der Firmenfortführung festhält (siehe dazu unten Rn. 183).

grds. ganzes Handelsgeschäft

Grundsätzlich muss das ganze Handelsgeschäft übertragen werden. Allerdings lässt die h.M. es auch genügen, wenn eine Zweigniederlassung i.S.d. § 13 HGB übertragen wird.[125]

Erwerb unter Lebenden

bb) Erwerb unter Lebenden

jede Art des Übergangs

Das Handelsgeschäft muss unter Lebenden erworben worden sein. Beim Erwerb von Todes wegen gilt dagegen § 27 HGB.

182

Als Erwerbstatbestand kommt jede Form der Übertragung und Überlassung in Betracht, also neben dem Kauf und der Schenkung auch die Pacht oder der Nießbrauch. Dies ergibt sich aus dem Grundgedanken, dass es bei der „Übernahme" auf den Wechsel des Unternehmensträgers ankommt, vgl. auch § 22 II HGB, weil er das Handelsgewerbe „betreibt".

hemmer-Methode: Keine Anwendung findet § 25 I HGB hingegen auf den Erwerb des Handelsunternehmens aus der Hand des Insolvenzverwalters.[126]

Unwirksamkeit der Verträge irrelevant

Für den Erwerb kommt es lediglich auf den tatsächlichen Übergang des Unternehmens an. Die Haftung des Erwerbers besteht also auch dann, wenn der Übernahmevertrag nichtig, schwebend unwirksam war oder gar nie ein Übernahmevertrag abgeschlossen wurde.[127] Zur Stützung dieses Ergebnisses lässt sich der Gedanke des § 417 II BGB heranziehen. Auch für den Fall, dass die Übernahme alsbald rückabgewickelt wird, besteht die Haftung des Erwerbers fort, sofern zumindest für eine gewisse Zeit überhaupt eine Übernahme stattgefunden hatte.

cc) Fortführung von Handelsgeschäft und Firma

Fortführung erforderlich

§ 25 I HGB fordert die Fortführung des Handelsgeschäfts und der Firma. Diese beiden Punkte sind daher gesondert zu prüfen. Die Fortführung des Handelsgeschäfts ist nur dann nicht gegeben, wenn es sofort dauerhaft stillgelegt wird. Eine vorübergehende Unterbrechung schadet dagegen nicht.

183

Maßgeblich für die Beantwortung der Frage, ob eine Firmenfortführung vorliegt, ist die Verkehrsanschauung. Auf die Zulässigkeit der Fortführung, § 22 HGB, kommt es dabei nicht an. Es spielt auch keine Rolle, wenn die bisher verwendete Firmenbezeichnung eine nach § 17 HGB unzulässige Firma war.[128]

Bei der Firmenfortführung kommt es nicht auf eine wort- und buchstabengetreue Übereinstimmung zwischen alter und neuer Firma an. Entscheidend ist vielmehr, ob aus der Sicht des Rechtsverkehrs trotz vorgenommener Änderungen noch eine Fortführung der Firma vorliegt.

---

[125]　　Baumbach/Hopt, § 25, Rn. 6.

[126]　　Vgl. BAG, ZIP 2007, 386 - 388 = jurisbyhemmer.

[127]　　Baumbach/Hopt, § 25, Rn. 5: dazu genügt es, wenn das Handelsgeschäft in seinem wesentlichen Kern weiter betrieben wird; so auch OLG Düsseldorf, NJW-RR 2000, 332 - 333 = jurisbyhemmer.

[128]　　BGH, NJW 2001, 1352 - 1353 = jurisbyhemmer = **Life&Law 05/2001, 316 ff**.

Es genügt daher, wenn die neue Firma der alten nur ähnelt, sofern der **ursprüngliche Firmen*kern*** beibehalten wird.[129]

Dabei muss der prägende Teil der Firma erhalten bleiben, damit der Rechtsverkehr die (teilweise geänderte) Firma mit der ursprünglichen gleichsetzt.[130]

Ein Nachfolgezusatz schadet nach dem ausdrücklichen Wortlaut des § 25 I S. 1 HGB ebenso wenig wie die Tatsache, dass die neu gebildete Firma unzulässig ist. Der Firmenfortführung steht ebenfalls nicht entgegen, dass die Firma des Unternehmens fortbesteht, dessen Handelsgeschäft übernommen wurde.[131]

maßgeblich ist die Unternehmensidentität

Maßgeblich für die Haftung nach § 25 I S. 1 HGB ist, dass die Fortführung von Handelsgeschäft und Firma für eine Kontinuität der Haftung des Unternehmens sprechen und diese Kontinuität der typischen Verkehrserwartung entspricht.

Der Unternehmensfortführung steht nicht entgegen, wenn beide Unternehmen etwa ein Jahr lang parallel auf dem Markt werbend tätig blieben. Auch eine sukzessiv erfolgende Unternehmensübernahme kann eine Fortführung des Handelsgeschäfts i.S.v. § 25 I S. 1 HGB sein.[132]

dd) Geschäftsverbindlichkeiten

Bezug zum Handelsgeschäft erforderlich

184

Die in Frage stehende Verbindlichkeit muss "im Betriebe des Geschäfts" begründet worden sein. Die Haftung bezieht sich also nur auf Verbindlichkeiten, die aus Handelsgeschäften im Sinne von §§ 343 I, 344 HGB entstanden sind.

Dagegen ist § 25 I HGB bei rein deliktischen Ansprüchen unanwendbar, sofern keinerlei rechtsgeschäftlicher Bezug zum Handelsgewerbe bestand.

d) Haftung gem. § 25 III HGB

keine Haftungsbegründung

185

§ 25 III HGB regelt einen Fall, in dem, anders als in § 25 I HGB, die Firma gerade nicht fortgeführt wird. Die Vorschrift begründet aber keine besondere Verpflichtung. Vielmehr hat sie nur Hinweisfunktion und weist auf etwaige gesonderte Verpflichtungstatbestände hin. Nur aus diesen selbst kann sich die Haftung ergeben.

besondere Haftungsgründe

186

Ein besonderer Verpflichtungsgrund liegt z.B. vor, wenn der Erwerber vertraglich eine befreiende (privative) Schuldübernahme mit dem Veräußerer vereinbart hat (§§ 414 ff. BGB, Einwilligung des Gläubigers ist erforderlich). Der Erwerber kann auch einen Schuldbeitritt erklärt haben (kumulative Schuldübernahme, §§ 311 I, 241 I BGB).

---

[129]　So ist das OLG Düsseldorf in seiner Entscheidung (NJW-RR 2000, 332 - 333 = **juris**byhemmer) davon ausgegangen, dass bei einer Personalfirma i.d.R. der Familienname den Firmenkern darstellt.

[130]　BGH, DB 2009, 2429 - 2431 = **juris**byhemmer = **Life&Law 02/2009, 91 ff**.

[131]　Sehr lehrreich dazu OLG Hamm, NJW-RR 1999, 396 - 398 = **juris**byhemmer.

[132]　BGH, DB 2008, 2475 - 2477 = **juris**byhemmer = **Life&Law 01/2009, 21 ff**.

e) Fiktion des Forderungsübergangs bei Firmenfortführung gem. § 25 I 2 HGB

aa) Dogmatische Einordnung

Grund: Verkehrsschutz

§ 25 HGB regelt nicht nur die Haftung des Erwerbers, sondern versucht den Verkehrsschutz im Falle der Übertragung eines Handelsgeschäfts umfassend zu regeln. Daher gelten gem. § 25 I S. 2 HGB die im Betriebe des Handelsgeschäfts begründeten Forderungen als auf den Erwerber übergegangen.   **187**

Rechtsnatur str.

Die Rechtsnatur dieses „Übergangs" ist umstritten.   **188**

e.A. gesetzlicher Forderungsübergang

Zum Teil wird angenommen, es handle sich um einen gesetzlichen Forderungsübergang.

h.M. Schuldnerschutz

Die h.M. sieht darin einen gesetzlichen Rechtsscheintatbestand zugunsten der Schuldner als Folge der Kontinuität des Unternehmens nach außen.[133] Damit besteht eine Ähnlichkeit zu den §§ 406 ff. BGB.

bb) Voraussetzungen des § 25 I S. 2 HGB

Grds. wie bei § 25 I S. 1 HGB

Grundsätzlich decken sich die Voraussetzungen des § 25 I S. 2 HGB mit denen des S. 1. Zusätzlich ist allerdings erforderlich, dass der Veräußerer der Fortführung der Firma zugestimmt hat, vgl. auch § 22 I HGB.   **189**

Unanwendbarkeit

§ 25 I S. 2 HGB ist in einigen Fällen nicht anwendbar, obwohl der Wortlaut des § 25 I S. 2 HGB erfüllt ist. Dies ist der Fall, wenn zur Übertragung der Forderung die Einhaltung einer besonderen Form (§§ 1153, 1154 BGB bei Hypothek) oder die Zustimmung eines Dritten erforderlich oder die Abtretbarkeit ganz ausgeschlossen ist;[134] in letzterem Fall ist allerdings § 354a HGB zu beachten.   **190**

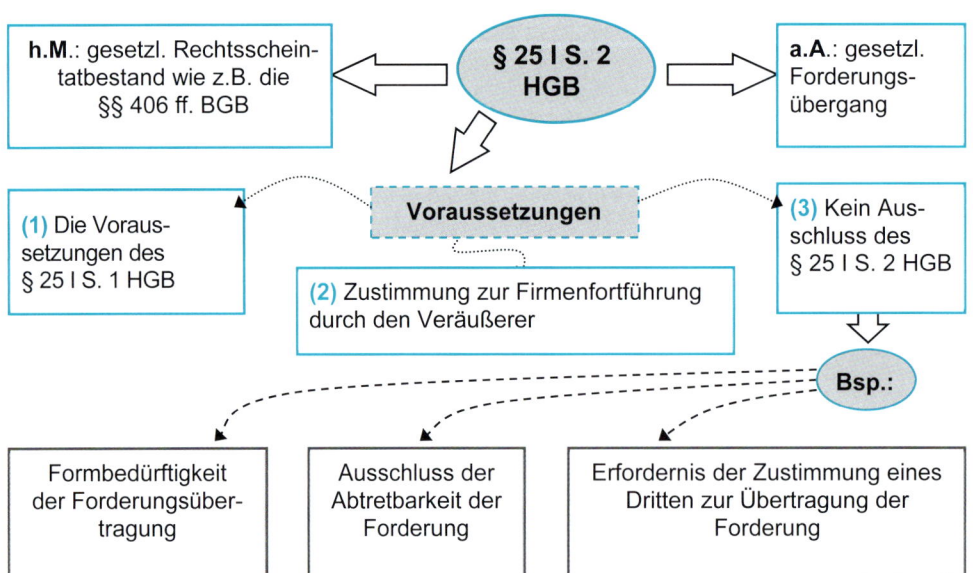

---

[133]   So BAUMBACH/HOPT, § 25, Rn. 26; vom BGH offen gelassen in WM 1992, 736 - 739 = **juris**byhemmer.

[134]   BAUMBACH/HOPT, § 25, Rn. 25.

cc) Rechtsfolge des § 25 I S. 2 HGB

Wirkung zugunsten d. Schuldners

Jedenfalls ergibt sich schon aus dem Wortlaut von § 25 I S. 2 HGB, dass dieser nur *zugunsten* des Schuldners wirken soll. Auch wenn Veräußerer und Erwerber des Unternehmens vereinbart haben, dass der Erwerber die bereits begründeten Forderungen nicht mit übernehmen soll, kann der Schuldner schuldbefreiend an den Erwerber zahlen.

191

nicht aber zugunsten des Übernehmers

Der Erwerber seinerseits kann sich nicht auf § 25 I S. 2 HGB berufen, etwa wenn er mit einer übergegangenen Forderung gegen den Schuldner aufrechnen will. Die Aufrechnung ist nur möglich, wenn Veräußerer und Erwerber tatsächlich einen Forderungsübergang vereinbart haben.

192

> **hemmer-Methode: Fraglich ist allerdings, ob § 25 I S. 2 HGB nicht auch zugunsten des Veräußerers eine gewisse Vermutungswirkung hat, welche i.R.d. Beweiswürdigung Bedeutung erlangen kann.**

Leistung an Veräußerer bleibt möglich

Da der Schuldner durch § 25 I S. 2 HGB lediglich besser gestellt werden soll, schließt die Firmenfortführung nach h.M. nicht aus, dass der Schuldner noch an den Veräußerer schuldbefreiend zahlt, wenn die Forderungen tatsächlich nicht mitübertragen worden sind.

193

Die Mindermeinung, die in § 25 I S. 2 HGB einen Fall der cessio legis sieht, verneint dagegen konsequenterweise diese Möglichkeit. Andererseits kann sich nach dem BGH der Schuldner bei Inanspruchnahme durch den *Veräußerer* auf § 25 I S. 2 HGB berufen und somit die Erfüllung verweigern.[135] Dies gilt nur dann nicht, wenn eine Mitteilung im Sinne von § 25 II HGB vorliegt, aus der sich ergibt, dass die Forderung auch nach Firmenfortführung durch den Erwerber beim Veräußerer verbleibt.

> **hemmer-Methode: Leistet der Schuldner befreiend an den Erwerber, so ist zu differenzieren:**
> **Ist diese Möglichkeit bereits im Übernahmevertrag vorgesehen, so hat der Veräußerer einen vertraglichen Anspruch auf Herausgabe.**
> **Wird der Schuldner dagegen nur infolge der Schuldnerschutzvorschrift des § 25 I S. 2 HGB frei, so kann der Veräußerer vom Erwerber nach § 816 II BGB Ausgleich verlangen.**
> **In beiden Fällen ist Voraussetzung, dass im Innenverhältnis zwischen den beiden vereinbart worden war, dass der Erwerber nicht Inhaber der Forderung wird. Vgl. zu § 816 II BGB HEMMER/WÜST, Bereicherungsrecht, Rn. 397 ff.**

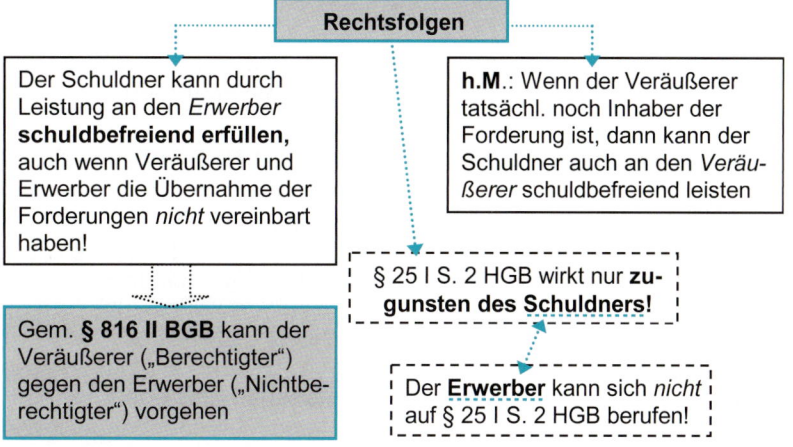

---

135 BGH, WM 1992, 736 - 739 = **juris**byhemmer.

f) Stellung des Veräußerers

Nachhaftungsbegrenzung, § 26 HGB

Die Nachhaftung des *Veräußerers* wird durch § 26 HGB zeitlich auf fünf Jahre ab dem Zeitpunkt der Eintragung des neuen Inhabers begrenzt. Voraussetzung für diese Nachhaftungsbegrenzung ist allerdings, dass der Erwerber tatsächlich nach § 25 I oder III HGB haftet. Sonst gelten die normalen Verjährungsregeln.

194

Der Veräußerer haftet grundsätzlich auch nicht für Verbindlichkeiten, die *nach* dem Geschäftsübergang begründet wurden.

dogmat. keine Verjährung

Dogmatisch ist § 26 HGB nicht als eine Verjährungsvorschrift einzuordnen. Denn die Forderung wird nicht nur einredebehaftet (vgl. § 214 BGB), sondern erlischt insgesamt. § 26 HGB ist als Teil eines allgemeinen Systems der Nachhaftungsbegrenzung zu sehen. Entsprechende Regeln finden sich auch in §§ 28 III HGB, 160 HGB und 736 II HGB.

195

Abweichungen

Etwas anderes kann sich allenfalls dann ergeben, wenn die Eintragung im Handelsregister unterlassen wurde (§§ 15 I, 31 HGB). Auch die 5-Jahres-Frist beginnt erst mit der Eintragung, § 26 I S. 2 HGB. Der Veräußerer haftet außerdem auch für nach Übertragung des Handelsgeschäfts begründete Verbindlichkeiten nach den Grundsätzen der allgemeinen Rechtsscheinhaftung, wenn nach außen ein konkreter Rechtsscheintatbestand für das Fortdauern seiner Inhaberstellung gesetzt wurde.

196

2. Haftung bei Eintritt in das Geschäft eines Einzelkaufmanns, § 28 HGB

Entstehen einer OHG/KG

Während bei § 25 HGB der Veräußerer ausscheidet und das Unternehmen allein durch den Erwerber fortgeführt wird, schließen sich im Fall des § 28 HGB ein Einzelkaufmann und eine andere Person zusammen.

197

Bei diesem Zusammenschluss entsteht eine Personenhandelsgesellschaft i.S.d. §§ 105, 161 ff. HGB. Diese Gesellschaft ist der neue Träger des vormals einzelkaufmännischen Unternehmens. § 28 HGB regelt die Haftung dieser neu gegründeten *Gesellschaft*. Hiervon unberührt bleibt die Haftung des früheren Einzelkaufmanns, vgl. § 28 III HGB.

hemmer-Methode: Auch § 28 I S. 1 HGB regelt also den Fall eines gesetzlich angeordneten Schuldbeitritts. Bzgl. des Aufbaus gilt also das zu § 25 I S. 1 HGB Ausgeführte entsprechend.

a) Voraussetzungen

Entstehung einer OHG/KG

§ 28 I S. 1 HGB verlangt, dass jemand als persönlich haftender Gesellschafter oder Kommanditist in das Geschäft eines Einzelkaufmanns eintritt. Die Terminologie des Gesetzes ist untechnisch. Gemeint ist, dass der Einzelkaufmann zusammen mit einem anderen eine Personenhandelsgesellschaft gründet und sein Geschäft als Einlage in diese Gesellschaft einbringt.

Durch diesen "Eintritt" muss also eine *neue* Personenhandelsgesellschaft entstehen. Bereits aus dem Wortlaut folgt, dass es sich um eine Personenhandelsgesellschaft - also eine KG oder OHG - handeln muss, nicht aber um eine juristische Person.

198

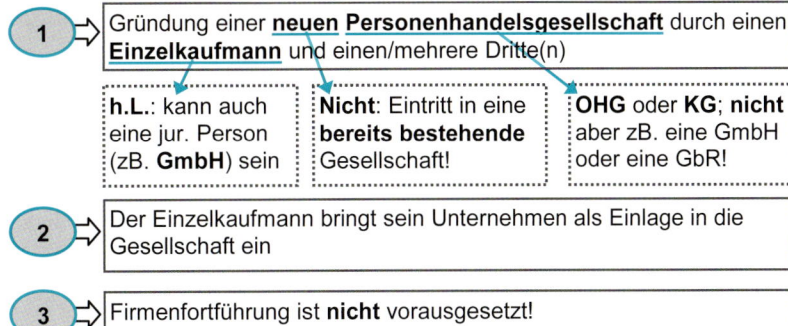

Voraussetzungen des **§ 28 I S. 1 HGB**

1 ⇨ Gründung einer **neuen Personenhandelsgesellschaft** durch einen **Einzelkaufmann** und einen/mehrere Dritte(n)

| **h.L.**: kann auch eine jur. Person (zB. **GmbH**) sein | **Nicht**: Eintritt in eine **bereits bestehende** Gesellschaft! | **OHG** oder **KG**; **nicht** aber zB. eine GmbH oder eine GbR! |

2 ⇨ Der Einzelkaufmann bringt sein Unternehmen als Einlage in die Gesellschaft ein

3 ⇨ Firmenfortführung ist **nicht** vorausgesetzt!

Beispiel 1	***Bsp. (1):*** *Einzelkaufmann E gründet eine GmbH. Der Altschuldner A verlangt von der GmbH Erfüllung einer Geschäftsverbindlichkeit, die er gegen den E hatte.*
§ 28 HGB (-)	§ 28 HGB findet keine Anwendung. Dies gilt selbst dann, wenn der E Gesellschafter und Geschäftsführer der GmbH wird. Denn es ist keine Personenhandelsgesellschaft entstanden. Niemand ist persönlich haftender Gesellschafter oder Kommanditist geworden.
§ 25 HGB (+)	Vielmehr handelt es sich hier um einen Fall des § 25 I S. 1 HGB. Denn neuer Unternehmensträger ist die GmbH, die das Handelsgeschäft des E unter Lebenden erworben hat. Auch hier spielt es keine Rolle, wenn E noch Gesellschafter und Geschäftsführer der GmbH werden sollte. Denn Unternehmensträger bleibt die GmbH.
	Auch der bloße Zusatz der Rechtsform GmbH ändert nach absolut h.M. und st. Rechtsprechung nichts daran, dass eine Firmenfortführung vorliegt.[136]
	Bsp. (2a): *Es soll eine GmbH gegründet werden, aber die Eintragung ist noch nicht erfolgt. In diesem Fall liegt eine sog. Vor-GmbH vor.[137]*
Problem: Vor-GmbH	Nach Ansicht des *BGH* und der ihm überwiegend folgenden h.L. ist die Norm jedenfalls dann nicht anwendbar, wenn ein Einzelunternehmen in eine neu gegründete juristische Person, z.B. eine GmbH, eingebracht wird.[138]
	Diese Sichtweise entspricht nicht nur dem Wortlaut der Vorschrift ("persönlich haftender Gesellschafter oder Kommanditist"), sondern auch ihrer Entstehungsgeschichte. Für juristische Personen hat der Gesetzgeber im Bereich des nur einen Sonderfall regelnden § 28 HGB bewusst keine Haftungsanordnungen getroffen und eine sich daraus möglicherweise ergebende Benachteiligung der betroffenen Gläubiger billigend in Kauf genommen.
	Bsp. (2b): *Wie Beispiel 2a, jedoch scheitert die Gründung einer GmbH nun endgültig.*
Scheitern der GmbH-Gründung ⇨ die gescheiterte „Vor-GmbH"	Geben die Gesellschafter einer Vor-GmbH ihre Absicht auf, die GmbH einzutragen und damit entstehen zu lassen, führen aber gleichwohl den Geschäftsbetrieb fort, wandelt sich in diesem Zeitpunkt die Vor-GmbH in eine Personengesellschaft um.[139] Dieser Personenzusammenschluss unterliegt dem Recht der OHG oder der GbR, je nachdem, ob der gemeinsame Zweck auf den Betrieb eines Handelsgewerbes gerichtet ist oder nicht. Daraus ergibt sich zugleich eine persönliche und unbeschränkte Haftung der Gesellschafter, die auch Altschulden der Vor-GmbH umfasst.[140]

199

---

[136] Vgl. zuletzt BGHZ 146, 374 - 377 (377) = **juris**byhemmer.

[137] **HEMMER/WÜST, Gesellschaftsrecht**, Rn. 392 ff.

[138] BGH, NJW 2000, 1193 - 1194 = **juris**byhemmer; BAUMBACH/HOPT, § 28, Rn. 2.

[139] BGHZ 80, 129 - 146 (142 f.) = **juris**byhemmer.

[140] BGHZ 80, 129 - 146 (142) = **juris**byhemmer; vgl. auch LÖHNIG, Rechtsprechung Zivilrecht Gesellschaftsrecht, JA 2000, 445 - 447 (447).

aber: *keine rückwirkende Geltung des § 28 HGB!*

Fraglich und entscheidend ist aber, ob die rückwirkende Geltung des Rechts der Personengesellschaften nur auf die Regelung der persönlichen Haftung der Gesellschafter zu beziehen ist oder darüber hinaus auch § 28 HGB rückwirkend zur Anwendung kommt.

Der BGH hat klargestellt, dass § 28 HGB - anders als die personengesellschaftsrechtlichen Haftungsregeln - nicht rückwirkend anwendbar wird, wenn die Gesellschafter der Vor-GmbH die Eintragungsabsicht aufgeben.[141]

Die nachträgliche Umwandlung der Vor-GmbH in eine Personengesellschaft soll keine persönliche Haftung der Gesellschafter für Verbindlichkeiten auslösen, für welche bereits die Vor-GmbH nicht einzustehen hatte.

Die Gesellschafter haben vielmehr nur für entstandene Schulden der Vor-GmbH persönlich einzustehen. Bestanden keine derartigen Verbindlichkeiten der Vor-GmbH, dürfen auch für die spätere OHG oder GbR solche nicht nach § 28 HGB rückwirkend begründet werden. Andernfalls würde in dem Augenblick, in dem die Eintragungsabsicht wegfällt, ohne weiteres die Haftung der Gesellschaft für Altschulden des Einzelkaufmanns und damit automatisch die persönliche Haftung der Gesellschafter aufleben, ohne dass diese zuvor Gelegenheit gehabt hätten, eine Haftungsbeschränkung nach § 28 II HGB zu erreichen. Die den Haftungsausschluss betreffende Regelung würde dadurch in unzulässiger Weise unterlaufen.

Beispiel 3

Bsp. (3): *Es besteht bereits eine GmbH. Mit dieser GmbH möchte sich der Einzelkaufmann E zusammentun. Sie gründen gemeinsam eine Personengesellschaft, die E-GmbH u. Co KG. E ist mit einer Kommanditeinlage beteiligt. Wieder verlangt A Begleichung seiner alten Verbindlichkeiten. Diesmal von der GmbH und von der E-GmbH u. Co KG.*   **200**

bzgl. KG § 28 HGB (+)

A könnte Ansprüche gegen die E-GmbH u. Co KG gem. § 28 I S. 1 HGB haben. Es wurde eine Personenhandelsgesellschaft (KG) gegründet, in der E Kommanditist und die GmbH Komplementärin wurde. Somit liegen die Voraussetzungen des § 28 HGB vor. Die KG haftet für die Altschulden gegenüber A.

bzgl. GmbH
§ 25 I HGB (-)

Fraglich ist aber eine Haftung der GmbH. Hier liegt anders als in Bsp. (1) kein Fall des § 25 HGB vor, da die GmbH nicht das Handelsgeschäft des E erworben hat, sondern sich ebenso wie der E an einer KG beteiligt hat. Dies stellt keinen Erwerb i.S.d. § 25 HGB dar.

§ 28 HGB (-)

Ebenso wenig gewährt § 28 HGB einen direkten Anspruch gegen die GmbH. Denn § 28 HGB ordnet lediglich die Haftung der Personenhandelsgesellschaft, nicht aber die eines Gesellschafters der neuen OHG oder KG an.

aber §§ 28, 128 HGB (+)

Da aber die neu gegründete KG gem. §§ 28 HGB i.V.m. 161 II, 124 HGB für die Altschulden haftet, haftet auch die GmbH als Komplementärin für die Schulden der KG, §§ 161 II, 128 HGB.

Beispiel 4

Bsp. (4): *Die GmbH schließt sich nicht mit einem Einzelkaufmann zusammen, sondern tritt in eine bestehende Personenhandelsgesellschaft (OHG) ein. Der Altschuldner A der GmbH will gegen die OHG vorgehen.*   **201**

§ 28 HGB (-)

Ein Fall des § 28 HGB liegt nicht vor, denn es ist keine *neue* Personenhandelsgesellschaft gegründet worden. Die GmbH hat sich nur an einer OHG beteiligt.

§ 130 HGB (+)

Es liegt lediglich ein Fall des § 130 HGB vor. § 130 HGB führt aber nicht zu einer Haftung der Gesellschaft für ihre Gesellschafter, sondern gem. § 128 HGB gerade umgekehrt.

---

[141]   BGH, NJW 2000, 1193 - 1194 (1194) = **juris**byhemmer.

Firmenfortführung irrelevant

Die Gesellschaft haftet gem. § 28 I S. 1 HGB für die Geschäftsverbindlichkeiten des Einzelkaufmanns, ohne dass es darauf ankommt, ob die ursprüngliche Firma fortgeführt wird. Die Tatsache, dass der frühere Geschäftsinhaber an dem neuen Unternehmen beteiligt ist und seinen Geschäftsbetrieb darin eingebracht hat, reicht aus, um eine aus der Unternehmenskontinuität folgende Haftungskontinuität zu begründen.

202

Problem bei nichtkaufmännischem Gewerbe

Auch hier stellt sich die Frage, ob § 28 HGB Anwendung findet, wenn das Geschäft eines nicht eingetragenen Kleinunternehmers in die - nun eingetragene und damit kaufmännische (vgl. § 105 II HGB) - Gesellschaft eingebracht wird. Da § 28 HGB nicht auf die Firmenfortführung abstellt, steht das Firmenproblem hier der Anwendung nicht entgegen.[142]

203

Der Begriff der "Firma" wird in § 28 I HGB nur zu dem Zweck gebraucht, um den Gegensatz zu § 25 I HGB herauszustellen. Allerdings mangelt es am Merkmal des „Einzelkaufmanns". Daran kann die Anwendung der Norm sinnvollerweise aber nicht scheitern (zur Begründung siehe oben Rn. 181).

§ 28 HGB (-), wenn GbR entsteht

Bleibt das Handelsgeschäft auch nach Eintritt nichtkaufmännisch, so ist § 28 HGB unanwendbar. Die dann entstehende Personengesellschaft ist nicht Handelsgesellschaft (vgl. § 105 II HGB), sondern lediglich Gesellschaft bürgerlichen Rechts (§§ 705 ff. BGB).

204

In § 28 HGB ist aber stillschweigend vorausgesetzt, dass die entstandene Gesellschaft Handelsgesellschaft ist, denn das HGB enthält keine Haftungsregeln für die GbR. Bei einer GbR haftet die Gesellschaft also nicht automatisch für die Verbindlichkeiten aus dem Geschäftsbetrieb eines Gesellschafters, auch wenn die Gesellschaft den Betrieb fortführt.

Insbesondere die Tatsache, dass für eine GbR nicht die Möglichkeit offen steht, einer abweichenden Vereinbarung durch Eintragung in das Handelsregister Dritten gegenüber gem. § 28 II HGB Geltung zu verleihen.

hemmer-Methode: Der BGH hat die Frage, ob § 28 I S. 1 HGB analog anwendbar ist, wenn es nicht um den Eintritt in das Geschäft eines Einzelkaufmannes geht, sondern um einen Freiberufler, zuletzt ausdrücklich offen gelassen.[143]
Ebenso ist der BGH bislang nicht „genötigt" gewesen, zu entscheiden, ob § 28 I S. 1 HGB grds. anwendbar ist, wenn Ergebnis des Zusammenschlusses kein kaufmännisches Unternehmen, sondern eine GbR ist.
In dem vom BGH zu entscheidenden Fall konnten diese Fragen (wieder einmal) unentschieden bleiben, da es um die Verpflichtungen aus einem Mandatsverhältnis mit einem Rechtsanwalt als Einzelanwalt ging.
Ein Übergang der Haftung auf die später von Rechtsanwalt und seinem neuen Kollegen gegründete Sozietät in entsprechender Anwendung des § 28 I S. 1 HGB wegen der besonderen Ausgestaltung der zwischen einem Einzelanwalt und seinen Mandanten bestehenden Rechtsverhältnisse nicht in Betracht.
Lesen Sie die Entscheidung des BGH in Life&Law 05/2004, 289 ff. nach.

auch juristische Person

Der Gesetzeswortlaut von § 28 HGB spricht nur vom Geschäft eines Einzelkaufmanns. Dieser Wortlaut ist zu eng. Er wird daher insoweit korrigierend ausgelegt, als der Begriff des "Einzelkaufmanns" nicht technisch im Sinne der §§ 1 bis 5 HGB zu verstehen ist, sondern als Alt-Unternehmer auch eine juristische Person in Betracht kommt.

205

---

[142] Lesenswert in diesem Zusammenhang: BGH, NJW 2000, 1193 - 1194 = **juris**byhemmer.

[143] BGH, NJW 2004, 836 - 838 = **juris**byhemmer = **Life&Law 05/2004, 289 ff**.

Bsp.(1): Die X-GmbH wird in eine GmbH u. Co KG umgewandelt, indem die Gesellschafter der GmbH A und B zusätzlich Kommanditisten der KG werden und die GmbH Komplementär der KG wird. **206**

A und B sind in das Geschäft der GmbH "eingetreten" i.S.v. § 28 I HGB. Die dabei neu entstandene KG haftet für alle im Betrieb des Geschäfts der GmbH entstandenen Verbindlichkeiten.

Bsp.(2): Wie oben in Bsp.(2), Rn. 200. Ein Einzelkaufmann und eine GmbH schließen sich zu einer GmbH u. Co KG zusammen. **207**

§ 28 HGB ist in zwei Richtungen anwendbar. Die KG haftet gem. § 28 I HGB einerseits für die Altverbindlichkeiten des Einzelkaufmanns.

Sie haftet nach § 28 I HGB aber auch für die Altverbindlichkeiten der GmbH. In diesem Fall ist also sowohl die GmbH in das Geschäft des Einzelkaufmanns eingetreten als auch der Einzelkaufmann in das Geschäft der GmbH, die als Einzelkaufmann im Sinne des § 28 I HGB anzusehen ist.

Eintritt = Erwerb i.S.d. § 25 HGB

Das Eintreten ist ähnlich zu verstehen wie der Erwerb i.S.d. § 25 HGB.[144] Insbesondere darf das Handelsgeschäft nicht sofort eingestellt werden, sondern muss fortgeführt werden. Ähnlich wie bei der Übernahme nach § 25 HGB muss auch bei § 28 HGB der Eintritt nicht voll wirksam sein, solange er nur faktisch vollzogen ist. Demnach besteht die Haftung auch dann, wenn der Gesellschaftsvertrag unwirksam ist, arg. e § 417 II BGB. **208**

hemmer-Methode: In diesen Fällen ist nach Invollzugsetzung der Personengesellschaft auch immer an die Regeln der fehlerhaften Gesellschaft zu denken. Vgl. dazu HEMMER/WÜST, GesellschaftsR, Rn. 31 ff.

b) Rechtsfolgen

Haftung für Alt-Verbindlichkeiten

§ 28 HGB betrifft nur die Haftung für Geschäftsverbindlichkeiten, die *vor* Eintritt in ein Handelsgeschäft begründet wurden. Außerdem müssen die Verbindlichkeiten im Zusammenhang mit den rechtsgeschäftlichen Aktivitäten des Einzelkaufmanns entstanden sein. **209**

auch Haftung der Gesellschafter

Auch wenn der Wortlaut des § 28 HGB nur von der Haftung der Gesellschaft spricht, haften dennoch auch die persönlich haftenden Gesellschafter: Dies ergibt sich allerdings aus §§ 128, 171, 176 HGB, nicht aus § 28 HGB. **210**

hemmer-Methode: Strittig ist, ob beim Eintritt eines Gesellschafters in den Betrieb eines Einzelkaufmanns die neu gegründete Personengesellschaft kraft Gesetzes Vertragspartner wird.[145]
Unabhängig von diesem generellen Meinungsstreit, hat der BGH[146] jedenfalls den Übergang eines vom Einzelkaufmann abgeschlossenen Mietvertrages auf die Personengesellschaft verneint. Zu einem solchen Vertragsübergang ist wegen § 540 BGB die Mitwirkung des Vermieters erforderlich. Darüber kann auch § 28 HGB nicht hinweghelfen.
Davon zu unterscheiden ist die Frage, ob der Vermieter dazu verpflichtet ist, einer bloßen Gebrauchsüberlassung an die gegründete Gesellschaft zuzustimmen.[147]

---

[144]   Vgl. oben Rn. 181 f.

[145]   Dagegen BEUTHIEN, Zu zwei Missdeutungen des § 25 HGB, NJW 1993, 1737 - 1741.

[146]   BGH, ZIP 2001, 1007 - 1009 = jurisbyhemmer = **Life&Law 09/2001, 611 ff.**

[147]   BGH, NJW 2001, 2251 - 2253 = jurisbyhemmer.

c) Haftungsausschluss gem. § 28 II HGB und Fiktion des Forderungsübergangs gem. § 28 I S. 2 HGB

wie § 25 I S. 2 HGB

Hinsichtlich des auch in § 28 I S. 2 HGB vorgesehenen Übergangs von Forderungen aus dem ursprünglichen Geschäftsbetrieb kann auf die Ausführungen zu § 25 I S. 2 HGB verwiesen werden.

211

wie § 25 II HGB

Auch § 28 II HGB entspricht dem § 25 II HGB, indem er ebenfalls die Möglichkeit eines Ausschlusses der Haftung vorsieht.

d) Haftung des Aufnehmenden

Nachhaftung gem. § 28 III HGB

§ 28 III HGB regelt die Begrenzung der Nachhaftung für den Einzelkaufmann. Dabei bezieht sich die Regelung des § 28 III HGB nur auf den Fall, dass der Einzelkaufmann Kommanditist wird. Wird er nämlich Komplementär, so haftet er sowieso gem. § 128 HGB voll.

212

Wird er jedoch Kommanditist, so haftet er grds. für Schulden der Gesellschaft nur in Höhe seiner Einlage, §§ 171, 172 HGB. Für diesen Fall besagt § 28 III HGB, dass der frühere Einzelkaufmann und jetzige Gesellschafter neben der Gesellschaft summenmäßig unbeschränkt weiterhaftet.

Jedoch ist diese Haftung durch die Verweisung des § 28 III HGB auf § 26 HGB auf fünf Jahre beschränkt.

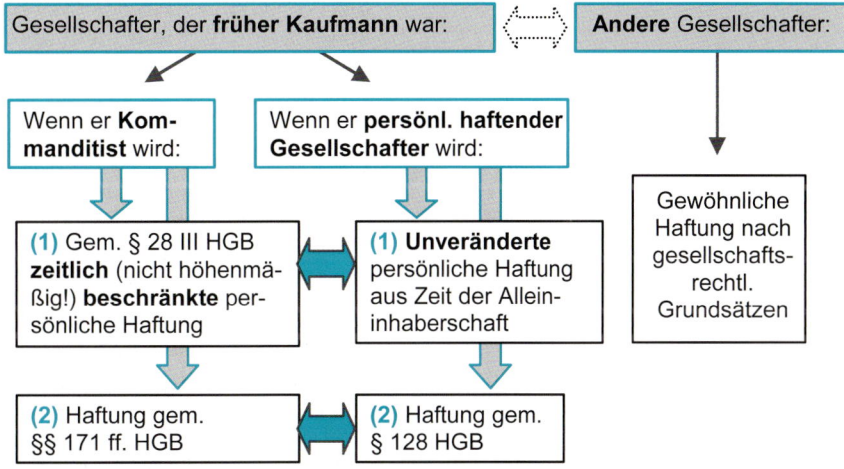

hemmer-Methode: Wie Sie sehen, ist die Ähnlichkeit zwischen § 25 HGB und § 28 HGB beträchtlich. Es erscheint daher kaum gerechtfertigt, sie mit der noch h.M. unterschiedlich - § 25 HGB als firmenrechtliche, § 28 HGB als nicht firmenrechtliche Vorschrift - einzuordnen. Vielmehr liegt ihnen ein einheitliches Haftungskonzept zugrunde. Das rechtfertigt den Verzicht auf die Firmenfortführung auch bei § 25 HGB und die einheitliche Behandlung von Streitfragen. Zum Ganzen K. SCHMIDT, HdR, § 8 I, S. 211 ff.

3. Haftung des Erben bei Geschäftsfortführung, § 27 HGB

Leitgedanke

Der Leitgedanke wird von der h.M. ebenso bestimmt wie bei § 25 HGB, da beide Normen einander ergänzen und das gleiche Ziel verfolgen.[148] Es geht also um eine Haftungskontinuität aufgrund der Fortführung von Geschäft und Firma.

213

---

[148] BAUMBACH/HOPT, § 27, Rn. 1.

a) Rechtsfolge des § 27 HGB

Rechtsfolge ⇨ § 25 HGB

§ 27 HGB hat zur Folge, dass *neben* die Erbenhaftung nach §§ 1967 ff. BGB, welche gem. §§ 1973, 1975 f. BGB auf den Nachlass beschränkt werden kann, eine persönliche Haftung nach Handelsrecht tritt. Diese richtet sich voll nach § 25 HGB (vgl. oben Rn. 168).

214

b) Voraussetzungen der Haftung

Nach dem Wortlaut des § 27 HGB ist zunächst nur erforderlich, dass "ein zum Nachlasse gehörendes Handelsgeschäft vom Erben fortgeführt" wird.

215

Handelsgeschäft

Es muss also ein Handelsgeschäft vorliegen. Diesbezüglich gilt das Gleiche wie zu § 25 HGB.[149]

Erbe; auch Erbengemeinschaft

Das Handelsgeschäft muss vererbt werden. Das heißt, dass der Erbe die Erbschaft auch annehmen muss. Im Fall der Ausschlagung ist § 27 HGB nicht anwendbar, da gem. § 1953 I BGB die Erbschaft als nie angefallen gilt. Das Handelsgeschäft muss nicht auf einen einzelnen Erben übergehen, sondern es genügt ebenso eine Erbengemeinschaft. Allerdings haften nur *die* Erben gem. § 27 HGB, die nicht schon vor dem Fortführungsakt ausgeschieden sind.

216

Fortführung des Handelsgeschäfts

Das Handelsgeschäft muss fortgeführt werden. Es darf also nicht sogleich eingestellt werden. Dabei ist es irrelevant, ob die Einstellung des Geschäfts freiwillig oder unfreiwillig z.B. aufgrund Nachlassinsolvenz erfolgt. Führt dann aber der Nachlassinsolvenzverwalter das Geschäft weiter, so führt dies nicht mehr zu einer Haftung gem. § 27 HGB.

217

Für die Einstellung gewährt § 27 II S. 1 HGB dem Erben eine Drei-Monats-Frist ab Kenntnis von dem Anfall der Erbschaft, innerhalb derer er sich entscheiden kann, ob er einstellen oder fortführen will.

Fortführung der Firma

Ob eine Firmenfortführung erforderlich ist, hängt davon ab, ob man § 27 I HGB als Rechtsgrund- oder Rechtsfolgenverweis auf § 25 HGB begreift.

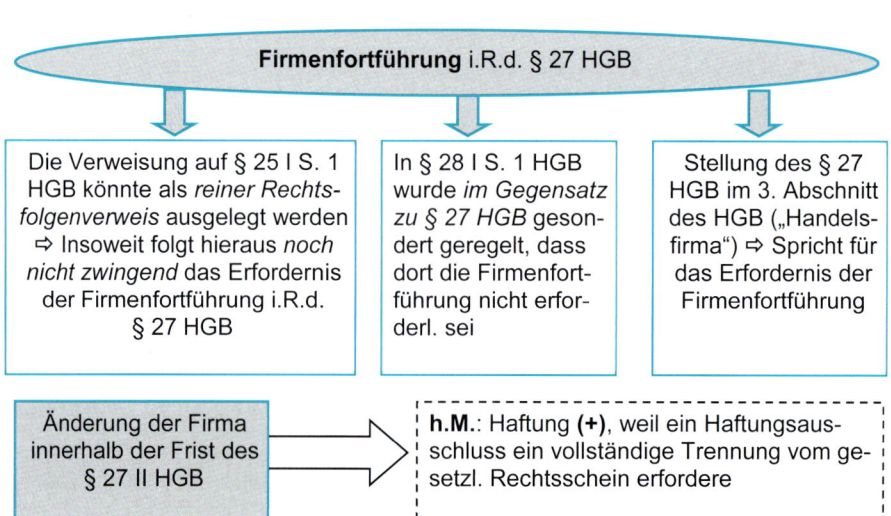

Die h.M. geht von einer Rechtsgrundverweisung aus, sodass ohne Firmenfortführung keine handelsrechtliche Haftung, sondern nur die Erbenhaftung gem. §§ 1967 ff. BGB eintritt.[150]

Die Notwendigkeit der Firmenfortführung ergibt sich nach dieser Ansicht aus der Verweisung des § 27 HGB auf § 25 HGB und aus der systematischen Stellung der Norm im Abschnitt über die Handelsfirma.

218

So hat der Gesetzgeber in § 28 I HGB, nicht aber in § 27 HGB, ausdrücklich darauf hingewiesen, dass für *diese* Norm die Fortführung der Firma nicht Voraussetzung ist. Ansonsten gelten bzgl. der Anforderungen an die Firmenfortführung die gleichen Grundsätze wie bei § 25 HGB.[151]

nachträgliche Firmenänderung

Fraglich ist eine Haftung gem. § 27 HGB, wenn erst die Firma fortgeführt, dann aber innerhalb der Drei-Monats-Frist des § 27 II HGB geändert wird, um der Haftung des § 27 HGB zu entgehen. Die Haftung wird von der h.M. bejaht, da ein Haftungsausschluss nur dann gewährt werden kann, wenn eine vollständige Trennung vom gesetzten Rechtsschein erfolgt.[152] Ferner sei § 27 II HGB nicht auf die Frage der Fortführung der Firma anwendbar, sondern nur auf die der Fortführung des Geschäfts selbst.

219

Beispiel zu § 27 HGB

Bsp.: *A ist Inhaber eines Handelsgeschäfts. Als er verstirbt, erbt B dieses als Alleinerbe. Da er keine Kenntnisse über das Unternehmen hat, beauftragt er seinen Freund F mit der Führung der Geschäfte. Die Firma wird dabei fortgeführt. Nach zweieinhalb Monaten rät F dem B, das Geschäft gewinnbringend inklusive Firma an Z zu veräußern. Nachdem dies geschehen ist, nimmt ein Altschuldner X des A den B gem. § 27 HGB in Anspruch.*

220

B hat ein Handelsgeschäft geerbt, § 1922 BGB. Fraglich ist aber, ob er Firma und Geschäft fortgeführt hat. Zunächst ist es unschädlich, dass er nicht selbst das Unternehmen geführt hat, sondern damit den F beauftragt hat. Dies steht der eigenen Leitung gleich, da es nur auf die Unternehmensträgerschaft ankommt. Zunächst hat B mithin Firma und Handelsgeschäft fortgeführt, sodass eine Haftung gem. § 27 HGB eingreift, wenn nicht der Ausschluss gem. § 27 II HGB aufgrund Einstellung vorliegt.

h.M.:
Veräußerung keine Einstellung

Fraglich ist, ob auch die Veräußerung des Geschäfts innerhalb von drei Monaten als Einstellung i.S.d. § 27 II HGB gilt. Wird das Unternehmen zunächst unter der alten Firma von den Erben fortgeführt und später mit der Firma veräußert oder unter geänderter Firma fortgesetzt, so soll dies nach überwiegender Meinung nicht für eine Einstellung im Sinne von § 27 II HGB ausreichen.

Der Erbe haftet also für die bisherigen Geschäftsverbindlichkeiten gem. §§ 27 I i.V.m. 25 I HGB. Begründet wird diese Auffassung damit, dass die Einstellung einen deutlichen Akt nach außen voraussetzt.

a.A.:
auch Veräußerung = Einstellung

Gegen diese Auffassung spricht, dass sich die Einstellung des Geschäfts im Sinne von § 27 II HGB nur auf die Fortführung *durch die Erben* (vgl. § 27 I HGB) bezieht. Wird das Unternehmen durch einen neuen Unternehmensträger fortgeführt, so haben die Erben die Fortführung eingestellt. Das führt auch nicht zu einer unbilligen Belastung der Altgläubiger des Unternehmens. Diese werden durch § 25 HGB geschützt, wenn ein neuer Unternehmensträger das Handelsgeschäft übernimmt.

Stellung des Nacherben

Eine Fortführung durch den Vorerben wird dem Nacherben nicht zugerechnet. Es kommt vielmehr darauf an, ob er selbst das Unternehmen fortführt oder nicht.

---

[150]   So BAUMBACH/HOPT, § 27, Rn. 3.

[151]   Oben Rn. 183.

[152]   Vgl. BAUMBACH/HOPT, § 27, Rn. 5.

c) Haftungsausschluss gem. § 27 I HGB i.V.m. § 25 II HGB?

Anwendbarkeit des § 25 II HGB strittig

Streitig ist, ob die handelsrechtliche Erbenhaftung gem. §§ 27 I i.V.m. 25 II HGB durch Mitteilung oder Eintragung im Handelsregister ausgeschlossen werden kann.

221

e.A.:
(-) wegen fehlender Vereinbarung

Hiergegen wird angeführt, dass § 25 II HGB eine Vereinbarung *zwischen den Parteien der Geschäftsübernahme* voraussetzt. § 25 II HGB regelt die Außenwirkung einer solchen Vereinbarung gegenüber Dritten. Zwischen Erblasser und Erben gebe es aber regelmäßig keine solche Vereinbarung.

222

h.M.:
(+) wegen Wortlaut

Für die Möglichkeit einer solchen Haftungsbeschränkung wird zum einen der Wortlaut der Norm herangezogen, denn § 27 I HGB verweist auf "die Vorschriften des § 25 HGB", während § 27 II HGB ausdrücklich nur auf § 25 I HGB Bezug nimmt. Deshalb wird angenommen, dass sich die Verweisung in § 27 I HGB auf *alle* Absätze des § 25 HGB bezieht.

223

Wertung des § 139 HGB

Außerdem besteht für den Erben ein schützenswertes Interesse an der Haftungsbeschränkung. Ansonsten würde er womöglich vor die Alternative gestellt, das Unternehmen entweder zerschlagen zu müssen oder aber ein unwägbares Haftungsrisiko für Altverbindlichkeiten einzugehen.

224

hemmer-Methode: Anders dann, wenn man entgegen der h.M. auch die Veräußerung als Einstellung i.S.d. § 27 II HGB ansieht.

Auch aus der Parallelvorschrift des § 139 HGB[153] wird deutlich, dass der Gesetzgeber dem Erben die Entscheidung über die Fortführung des Unternehmens nicht derart erschweren wollte. Vielmehr soll der Erbe die Möglichkeit haben, sich der unbeschränkten handelsrechtlichen Haftung innerhalb einer Bedenkzeit von drei Monaten zu entledigen.

d) Haftung gem. §§ 27 I i.V.m. 25 III HGB

bei handelsüblicher Bekanntmachung

Sobald der Erbe die Übernahme der Verbindlichkeiten in handelsüblicher Weise bekannt macht, haftet er aus diesem besonderen Verpflichtungsgrund gem. §§ 27 I i.V.m. 25 III HGB. Er haftet nun unbeschränkt.

225

Die Haftung kann nicht mehr durch Einstellung des Betriebs innerhalb der dreimonatigen Bedenkzeit aufgehoben werden. Bedeutung erlangt diese Haftung in der Regel nur, wenn die Voraussetzungen der Firmen- und Geschäftsfortführung i.S.d. § 27 I HGB nicht erfüllt sind.

e) Haftung analog § 27 I HGB?

Fraglich ist, ob spezifische Fallgestaltungen eine Analogie zu § 27 I HGB erfordern.

226

Dieses Problem sei anhand des folgenden Beispielsfalls[154] erläutert:

V macht Mietzinsansprüche gegen die L-KG geltend, deren einzige Gesellschafter ein Komplementär und der Kommanditist K sind. Der Komplementär stirbt und wird von K beerbt, sodass dieser das Unternehmen als Einzelunternehmer und Gesamtrechtsnachfolger der KG fortführt. Es wurde Nachlassverwaltung angeordnet. Ansprüche des V gegen K?

---

[153]   Dazu HEMMER/WÜST, **Gesellschaftsrecht**, Rn. 217.
[154]   BGHZ 113, 132 - 139 = **juris**byhemmer.

Beendigung der KG

Stirbt in einer zweigliedrigen Gesellschaft einer der beiden Gesellschafter und wird er vom anderen allein beerbt, dann wird hierdurch die Gesellschaft aufgelöst und zugleich beendet. Das Gesellschaftsvermögen ist im Wege der Gesamtrechtsnachfolge auf K übergegangen.

Beschränkbarkeit der Erbenhaftung

a) Soweit die Haftung auf Erbrecht beruht, kann K seine Haftung nach §§ 1975, 1990 I BGB auf den Nachlass beschränken.

Gesamtrechtsanalogie zu §§ 27, 139 HGB?

b) Daneben kommt eine handelsrechtliche Haftung in Betracht. Aber weder § 27 HGB noch § 130 HGB passen hier, denn K hat weder ein Einzelunternehmen des Komplementärs fortgeführt, noch ist er Gesellschafter in einer KG oder OHG geworden. Dennoch ist der den §§ 27, 130 HGB zugrunde liegende Gedanke anwendbar: Der Alleininhaber eines Unternehmens und der persönlich haftende Gesellschafter einer Personenhandelsgesellschaft sollen grundsätzlich für alle im Unternehmen begründeten Verbindlichkeiten einstehen müssen.

Haftungsbefreiung analog § 27 II S. 1 HGB

Dem Erben, der die Rechtsstellung schließlich ohne seinen Willen erlangt hat, wird die Möglichkeit eingeräumt, sich binnen dreier Monate von dieser unbeschränkten Haftung zu befreien. Diese Befreiung kann nicht entsprechend § 139 HGB erfolgen, da K nur noch ein Einzelunternehmen fortführt. Vielmehr kann K nach § 27 II S. 1 HGB die Fortführung binnen drei Monaten einstellen und damit die unbeschränkte handelsrechtliche Haftung abwenden.

TEIL 4: SCHULD- UND SACHENRECHT DES HANDELS

§ 9 ALLGEMEINE VORSCHRIFTEN FÜR HANDELSGESCHÄFTE

Stellung im Gesetz

Die allgemeinen Vorschriften für Handelsgeschäfte sind in den §§ 343 bis 372 HGB enthalten. Sie beinhalten eine Fülle von Spezialregelungen, die die Normen des BGB verdrängen, modifizieren oder ergänzen.

227

hemmer-Methode: Aus dieser Systematik ergibt sich, dass diese HGB-Vorschriften immer in den normalen Anspruchsaufbau des BGB zu integrieren sind. Sie sind immer an der Stelle einzubauen, an der sonst die BGB-Regelung zu prüfen ist, welche durch die entsprechende Vorschrift des HGB verdrängt oder ergänzt wird.

I. Begriff des Handelsgeschäfts

Voraussetzungen

Ein Handelsgeschäft liegt immer unter folgenden Voraussetzungen vor:

228

Die §§ 343-372 HGB regeln die allgemeinen Vorschriften für Rechtsgeschäfte, bei denen Kaufleute beteiligt sind

Zentraler Begriff: **Handelsgeschäft i.S.d. § 343 I HGB** Voraussetzungen:

 Beteiligung von mindestens *einem* **Kaufmann** (§§ 1 ff. HGB)

 Geschäft, d.h. Rechtsgeschäft oder rechtsgeschäftsähnliche Handlung; *nicht*: bloße unerlaubte Handlung oder bloßer Realakt

3 **Bezug zum Handelsgewerbe**, dh. solche Geschäfte, die dem Interesse des Handelsgewerbes, der Erhaltung seiner Substanz und der Erzielung von Gewinn dienen sollen

§ 343 I HGB stellt also zum einen auf die Kaufmannseigenschaft der Vertragspartei ab (persönliche Komponente), zum anderen darauf, ob das jeweilige Geschäft zum Betrieb des Handelsgewerbes gehört (sachliche Komponente).

1. Kaufmannseigenschaft der Beteiligten

Kaufmannseigenschaft der Beteiligten

Ob ein Handelsgeschäft im Sinne des § 343 HGB vorliegt, richtet sich zunächst nicht nach dem Gegenstand des Vertrages, sondern nach den daran beteiligten Personen (subjektives Anknüpfungssystem[155]).

229

hemmer-Methode: Geht es also in der Klausur um die Frage, ob ein Handelsgeschäft vorliegt und mithin die §§ 346 ff. HGB anwendbar sind, so ist zunächst immer zu prüfen, ob einer der Beteiligten Kaufmann i.S.d. §§ 1 ff. HGB ist. Vgl. Sie dazu oben Rn. 6 ff.

[155] Vgl. dazu oben Rn. 1.

wichtig: *Grundsätzlich reicht ein einseitiges Handelsgeschäft aus, § 345 HGB*

Mindestens einer der Beteiligten muss Kaufmann sein. Auf ein Rechtsgeschäft, das für einen der beiden Teile ein Handelsgeschäft ist, kommen nach § 345 HGB die Vorschriften über Handelsgeschäfte nämlich *für beide Teile gleichmäßig* zur Anwendung, soweit nicht aus diesen Vorschriften sich ein anderes ergibt.

2. Geschäft

nicht für § 823 BGB oder Realakte

Für das Vorliegen eines Handelsgeschäfts ist erste Voraussetzung, dass überhaupt ein "Geschäft", d.h. ein Rechtsgeschäft oder eine rechtsgeschäftsähnliche Handlung bzw. Unterlassung vorliegen. Für unerlaubte Handlungen und sonstige Realakte bestehen grundsätzlich keine handelsrechtlichen Sonderregeln.   230

> *Bspe. für "Geschäfte":* *Die Abgabe eines Vertragsangebots, Mahnung, auch das Schweigen im Handelsverkehr, ggf. sogar die Geschäftsführung ohne Auftrag.[156]*

3. Bezug zum Handelsgewerbe

dem Interesse des Gewerbes dienen

Weiterhin muss das Geschäft zum Betrieb des Handelsgewerbes gehören. Darunter fallen alle Geschäfte, die dem Interesse des Handelsgewerbes, der Erhaltung seiner Substanz und Erzielung von Gewinn dienen sollen.[157] Die Rechtsprechung fasst den Zusammenhang recht weit. Es kommt nicht darauf an, dass das jeweilige Geschäft für die Branche des Kaufmanns typisch ist oder nicht. Bezug zum Handelsgewerbe haben ferner auch die Hilfs- und Nebengeschäfte.   231

> *Bspe. für Nebengeschäfte:* *der Bau eines neuen Betriebsgebäudes, die Einrichtung und Ausstattung des Betriebs oder Geschäfte, die erst der Vorbereitung des Geschäftsbetriebs dienen.*

Vermutung des § 344 I HGB

Sollte sich der Bezug zum Handelsgewerbe des Kaufmanns nicht eindeutig ergeben, so hilft § 344 I HGB weiter. Diese Vorschrift enthält eine (widerlegliche, § 292 S. 1 ZPO) Vermutung für die Zugehörigkeit der Geschäfte des Kaufmanns zu seinem Handelsgewerbe. Diese Vermutung gilt auch für geschäftsähnliche Handlungen.   232

Exkurs: Geschäfte eines Unternehmers, der kein Kaufmann ist

Geschäfte eines Unternehmers, der kein Kaufmann ist

Kauft ein Unternehmer i.S.d. § 14 BGB, der kein Kaufmann i.S.d. §§ 1 ff. HGB ist, eine bewegliche Sache zu privaten Zwecken, so wird er nach gefestigter Rechtsprechung als Verbraucher behandelt. Ist der Verkäufer Unternehmer, so liegt ein Verbrauchsgüterkauf i.S.d. § 474 I S. 1 BGB vor.   232a

Die Verbrauchereigenschaft ist nämlich danach zu bestimmen, zu welchem Zweck eine Sache gekauft wird und nicht danach, wie dies der Verkäufer versteht.

> *Bsp.:* *Rechtsanwalt K kauft im Schreibwarengeschäft des V 500 Blatt Papier, damit seine Tochter wieder Bilder malen kann. V glaubt, dem K sei in der Kanzlei das Papier ausgegangen.*
>
> *Da es nicht auf die Vorstellung des V ankommt, liegt ein Verbrauchsgüterkauf vor.*

---

[156]   Vgl. BAUMBACH/HOPT, § 343, Rn. 1.

[157]   BAUMBACH/HOPT, § 343, Rn. 3.

Ist der Käufer hingegen ein Kaufmann und kauft zu privaten Zwecken einen Gegenstand, so müsste danach eigentlich auch ein Verbrauchsgüterkauf vorliegen. Fraglich ist aber, ob sich aus der Vermutung des § 344 I HGB etwas anderes ergibt. Danach müsste der Privatcharakter eines Geschäfts beim Vertragsschluss deutlich gemacht werden.

> *Bsp: Elektrofachhändler K kauft im Schreibwarengeschäft des V 500 Blatt Papier, damit seine Tochter wieder Bilder malen kann. V glaubt, K kaufe das Papier zur Erledigung seiner Büroarbeiten.*

Unter Zugrundelegung des § 344 I BGB läge ein Handelsgeschäft und damit kein Verbrauchsgüterkauf vor.

europarechtskonforme Auslegung: teleologische Reduktion des § 344 I HGB im Anwendungsbereich von EU-rechtlich vorgeprägten Verbrauchergeschäften?

Dieses Beispiel belegt, dass ein und derselbe Fall als Verbrauchsgüterkauf zu behandeln wäre, wenn der Käufer freiberuflicher Unternehmer (und damit kein Kaufmann) wäre, bzw. als unternehmerisches Geschäft zu behandeln wäre, wenn der Käufer Kaufmann wäre. Dieser Widerspruch ist unter dem Gesichtspunkt des Verbraucherschutzes nicht sachgerecht.

232b

Vertretbar wäre es daher, den § 344 I HGB im Wege einer teleologischen Reduktion nicht anzuwenden.[158] Die Rechtsprechung geht diesen Weg bislang nicht, sondern wendet § 344 I HGB an.

Exkurs Ende

Besonderheit für Handelsgesellschaften

Bei Handelsgesellschaften ist diese Vermutung überflüssig, da sie keine "Privatsphäre" besitzen, von welcher der Gewerbebetrieb abgegrenzt werden müsste. Nach der zu § 164 I S. 2 BGB entwickelten Lehre vom unternehmensbezogenen Geschäft geht bei Geschäften, die zum Betrieb des Unternehmens gehören, der Wille der Beteiligten im Zweifel dahin, dass der Betriebsinhaber, also die Gesellschaft im Gegensatz zu den Gesellschaftern, Vertragspartner werden soll. So wird für Gesellschaften die gleiche Wirkung erzielt, wie bei natürlichen Personen über § 344 I HGB.

233

---
4. Arten der Handelsgeschäfte
---

ein- und zweiseitige

Es gibt sowohl einseitige als auch zweiseitige Handelsgeschäfte, je nachdem, ob auf beiden Seiten Kaufleute beteiligt sind oder nur auf einer.

234

Merke: Sofern das zweiseitige Handelsgeschäft nicht ausdrücklich Tatbestandsvoraussetzung ist, gilt der Grundsatz des § 345 HGB, wonach es für die Anwendbarkeit der handelsrechtlichen Norm genügt, dass eine der Parteien Kaufmann ist.

Die Unterscheidung zwischen ein- und zweiseitigen Handelsgeschäften kann für die Anwendbarkeit einzelner Vorschriften von Bedeutung sein.

Die §§ 377 ff. HGB setzen z.B. voraus, dass das Geschäft für beide Seiten ein Handelsgeschäft ist.

§ 366 I HGB setzt voraus, dass der Veräußerer der Kaufmann ist.

---

[158]   Vgl. dazu **Life&Law 10/2011, 702 f.** (hemmer-background zu BGH, **Life&Law 10/2011, 695 - 703 (700 ff.)**), sowie MüKo, § 14 BGB, Rn. 34 m.w.N.; Koller/Roth/Morck, HGB, § 344, Rn. 2a.

II. Handelsbräuche, § 346 HGB

1. Handelsbräuche im Allgemeinen

Definition

Handelsbräuche (§ 346 HGB) sind diejenigen Gewohnheiten und Gebräuche im Handelsverkehr, welche durch gleichmäßige, einheitliche und freiwillige Übung der beteiligten Kreise über einen längeren Zeitraum hinweg verpflichtenden Charakter erhalten haben.[159]

235

Grds. gelten diese nur zwischen Kaufleuten. Allerdings sind Ausnahmen denkbar, wenn die Bräuche in anderen Kreisen ebenso gelten.

willensunabhängige Geltung, aber keine Rechtsnormen

Die Besonderheit der Handelsbräuche besteht vor allem darin, wie sie zur Geltung gelangen. Während z.B. AGB vertraglich vereinbart werden müssen, gelten die Handelsbräuche gem. § 346 HGB als solche kraft Gesetzes, unabhängig vom Willen und Wissen der Beteiligten. Dennoch sind Handelsbräuche keine Rechtsnormen. Zwingendes Recht können sie daher nicht verdrängen. Dispositivem Recht gehen sie dagegen i.d.R. vor. Eine Irrtumsanfechtung wegen fehlender Kenntnis eines bestehenden Handelsbrauchs ist ausgeschlossen.[160]

236

Inhalte

Handelsbräuche können die unterschiedlichsten Inhalte haben.

237

> **Bsp.:** *Die Tatsache, dass ein Hotelreservierungsvertrag bis drei Wochen vor Anreise kostenfrei stornierbar ist.*[161]

2. Das Kaufmännische Bestätigungsschreiben (KBS)[162]

Rechtsgrundlage

Der bedeutendste und bekannteste Handelsbrauch ist das kaufmännische Bestätigungsschreiben (KBS). Deshalb soll es an dieser Stelle behandelt werden.

238

> **hemmer-Methode: In der Klausur ist das KBS besonders beliebt. Es kann an unterschiedlichen Stellen prüfungsrelevant werden. Insbesondere bei der Frage nach dem Zustandekommen eines Vertrages oder bei der Frage nach dem genauen Inhalt eines Vertrages, also der Auslegung.**

Voraussetzungen eines KBS

Voraussetzungen für die Wirkungen des KBS:

239

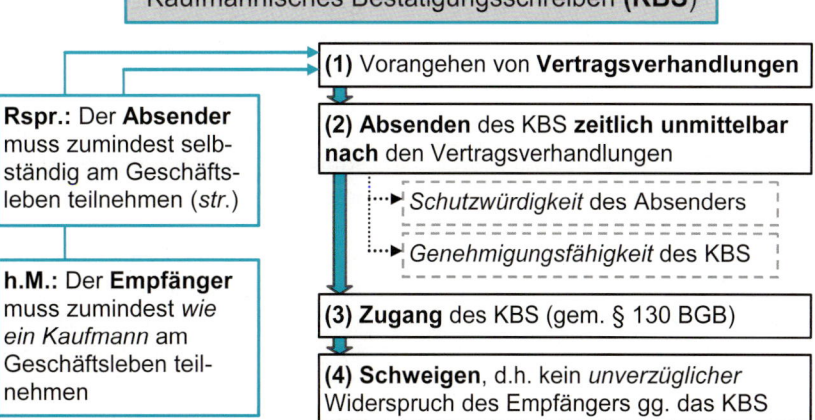

---

[159] BAUMBACH/HOPT, § 346, Rn. 1.

[160] BAUMBACH/HOPT, § 346, Rn. 9.

[161] Vgl. OLG Frankfurt, WM 1986, 838 - 341.

[162] Instruktiv: PETERS/SCHMIDTMANN, Rechtsprechung Zivilrecht, JA 1995, 89 - 92.

a) Persönlicher Anwendungsbereich

Empfänger nicht notw. Kaufmann (str.)

Der persönliche Anwendungsbereich der Regeln vom KBS wird insgesamt sehr weit gefasst. Der Empfänger muss nicht Kaufmann sein. Es genügt auch ein Nicht-Kaufmann, der ähnlich einem Kaufmann am Geschäftsleben teilnimmt.[163] Die Rechtsprechung stellt dabei auf den konkreten Einzelfall ab.

240

bei Absender str.

Die Anforderungen an den Absender werden noch geringer angesetzt. Zum Teil wird angenommen, jeder Privatmann könne ein Bestätigungsschreiben absenden.[164] Das würde dem Empfänger aber womöglich erhebliche Kontrollpflichten hinsichtlich eingehender Schreiben auferlegen. Der Absender muss daher mit dem BGH zumindest selbständig am Geschäftsleben teilnehmen.[165]

241

b) Mündlicher Vertragsschluss (jedenfalls aus Sicht des Bestätigenden)

Vorverhandlungen

Es müssen bereits mündliche Verhandlungen stattgefunden haben. Diese müssen - *zumindest aus Sicht des Bestätigenden* - bereits zum (vermeintlichen) Vertragsschluss geführt haben. Der Absender des KBS will die geschlossene Vereinbarung nur noch schriftlich fixieren, um für den Fall einer späteren Auseinandersetzung ein geeignetes Beweismittel in Händen zu halten.

242

deklaratorische Wirkung

Das kaufmännische Bestätigungsschreiben hat damit die Funktion, die Vertragsbedingungen zu fixieren (deklaratorische Wirkung). Daher sind die Grundsätze über das KBS bei einem schriftlichen Vertragsschluss nicht anwendbar, da dann kein Klarstellungsbedürfnis besteht.

konstitutive Wirkung

Wenn der Vertrag - entgegen der Ansicht des Absenders - tatsächlich nicht zustande gekommen ist, führt das Schweigen auf das Bestätigungsschreiben zum Vertragsschluss (sog. konstitutive Wirkung).

falsus procurator auf Empfängerseite

Unschädlich ist es für das Vorliegen eines KBS, wenn auf Seiten des *Vertragspartners* ein Vertreter ohne Vertretungsmacht gehandelt hat, denn das reicht für einen vermeintlichen Vertragsschluss aus Sicht des Absenders aus.

243

Maßgeblich ist nämlich nur, dass der Absender des KBS von der Vertretungsmacht des anderen ausging. Wenn für den Empfänger ein Vertreter ohne Vertretungsmacht einen Vertrag abgeschlossen hat und der Absender den Vertragsabschluss anschließend dem Vertretenen mittels Bestätigungsschreiben mitgeteilt wird, macht das Schweigen des Empfängers den zunächst schwebend unwirksamen Vertrag wirksam.[166]

Kein KBS liegt hingegen vor, wenn das Schreiben lediglich eine Aufforderung zur Genehmigung gem. § 177 II BGB enthält.

Abgrenzung zur Auftragsbestätigung

Besonders wichtig ist die Abgrenzung des KBS von der so genannten Auftragsbestätigung. Eine Auftragsbestätigung unterscheidet sich insofern vom KBS, als der Absender noch nicht von einem Vertragsschluss ausgeht, sondern diesen erst noch zustande bringen will. Die von den Parteien gewählte Bezeichnung ist bei der Abgrenzung nicht maßgeblich.

244

---

[163]   Vgl. z.B. BGHZ 40, 42 - 49 (43) = **juris**byhemmer.

[164]   BAUMBACH/HOPT, § 346, Rn. 19.

[165]   BGHZ 40, 42 - 49 (43 f.) = **juris**byhemmer; BAUMBACH/HOPT, § 346, Rn. 19.

[166]   BGH, NJW 2007, 987 - 989 = **juris**byhemmer.

Entscheidend ist, ob ein bereits (vermeintlich) geschlossener Vertrag bestätigt werden soll oder ob lediglich Vorverhandlungen, die noch zu keinem Vertragsschluss geführt haben, zum Abschluss gebracht werden sollen.

hemmer-Methode: Beachten Sie, dass es wieder nur auf die subjektive - im Schreiben zum Ausdruck kommende - Sicht des Absenders ankommt! Auch wenn tatsächlich bereits ein Vertrag zustande gekommen war, der Absender dies aber nicht erkennt, so liegt kein KBS, sondern eine Auftragsbestätigung vor.   *245*

unterschiedliche Rechtsfolgen

Im Gegensatz zum KBS soll mit der Auftragsbestätigung lediglich ein Angebot angenommen werden. Daher unterscheiden sich auch die Rechtsfolgen erheblich. Weicht die Auftragsbestätigung vom Angebot ab, so gilt die Auftragsbestätigung gem. § 150 II BGB als Ablehnung des Antrags und neues Angebot. Ganz anders ist dies dagegen beim KBS (s. unten Rn. 254).   *246*

c) Unmittelbares Nachfolgen

unmittelbares Nachfolgen und Bezugnahme

Das Bestätigungsschreiben muss den Verhandlungen unmittelbar zeitlich nachfolgen und auf diese Bezug nehmen. Es muss erkennbar dazu bestimmt sein, einen Vertragsabschluss und seinen Inhalt verbindlich festzulegen.   *247*

d) Zugang des KBS

Zugang erforderlich

Für den Zugang des KBS gelten die allg. Vorschriften (§ 130 BGB). Die Beweislast für den Zugang trägt der Absender.[167]   *248*

hemmer-Methode: Für den Zugang genügt es, wenn das Schreiben einem von mehreren Gesamtvertretern zugeht (vgl. § 125 II S. 3 HGB, § 35 II S. 2 GmbHG, § 78 II S. 2 AktG).

e) Genehmigungsfähigkeit des Inhalts

Genehmigungsfähigkeit

Die Wirkung des KBS tritt auch - abgesehen vom Fall der Arglist - dann *nicht* ein, wenn sich der Inhalt des KBS so weit von dem Verhandlungsergebnis entfernt, dass der Bestätigende verständigerweise nicht mit dem Einverständnis des anderen rechnen konnte. Wann dies vorliegt, ist nach den Umständen des Einzelfalls zu beantworten.   *249*

Problem bei AGB

Besonders problematisch ist die Frage der Genehmigungsfähigkeit bei Verwendung von AGB in einem KBS. Hier wird man im Einzelfall auf die Üblichkeit der Verwendung von AGB abstellen müssen.   *250*

Musste der Empfänger des KBS bei Berücksichtigung aller Umstände mit der Verwendung der AGB rechnen, so können sie nach h.M.[168] - zumindest unter Kaufleuten - auch per KBS einbezogen werden, da § 305 II, III BGB nicht gilt, vgl. § 310 I BGB.

---

[167]   BGHZ 70, 232 - 235 = **juris**byhemmer.

[168]   Vgl. z.B. BGHZ 54, 236 - 243 (242) = **juris**byhemmer.

f) Redlichkeit des Absenders

nicht bei Arglist

Die Wirkungen eines KBS treten nicht ein, wenn der Absender nicht schutzwürdig ist. Dies ist dann der Fall, wenn der Absender das Schreiben bewusst unrichtig formuliert, weil er hofft, die vorgenommene Änderung werde übersehen, also im Fall der Arglist.

251

Beispiel

Bsp.: Es werden Verhandlungen über einen Kaufvertrag zwischen den Kaufleuten V und K geführt. Da K keine Zeit hat, führt sein Vertreter X die Verhandlungen auf Seiten des K. Nach dem Abschluss der Verhandlungen, die für K unglücklich gelaufen sind, informiert X den K bewusst unzutreffend, um seine Verhandlungsfehler zu verdecken. K verfasst daraufhin gutgläubig ein unzutreffendes KBS und sendet es dem V. V reagiert nicht. Ist ein Vertrag mit dem Inhalt des KBS zustande gekommen?

252

Zurechnung von Vertreterwissen, § 166 I BGB

Die Voraussetzungen für ein KBS liegen weitestgehend unproblematisch vor. Das Schweigen des V würde demnach dazu führen, dass ein Vertrag mit dem Inhalt des KBS zustande gekommen wäre.

Fraglich ist nur, ob die Wirkungen des KBS durch die Arglist des X ausgeschlossen sind. Hier war X aber nur Vertreter, während K nicht arglistig war. Das Wissen eines Vertreters wird grds. nach § 166 I BGB zugerechnet. Das gilt sicher dann, wenn das KBS auch von dem Vertreter abgefasst wird. Fraglich ist, ob § 166 I BGB analog gilt, wenn - wie hier - der Vertreter nur die Verhandlungen geführt hat.

Das ist mit der h.M.[169] grundsätzlich zu bejahen, denn § 166 I BGB weist das Vertreterhandeln dem Gefahrenbereich des Vertretenen zu. § 166 I BGB ist also entsprechend anwendbar, auch wenn der Vertreter bei der Abgabe der Willenserklärung selbst nicht mehr beteiligt ist. Der Vertrag ist somit nicht mit dem Inhalt des KBS zustande gekommen.

g) Schweigen des Empfängers

unverzüglicher Widerspruch erf.

Der Empfänger muss gegenüber dem KBS unverzüglich (§ 121 I S. 1 BGB) seinen Widerspruch geltend machen, wenn er dessen Wirkung verhindern will. Ab welchem Zeitpunkt schuldhaftes Zögern vorliegt, hängt von den konkreten Umständen des Einzelfalls ab. Jedenfalls muss der Widerspruch regelmäßig innerhalb einer Woche erfolgen.

253

h) Rechtsfolgen

konstitutives KBS

Rechtsfolge des wirksamen KBS ist, dass der Vertrag mit dem Inhalt des Schreibens zustande kommt. Dabei muss man zwischen deklaratorischem und konstitutivem KBS unterscheiden. War im Rahmen der Verhandlungen entgegen der Annahme des Absenders des KBS noch kein Vertrag zustande gekommen, so entsteht dieser durch das KBS. Das KBS wirkt mithin *konstitutiv für den Vertragsschluss.*

254

deklaratorisches KBS

War bereits ein Vertrag geschlossen worden, so ist die Wirkung hinsichtlich des Vertragsschlusses lediglich *deklaratorisch.*

den Vertrag modifizierendes KBS

Allerdings werden auch in diesem Fall etwaige Abweichungen aus dem KBS Bestandteil des bereits vorher geschlossenen Vertrags (*konstitutiv für Vertragsmodifizierung*).

---

[169]　Vgl. z.B. BGHZ 40, 42 - 49 (48) = **juris**byhemmer; missverständlich BAUMBACH/HOPT, § 346, Rn. 27.

i) Die Anfechtung eines KBS

dogmatische Einordnung

Bei dem Schweigen des Empfängers eines KBS handelt es sich nicht um eine Willenserklärung, sondern um einen Zurechnungstatbestand. Daher ist umstritten, ob die §§ 119 ff. BGB entsprechend gelten.

255

Einerseits wird für eine Anfechtbarkeit angeführt, dass der Empfänger nicht schlechter gestellt werden soll, als er stünde, wenn er seinen Willen ausdrücklich erklärt hätte.[170] Andererseits wird die Möglichkeit der Anfechtung als mit dem Zweck des KBS (Vertrauensschutz des Absenders) unvereinbar angesehen und somit insgesamt abgelehnt.

hemmer-Methode: Da der BGH sich noch nicht eindeutig erklärt hat[171] und keine eindeutig h.M. erkennbar ist, müssen Sie sich in der Klausur taktisch entscheiden! Verbauen Sie sich nicht den Weg zu den wesentlichen Problemen.

keine Anfechtung der Rechtsfolge

Kein Anfechtungsgrund ist nach ganz h.M. der Irrtum über die Bedeutung des Schweigens. Es handelt sich um einen grundsätzlich unbeachtlichen Rechtsfolgeirrtum.[172]

256

Dagegen ist Anfechtung insoweit möglich, als der Irrtum auch bei einer ausdrücklichen Erklärung beachtlich wäre: Der Schweigende darf nicht schlechter stehen als derjenige, der sich ausdrücklich erklärt hat.

Bsp.: Im Anschluss an Vertragsverhandlungen schickt A dem B ein Bestätigungsschreiben. B, der davon ausgeht, dass es sich bei A um seinen entfernten Großonkel handelt, schweigt, um den Vertrag dadurch zur Perfektion zu bringen.

Für den Fall, dass es sich bei diesem error in persona um einen beachtlichen Irrtum i.S.d. § 119 II BGB handelt, kann B anfechten.

hemmer-Methode: Zusätzlich ist zu diskutieren, ob im Handelsrecht - abweichend vom allgemeinen Bürgerlichen Recht - eine Anfechtung überhaupt nur dann in Betracht kommt, wenn der Anfechtende den Irrtum nicht verschuldet hat.

---

[170] BAUMBACH/HOPT, § 346, Rn. 33.

[171] Vgl. BGH, NJW 1972, 45 = **juris**byhemmer.

[172] Vgl. dazu **HEMMER/WÜST, BGB AT III**, Rn. 451.

j) Sonderfall: Sich kreuzende KBS

Widerspruch grds. nicht erforderlich

Bei sich kreuzenden Bestätigungsschreiben erkennt der jeweilige Absender, dass die endgültige Festlegung zunächst gescheitert ist. Es ist grundsätzlich nicht erforderlich, dass er dem empfangenen Schreiben widerspricht. Ausnahmsweise gilt der Inhalt eines KBS doch als genehmigt, wenn die eine Partei eine ohnehin zu erwartende Ergänzung eingefügt hat.[173]

257

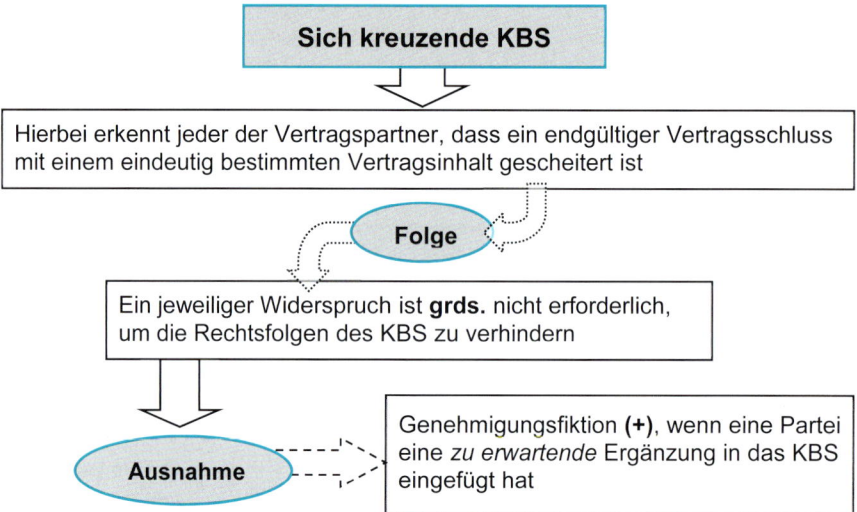

hemmer-Methode: Die Problematik der sich kreuzenden KBS lässt sich in der Klausur auch mit einander widersprechenden AGB kombinieren,[174] wenn jede Partei ihre eigenen AGB dem KBS beilegt. Nach heute h.M.[175] werden bei Verwendung einer Abwehrklausel, in welcher der Geltung der Allgemeinen Geschäftsbedingungen der anderen Vertragspartei widersprochen wird, die AGB beider Parteien - entgegen der veralteten Theorie vom letzten Wort - Vertragsbestandteil, soweit sie miteinander vereinbar sind. Im Übrigen gilt nicht § 154 I S. 1 BGB. Die dort enthaltene gesetzliche Vermutung für die Unwirksamkeit des Vertragsschlusses ist widerlegt, wenn die Parteien mit der Durchführung des Vertrages begonnen haben. Statt der sich widersprechenden AGB-Klauseln findet nach dem Rechtsgedanken des § 306 II BGB das dispositive Gesetzesrecht Anwendung.

258

III. Sorgfalt eines ordentlichen Kaufmanns, § 347 HGB

Sorgfaltsmaßstab, nicht Anspruchs-grundlage

§ 347 HGB bestimmt, dass bei einem (mindestens einseitigen, vgl. § 345 HGB) Handelsgeschäft ein Kaufmann für die von einem ordentlichen Kaufmann zu erwartende Sorgfalt einzustehen hat.

259

Dies ist **keine eigenständige Anspruchsgrundlage**, sondern ein Verschuldensmaßstab, der § 276 II BGB verschärft.[176] Bei der Bestimmung der von einem ordentlichen Kaufmann zu erwartenden Sorgfalt ist auf das jeweilige Geschäft abzustellen. § 347 HGB ist eigentlich überflüssig, da bereits nach § 276 I S. 1 BGB ein gruppenspezifischer objektivierter Sorgfaltsmaßstab zugrunde zu legen ist.

hemmer-Methode: Beachten Sie, dass § 347 HGB nicht nur für den Kaufmann selbst gilt, sondern auch für dessen Erfüllungsgehilfen, § 278 BGB. Ferner gilt § 347 HGB auch für die Haftung aus §§ 280 I, 241 II, 311 II BGB und für andere mit dem Handelsgewerbe in Beziehung stehende Haftungsnormen.

---

[173]   Vgl. Baumbach/Hopt, § 346, Rn. 22.

[174]   Vgl. dazu ausführlicher Hemmer/Wüst, BGB-AT I, Rn. 325.

[175]   BGH, NJW 1985, 1838 - 1840 (1839) = jurisbyhemmer.

[176]   Baumbach/Hopt, § 347, Rn. 1.

IV. Verringerter Schutz gem. §§ 348 - 350 HGB

Kaufleute weniger schutzbedürftig

Nach dem Regelungsplan des Gesetzgebers sind Kaufleute geschäftserfahren und können die Risiken der von ihnen eingegangenen Geschäfte ausreichend überblicken. Sie sind weniger schutzbedürftig.

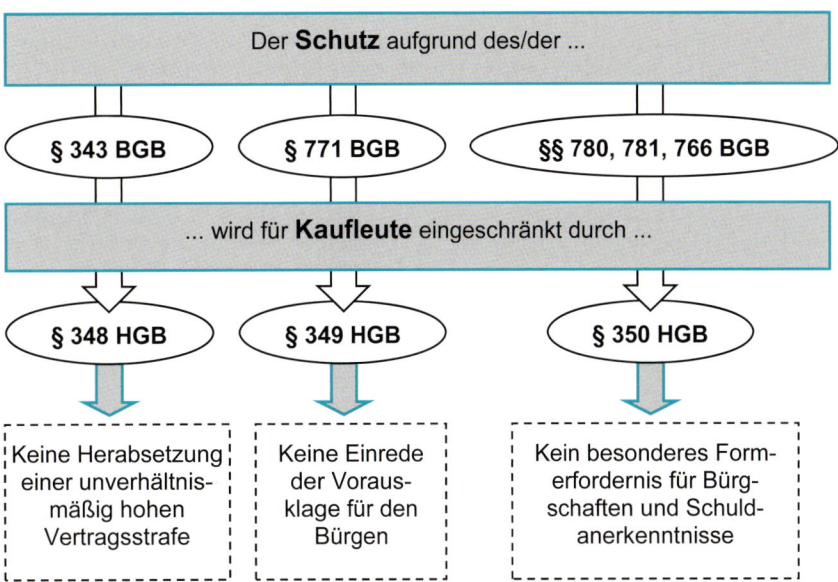

str. bei Scheinkaufmann

Diese Vorschriften sind auch auf den Kaufmann aufgrund Eintragung gem. § 2 HGB anwendbar. Umstritten ist dagegen, inwiefern §§ 348 ff. HGB auch auf Scheinkaufleute anwendbar sind.[177] Entscheidend für das Vorliegen der Kaufmannseigenschaft ist der Zeitpunkt des Vertragsschlusses.

Zeitpunkt des Vertragsschlusses

> **Bsp.:** *Kaufmann V verspricht dem Z eine Vertragsstrafe i.S.d. § 339 BGB. Als sie verwirkt wird, ist V bereits nur noch Kleingewerbetreibender und nicht mehr eingetragen. Er meint nun, eine Herabsetzung gem. § 343 BGB geltend machen zu können, da § 348 HGB nicht mehr auf ihn anwendbar sei. Zu Recht?*

Da es bzgl. der Anwendbarkeit der §§ 348 ff. HGB auf den Zeitpunkt des Vertragsschlusses ankommt, hat V hier Unrecht. Denn zu diesem Zeitpunkt war V noch Kaufmann.

Allerdings bleibt V nach h.M. die Möglichkeit, eine Nichtigkeit gem. § 138 BGB geltend zu machen oder wegen Wegfalls der Geschäftsgrundlage gemäß § 313 BGB zurückzutreten.[178] Diese Möglichkeiten werden nicht durch § 348 HGB ausgeschlossen.[179]

hemmer-Methode: In diesem Bereich ergeben sich keine schwierigen rechtlichen Probleme. Die Herausforderung besteht in der Klausur lediglich darin, überhaupt an die §§ 348 ff. HGB zu denken und genau zu subsumieren. Dabei können (soweit dies in Ihrem Bundesland zulässig ist) Kommentierungen im Gesetz helfen.

260

261

---

[177]   Vgl. dazu BAUMBACH/HOPT, § 348, Rn. 6; BGHZ 5, 133 - 137 (135) = **juris**byhemmer.

[178]   Vgl. dazu HEMMER/WÜST, Bereicherungsrecht, Rn. 17.

[179]   BAUMBACH/HOPT, § 348, Rn. 7.

Beispiel zu § 350 HGB

Bsp.:[180] *B ist Alleingesellschafter und Geschäftsführer der Transport-GmbH. Die GmbH führte Transporte für K durch, wobei es mehrmals zu Schäden an der transportierten Ware kam. Nachdem K mit B über die Regulierung der Schäden verhandelt hatte, schickt er ihm am folgenden Tag vereinbarungsgemäß eine Bürgschaftserklärung zu, die B unterschreiben und an K zurücksenden sollte.*

K erklärt sich zu einem Teilerlass von seiner Schadensersatzforderung bereit, wenn B für die Forderungen gegen die GmbH die persönliche Haftung übernimmt. B unterschreibt die Bürgschaftserklärung und sendet sie per Telefax an K zurück. Ansprüche des K gegen B?

K könnte einen Anspruch gegen B aus § 765 I BGB haben. Eine wirksame Hauptforderung besteht. Es müsste auch ein wirksamer Bürgschaftsvertrag geschlossen worden sein.

Nach § 766 S. 1 BGB muss die Erklärung des Bürgen schriftlich erteilt werden. Nach § 126 I BGB ist also eine eigenhändige Namensunterschrift erforderlich. B hat den Brief mit der Bürgschaftserklärung zwar eigenhändig unterschrieben, doch wurde dem K dieses Schriftstück nicht übergeben. Vielmehr erhielt K nur das Fax, welches keine eigenhändige Unterschrift i.S.v. § 126 I BGB trägt.

Die eigenhändig unterschriebene Bürgschaftserklärung verblieb beim Absender, es liegt damit keine Erteilung der Bürgschaftserklärung nach § 766 S. 1 BGB vor.[181] Die Warn- und Schutzfunktion des § 766 S. 1 BGB macht die Erteilung auch unverzichtbar.

Das Formerfordernis könnte nach § 350 HGB entfallen, wenn der Bürge Kaufmann ist und die Bürgschaft für ihn ein Handelsgeschäft darstellt.

Auch bei der Ein-Mann-GmbH kommt die Kaufmannseigenschaft allein der Gesellschaft als Inhaberin des Handelsgewerbes zu. Nur diese "betreibt" das Gewerbe. Der Geschäftsführer handelt als ihr Organ.[182] Daher ist der Geschäftsführer nicht allein aufgrund dieser Stellung selber Kaufmann. § 350 HGB ist daher bzgl. seiner Person unanwendbar.

Auch wenn der Geschäftsführer und Alleingesellschafter neben seiner Tätigkeit für die GmbH noch selbst ein vollkaufmännisches Handelsgewerbe betreibt, bleibt § 350 HGB unanwendbar, da die Bürgschaft nicht im Rahmen dieses anderen Handelsgewerbes abgegeben wurde.

Auch eine analoge Anwendung des § 350 HGB auf den GmbH-Geschäftsführer scheidet nach h.M. aus.

Die Berufung auf die Formunwirksamkeit verstößt nicht gegen Treu und Glauben (§ 242 BGB). Grundsätzlich müssen Formerfordernisse eingehalten werden. Etwas anderes kann lediglich gelten, wenn B bei K das Vertrauen erweckt hat, er werde sich auf die Formunwirksamkeit nicht berufen und B aus der Erklärung bereits Vorteile gezogen hat. Da hier der Teilerlass noch nicht wirksam geworden war, sind die Voraussetzungen für einen solchen Verstoß gegen Treu und Glauben hier nicht erfüllt.[183]

Eine Umdeutung der Bürgschaftserklärung in einen formlos wirksame Schuldübernahme nach § 140 BGB scheidet aus, da dies die Umgehung des Schutzzwecks des § 766 BGB zur Folge hätte.

hemmer-Methode: Den Sachverhalt voll ausschöpfen! Hier dürfen Sie nicht bei § 350 HGB stehen bleiben, sondern müssen auch an §§ 242 und 140 BGB denken. Sonst verschenken Sie wertvolle Punkte.
Etwas anderes als oben dargestellt gilt natürlich, wenn B eine Bürgschaftserklärung als Organ der GmbH in deren Namen abgibt. Insoweit ist § 350 HGB selbstverständlich anwendbar.

262

---

[180]   Nach BGH, NJW-RR 1995, 93 - 94 = **juris**byhemmer.

[181]   Ebenso REINICKE/TIEDTKE, Kreditsicherung, S. 39.

[182]   Vgl. allg. zur Kaufmannseigenschaft insbes. oben Rn. 24.

[183]   Vgl. dazu allg. **HEMMER/WÜST, BGB AT II**, Rn. 100.

V. Handelsrechtliche Besonderheiten bzgl. Zinsen, §§ 352, 353 HGB

Zinsen i.H.v. 5 % bereits ab Fälligkeit

Bei beidseitigen Handelsgeschäften gibt § 353 HGB die Möglichkeit, schon vom Tage der *Fälligkeit* an und nicht erst ab Eintritt des Verzuges (§§ 286, 288 BGB) Zinsen zu fordern.

263

§ 353 S. 1 HGB ist Ausdruck des handelsrechtlichen Entgeltprinzips, demzufolge der Kaufmann „nichts umsonst tut". Die Regelung soll auf der Erfahrungstatsache beruhen, dass ein Kaufmann ihm zustehendes Geld stets nutzbringend anlegen wird.

Ausgehend von der Perspektive des kaufmännischen Geldgläubigers wird im Zinsanspruch eine Entschädigung für die Vorenthaltung des Kapitals gesehen und dieser als ein Schadensersatzanspruch qualifiziert.

hemmer-Methode: Nach anderer Auffassung stellt sich der Fälligkeitszins ausgehend von der Perspektive des Geldschuldners als Entgelt für die bei diesem eingetretene Kapitalnutzung dar und ist deshalb als bereicherungsrechtlicher Vermögensausgleich einzustufen.
Nach vermittelnder Auffassung begründet § 353 S. 1 HGB einen Anspruch sui generis, in dem sich bereicherungs- und schadensersatzrechtliche Aspekte miteinander verbinden.
Die unterschiedlichen Betrachtungsweisen helfen nicht darüber hinweg, dass die „ratio legis" der Norm schwer zu erfassen und aus heutiger Sicht in Bezug auf das Zinsrecht eine Ungleichbehandlung von Kaufleuten und Nichtkaufleuten kaum nachzuvollziehen ist, da bereits die Annahme der höheren Produktivität des Geldes in den Händen von Kaufleuten fraglich erscheint.[184]

enge Auslegung

Im Hinblick auf die gegen § 353 HGB bestehenden Bedenken ist eine enge Auslegung der Norm geboten.

keine Erstreckung auf Ansprüche aus unerlaubter Handlung

Eine Geldschuld aus unerlaubter Handlung ist daher nicht gemäß § 353 S. 1 HGB ab Fälligkeit zu verzinsen, auch wenn sie im Zusammenhang mit einem beiderseitigen Handelsgeschäft entstanden ist.[185]

Der Zeitpunkt der Fälligkeit bestimmt sich nach den allgemeinen Vorschriften (§ 271 BGB). Dabei ist jedoch § 358 HGB zu beachten. Wichtig ist, dass die Forderung auch vollwirksam sein muss. Allein die Möglichkeit der Einrede aus § 320 BGB schließt deshalb den Anspruch auf Fälligkeitszinsen aus.[186]

Der gesetzliche Zinssatz für beidseitige Handelsgeschäfte beträgt anstelle von 4 % gem. § 246 BGB 5 % gem. § 352 HGB.

Ebenso wie § 353 HGB kommt auch § 352 HGB weder auf deliktische Ansprüche[187] noch auf Bereicherungsansprüche[188] zwischen Kaufleuten zur Anwendung, selbst wenn sie im Zusammenhang mit einem beiderseitigen Handelsgeschäft entstanden sind.

Dieser Zinssatz gilt außer bei Erfüllungsansprüchen auch für Rückgewährschuldverhältnisse aus Rücktritt oder ungerechtfertigter Bereicherung, soweit sie mit einem Handelsgeschäft zusammenhängen.

---

[184] Vgl. zur Kritik der Norm Kindler, Gesetzliche Zinsansprüche im Zivil- und Handelsrecht, 1996, S. 59.

[185] BGH, **Life&Law 08/2018, 541 ff.** = jurisbyhemmer.

[186] Baumbach/Hopt, § 353, Rn. 1.

[187] BGH, NJW-RR 1987, 181 (183) = jurisbyhemmer.

[188] BGH, NJW 1983, 1420 (1423) = jurisbyhemmer.

> **hemmer-Methode:** Die Verzugszinsen werden natürlich von § 352 I HGB nicht geregelt, wie Satz 1 klarstellt. Hier bleibt es bei § 288 BGB, da ansonsten im Handelsverkehr weniger Verzugszinsen geschuldet würden als im reinen Privatrechtsverkehr.

VI. Abtretungsverbot

§ 399 2. Alt. BGB

Gem. § 399 Alt. 2 BGB wirkt ein Abtretungsverbot nicht nur schuldrechtlich, sondern führt (in Ausnahme zu § 137 S. 1 BGB) dazu, dass eine Abtretung unwirksam ist.   **264**

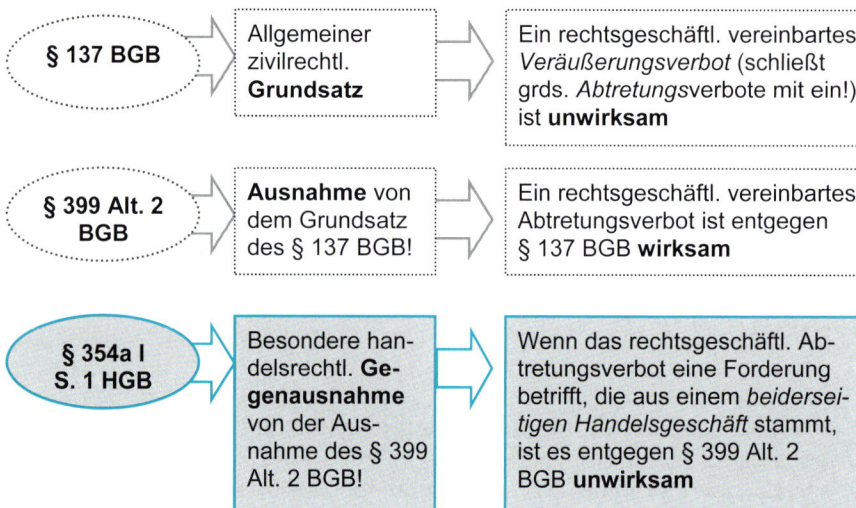

Lieferanten haben natürlich ein berechtigtes Interesse daran, gerade künftige Forderungen im Rahmen eines verlängerten Eigentumsvorbehalts an ihre (Groß-)Lieferanten oder als Kreditsicherung an Banken abzutreten, um sich auf diesem Wege die wirtschaftliche Bewegungsfreiheit zu sichern.

Allerdings besteht auch ein anerkennenswertes Interesse des Käufers (= Abnehmers) daran, durch das Abtretungsverbot die eigene Rechnungsführung überschaubarer zu gestalten und so z.B. die Gefahr von Doppelzahlungen zu vermeiden.

In § 354a HGB hat der Gesetzgeber für Forderungen aus einem beiderseitigen Handelskauf einen „Kompromiss" für Abnehmer und Lieferant geregelt.   **264a**

§ 354a HGB zwingend

Der zwingende § 354a I S. 1 HGB führt zur Unwirksamkeit eines Abtretungsverbots nach § 399 Alt. 2 BGB, sofern es um die Abtretung einer Geldforderung aus einem Rechtsgeschäft geht, das *für beide* Teile ein Handelsgeschäft ist. Eine dennoch erfolgte Abtretung ist wirksam.

aber Schuldnerschutz

Nach § 354a I S. 2 HGB hat das unwirksame Abtretungsverbot zur Folge, dass der Schuldner trotz wirksamer Abtretung mit befreiender Wirkung an den bisherigen Gläubiger leisten kann. Dies gilt - anders als bei § 407 BGB - auch, wenn der Schuldner Kenntnis von der Abtretung hat.[189]   **265**

---

[189]   Zur Bedeutung des § 354a HGB i.R.d. § 366 HGB siehe Rn. 296.

Zweck des § 354a I HGB ist es, die Abtretbarkeit der betreffenden Forderungen zur Kreditsicherheit zu erleichtern.[190] Systematisch betrachtet wird die Regelung des § 137 S. 1 BGB, die durch § 399 Alt. 2 BGB durchbrochen wurde, wiederhergestellt.

hemmer-Methode: Durch das Gesetz zur Begrenzung der mit Finanzinvestitionen verbundenen Risiken (Risikobegrenzungsgesetz) vom 19.08.2008 wurde § 354a HGB um einen Absatz 2 erweitert.[191] Danach ist § 354a I HGB nicht auf eine Forderung aus einem Darlehensvertrag anzuwenden, deren Gläubiger ein Kreditinstitut im Sinne des Kreditwesengesetzes ist.[192]

Dadurch soll es Kaufleuten wieder ermöglicht werden, beim Abschluss von Kreditverträgen wirksam ein Abtretungsverbot zu vereinbaren. Durch § 354a II HGB wird sichergestellt, dass die Abtretung einer Forderung im Falle einer vorangegangenen Vereinbarung eines Abtretungsverbots auch zwischen Kaufleuten absolut unwirksam bleibt, wenn es sich bei dieser Forderung um eine Darlehensforderung eines Kreditinstituts handelt. Ohne eine solche Änderung bliebe es dabei, dass die Abtretung einer solchen Darlehensforderung im Verhältnis zum Kreditgeber und zum Dritten wirksam bliebe.

§ 354a I HGB gilt auch für eingeschränkte Abtretungsverbote. Ein solches eingeschränktes Abtretungsverbot liegt z.B. dann vor, wenn die Abtretung von der Zustimmung des Schuldners abhängen soll.[193]

Beispiel

Bsp.:[194] *Die V-GmbH (V) liefert dem Kaufmann K Waren. Im Vertrag wurde folgendes vereinbart: „**Der Lieferant V ist nicht berechtigt, ohne Zustimmung des Käufers seine Forderungen an Dritte, insbesondere an Banken und Inkassobüros, abzutreten".***

265a

Am 01.08. trat die V ihre Kaufpreisforderungen gegen K an die B-Bank ab und zeigte dies dem K an. K verweigerte hierzu seine Zustimmung. Danach traten bei V Lieferschwierigkeiten ein, die bei K zu Gewinnausfällen in Höhe von 30.000,- € führten. Nun tritt die B-Bank an den K heran und verlangt aus abgetretenem Recht Zahlung von 26.000,- €. Da K nicht zahlt, erhebt die B-Bank Klage. K beruft sich darauf, dass er der Abtretung nicht zugestimmt hätte; daher bestünde gar keine Forderung der B-Bank gegen ihn. Hilfsweise erklärt K die Aufrechnung mit seiner Schadensersatzforderung gegen V.

Ist die zulässige Klage der B-Bank begründet? Es ist zu unterstellen, dass der Schadensersatzanspruch des K gegen die V tatsächlich in dieser Höhe bestand.

Lösung: Anspruch auf Kaufpreiszahlung gem. § 433 II i.V.m. § 398 S. 2 BGB

Abtretbare Forderung (+)

I. Am Vorliegen einer abtretbaren Forderung der V gegen K aus § 433 II BGB bestehen keine Zweifel, sodass es darauf ankommt, ob die Abtretung von V an die B-Bank wirksam war.

Abtretungsvertrag?

2. Für eine Abtretung ist ein Vertrag zwischen der B-Bank und V erforderlich. Ein solcher wurde laut Sachverhalt zwischen den Beteiligten geschlossen.

Zwar kein Abtretungsverbot, aber § 399 Alt. 2 BGB gilt analog für Zustimmungsvorbehalt

a) Die Abtretung könnte unwirksam sein, weil K mit V im Vertrag vereinbart hatte, dass eine Abtretung nur nach vorheriger Zustimmung des K erfolgen dürfe. Bei Forderungen kann in Ausnahme zu § 137 S. 1 BGB ein Verfügungsverbot vereinbart werden, § 399 Alt. 2 BGB.

---

[190] Vgl. BT-Drucks. 12/7912, Begründung zu Artikel 2 Nummer 11, S. 24 f.: ..."der Kreditfinanzierung wieder zugänglich" machen.

[191] TYROLLER, Kommentierte Synopse zum Risikobegrenzungsgesetz, **Life&Law 11/2008, 768 ff.**

[192] § 354a des Handelsgesetzbuchs ist gem. Art. 64 EGHGB in seiner seit dem 19.08.2008 geltenden Fassung nur auf Vereinbarungen anzuwenden, die nach dem 18.08.2008 geschlossen werden. Die Übergangsvorschrift bewirkt, dass sich die neue Regelung nicht auf bestehende Verträge erstreckt. Eine Erfassung bestehender Verträge würde zu einer nicht beabsichtigten nachträglichen Änderung von Kalkulationsgrundlagen führen.

[193] OLG Celle, NJW-RR 1999, 618 - 619 = **juris**byhemmer.

[194] BGH, NJW-RR 2005, 624 - 626 = **juris**byhemmer = **Life&Law 12/2005, 810 ff.**

Die Parteien haben hier zwar nicht vereinbart, dass die Forderungen der V gegen K unabtretbar sein sollen. Nach allgemeiner Meinung wird aber § 399 Alt. 2 BGB analog angewendet, wenn die Abtretung von bestimmten Erfordernissen abhängig gemacht wird, wie z.B. von der Zustimmung des Schuldners.[195] Wenn schon ein Abtretungsverbot wirksam vereinbart werden kann, dann erst recht eine Vereinbarung, wonach die Abtretung von einer Zustimmung abhängig gemacht wird (a maiore ad minus).

Daher könnte die Abtretung unwirksam gewesen sein.

§ 354a I S. 1 HGB?

b) Nach § 354a I S. 1 HGB ist die Abtretung einer durch ein beiderseitiges Handelsgeschäft begründeten Geldforderung aber trotz eines vertraglichen Abtretungsverbotes wirksam.

Die an die B-Bank abgetretene Kaufpreisforderung der V gegen K müsste auf einem beiderseitigen Handelsgeschäft beruhen. Handelsgeschäfte sind gem. § 343 HGB alle Geschäfte eines Kaufmannes, die zum Betriebe seines Handelsgewerbes gehören.

Die V ist als GmbH Kaufmann kraft ihrer Rechtsform gem. § 13 III GmbHG i.V.m. § 6 I, II HGB. K ist laut Sachverhalt Kaufmann gem. § 1 I, II HGB, da er ein Handelsgewerbe betreibt. Der Verkauf gehört zum Geschäftsbetrieb der V, der Einkauf zum Geschäftsbetrieb des K. Daher liegt ein beiderseitiges Handelsgeschäft i.S.d. § 343 HGB vor.[196]

Die Abtretung wurde allerdings nicht vertraglich ausgeschlossen, sondern lediglich an die vorherige schriftliche Zustimmung der Beklagten geknüpft. Ein solcher Zustimmungsvorbehalt ist jedoch - wie auch andere Abtretungsbeschränkungen - im Hinblick auf den Zweck des § 354a HGB, die Abtretbarkeit der betreffenden Forderungen zur Kreditsicherheit zu erleichtern, nach allgemeiner Ansicht einem Abtretungsausschluss gleichzustellen.[197]

Die Abtretung von V an die B-Bank war demnach trotz der Nichteinholung der Zustimmung des K gem. § 354a I S. 1 HGB analog wirksam. Der Anspruch aus abgetretenem Recht gem. §§ 433 II, 398 S. 2 BGB ist demnach entstanden.

Aufrechnung

II. Der Anspruch könnte erloschen sein, wenn K gegen die Forderung der B-Bank zulässig und wirksam die Aufrechnung erklärt hätte.

Bedingungsfeindlichkeit, § 388 S. 2 BGB

1. K hat im Prozess hilfsweise für den Fall, dass die Abtretung wirksam war, die Aufrechnung erklärt (sog. Eventualaufrechnung). § 388 S. 2 BGB steht dem nicht entgegen, da es sich bei der Eventualaufrechnung nicht um eine unzulässige Bedingung handelt.

Sinn und Zweck des § 388 S. 2 BGB und der generellen Bedingungsfeindlichkeit aller anderen Gestaltungsrechte ist es, dass der Erklärungsempfänger über den Eintritt der Gestaltungswirkung nicht im Unklaren gelassen werden soll. Zulässig sind in **teleologischer Reduktion** des § 388 S. 2 BGB danach solche Bedingungen, die nicht zur Rechtsunsicherheit führen.

Im vorliegenden Fall wurde die Aufrechnung im Prozess erklärt. Über den Eintritt dieser sog. innerprozessualen Bedingung entscheidet aber der Richter im laufenden Prozess, sodass keine Rechtsunsicherheit droht. Im Übrigen geht auch § 45 III GKG von der Zulässigkeit einer Eventualaufrechnung aus.

aufrechenbare Forderung (+)

2. Laut Hinweis im Sachverhalt ist zu unterstellen, dass der von K geltend gemachte Schadensersatzanspruch tatsächlich in Höhe von 30.000,- € besteht.

---

[195]   Vgl. P<small>ALANDT</small>, § 398, Rn. 8; BGH, NJW 1997, 2747 - 2748 = **juris**byhemmer; BGH, NJW 1991, 559.

[196]   Auf die Vermutung des § 344 I HGB kam es demnach nicht an. Es wäre sogar falsch, wenn Sie mit einer Vermutung arbeiten würden, obwohl gar kein Zweifelsfall vorliegt.

[197]   Z.B. OLG Köln, WM 1998, 859 - 861 (860) = **juris**byhemmer; OLG Celle, NJW-RR 1999, 618 - 619 (619) = **juris**byhemmer; B<small>AUMBACH</small>/ H<small>OPT</small>, § 354a, Rn. 1.

Problem: Fehlende Gegenseitigkeit

3. Problematisch ist allerdings, dass der Schadensersatzanspruch des K nicht gegen die B-Bank besteht, sondern gegen die V. Damit fehlt es an der Gegenseitigkeit der Forderungen.

§ 404 BGB (-)

a) Da die Aufrechnung erst nach der Abtretung erfolgte, hilft dem K die Vorschrift des § 404 BGB, wonach die Erfüllungswirkung des § 389 BGB auch der Zessionarin B-Bank entgegengehalten werden könnte, nicht weiter.

§ 407 BGB (-)

b) Auch § 407 I BGB greift im vorliegenden Fall nicht ein, da diese Vorschrift nur einschlägig wäre, wenn der Schuldner (K) gegenüber dem Zedenten (Altgläubigerin V) die Aufrechnung in Unkenntnis der Abtretung erklärt gehabt hätte.

§ 406 BGB (-)

c) Eventuell kann K aber trotz fehlender Gegenseitigkeit mit seiner Schadensersatzforderung aufrechnen.

Es kann nämlich nicht sein, dass die Abtretung, die der K gar nicht verhindern konnte, diesem eine bestehende Aufrechnungsmöglichkeit einfach „wegnimmt". Daher bestimmt § 406 BGB, dass der Schuldner mit einer ihm gegen den bisherigen Gläubiger zustehenden Forderung auch gegenüber dem neuen Gläubiger aufrechnen kann, es sei denn, dass er bei dem Erwerb der Forderung von der Abtretung Kenntnis hatte oder dass die Forderung erst nach der Erlangung der Kenntnis und später als die abgetretene Forderung fällig geworden ist.

Für den vorliegenden Fall bedeutet dies, dass § 406 BGB dem K nichts nützt, da er beim Erwerb seiner Schadensersatzforderung bereits Kenntnis von der Abtretung hatte, vgl. § 406 HS 2 Alt. 1 BGB.

§ 354a I S. 2 HGB?

d) Gemäß § 354a I S. 2 HGB kann der Schuldner (ungeachtet der Wirksamkeit der Forderungsabtretung, vgl. S. 1) aber mit befreiender Wirkung an den bisherigen Gläubiger leisten.

aa) Dadurch wird das Interesse des Forderungsschuldners gewahrt, sich nicht auf wechselnde Gläubiger einstellen zu müssen sowie Verrechnungen und Zahlungsvereinbarungen mit dem „alten Gläubiger" vornehmen zu können. Dem Schuldner soll mithin die Rechtsposition erhalten bleiben, die er dem Zedenten gegenüber innehatte.[198]

Als Leistung im Sinne des § 354a I S. 2 HGB ist neben anderen Erfüllungssurrogaten insbesondere auch die - hier gegebene – Aufrechnung des Schuldners mit einer Forderung gegen den Zedenten anzusehen.[199]

Nach dem Schutzzweck der Regelung und darüber hinaus nach ihrem Wortlaut, der - anders als in §§ 406 und 407 BGB - keine Einschränkung enthält, kommt es nicht darauf an, ob und wann der Schuldner Kenntnis von der Abtretung erlangt hat.

Dem Schuldner, der sich im Geschäftsverkehr nicht durch ein Abtretungsverbot schützen kann, soll gemäß § 354a I S. 2 HGB eine über §§ 406 und 407 BGB hinausgehende Erfüllungs- beziehungsweise Aufrechnungsmöglichkeit erhalten bleiben.

Er kann daher selbst dann mit einer Forderung *gegen den bisherigen Gläubiger* aufrechnen, wenn er diese in Kenntnis der Abtretung erwirbt oder wenn sie nach Kenntnis des Schuldners und später als die abgetretene Forderung fällig wird.[200]

bb) Fraglich ist aber, ob im vorliegenden Fall der Schuldner K auch **gegenüber dem neuen Gläubiger** die Aufrechnung erklären kann.

Nach teilweise vertretener Ansicht in der Literatur besteht ein Nebeneinander von § 354a I HGB einerseits und § 406 BGB andererseits.

[198]   BGH, WM 2003, 2338 - 2342 = **juris**byhemmer.

[199]   So auch die ganz herrschende Meinung in der Lehre, z.B. STAUB, HGB, § 354a, Rn. 12; BAUMBACH/HOPT, § 354a, Rn. 2; a.A. nur BERGER, Rechtsgeschäftliche Verfügungsbeschränkungen, S. 283 f.

[200]   Allgemeine Meinung, z.B. BAUMBACH/HOPT, § 354a, Rn. 2; a.A. nur Berger a.a.O.

§ 406 BGB regelt nach dieser Ansicht die Aufrechnung gegenüber dem neuen Gläubiger und § 354a I HGB die Aufrechnung gegenüber dem „alten" Gläubiger.

Dafür findet sich aber im Gesetz keinerlei Stütze. Der BGH schließt sich daher zu Recht dieser Ansicht nicht an. Nach seiner Auffassung kann die Aufrechnung gem. § 354a I HGB auch dem neuen Gläubiger gegenüber erklärt werden, ohne dass es darauf ankäme, dass die Voraussetzungen des § 406 BGB erfüllt sind.[201]

Unter dem Gesichtspunkt des von § 354a I S. 2 HGB bezweckten Schuldnerschutzes kann es keinen Unterschied machen, ob der Schuldner die Aufrechnung gegenüber dem bisherigen oder dem neuen Gläubiger erklärt.

Endergebnis: Der K konnte daher gem. § 354a I S. 2 HGB mit seinem Anspruch auf Schadensersatz, den er in Kenntnis der Abtretung erworben hat, entgegen § 406 BGB auch der B-Bank gegenüber die Aufrechnung erklären. Damit ist der Anspruch der B-Bank aus §§ 433 II, 398 S. 2 BGB gem. § 389 BGB erloschen. Die Klage ist daher unbegründet.

VII. Das Kontokorrent, §§ 355 ff. HGB

1. Bedeutung des Kontokorrent

zwei Funktionen

Das Kontokorrent (laufende Rechnung) hat zwei wichtige Funktionen: *266*

> ⇨ Vereinfachungsfunktion durch die automatische Verrechnung
>
> ⇨ Sicherungsfunktion, da durch die automatische Verrechnung bzgl. der so getilgten Ansprüche kein Insolvenzrisiko besteht

2. Voraussetzungen des Kontokorrent i.S.d. § 355 HGB

Voraussetzungen

Das Kontokorrentverhältnis im Sinne des § 355 HGB hat folgende Voraussetzungen: *267*

Voraussetzungen des Kontokorrents i.S.d. § 355 HGB

1 ⇨ Mindestens eine der beiden Parteien ist **Kaufmann**

2 ⇨ **Geschäftsverbindung** zw. den Parteien

> Geschäftlicher Kontakt über eine gewisse Zeit hinweg, so dass gegenseitige Ansprüche entstehen können

3 ⇨ **Kontokorrentabrede** ⇨ Diese Abrede hat folgende **Bestandteile**:

- ▶ Einstellung der Forderungen in das Kontokorrent
- ▶ Regelmäßige Saldierung der Forderungen
- ▶ Feststellung des Überschusses

---

[201]   So auch Wagner, WM-Sonderbeilage 1/1996, S. 13.

Geschäftsverbindung

Eine Geschäftsverbindung liegt dann vor, wenn zwei Parteien - davon mindestens ein Kaufmann - für gewisse Zeit in geschäftlichem Kontakt stehen, sodass Ansprüche gegeneinander entstehen können. Ist keine der Parteien Kaufmann, so liegt ein sog. uneigentliches Kontokorrent vor, das zwar nicht unter § 355 HGB fällt, aber ähnlich behandelt wird.[202]

268

> *Bsp.: Eine solche Geschäftsverbindung kann auch das Verhältnis zwischen Bank und dem Kunden sein, insb. Girokonto.[203]*

Inhalt der Kontokorrentabrede

Die Kontokorrentabrede hat drei Bestandteile. Es muss gewollt sein, dass:[204]

269

- ⇨ Die einzelnen einzustellenden Forderungen in dem Kontokorrent aufgehen sollen
- ⇨ Sie in bestimmten Zeitabständen verrechnet werden sollen
- ⇨ Der Saldo festgestellt wird

Perioden- und Staffelkontokorrent

Die Parteien haben die Wahl, ob sie ein Perioden- oder ein Staffelkontokorrent vereinbaren wollen. Beim Periodenkontokorrent, von dem der § 355 HGB grds. ausgeht, finden die Saldierungen immer nach bestimmten Zeiten statt.

270

Beim Staffelkontokorrent wird dagegen immer sofort saldiert, sowie sich zwei Forderungen aus der Geschäftsverbindung gegenübertreten.[205]

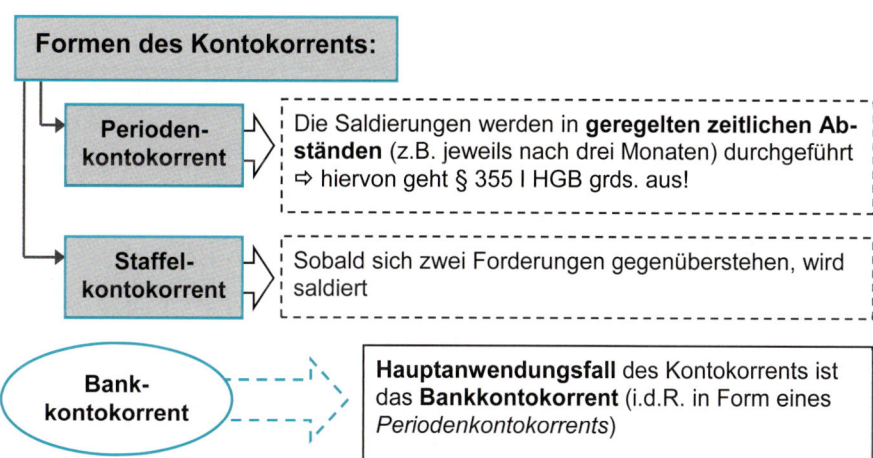

Formen des Kontokorrents:

Perioden-kontokorrent → Die Saldierungen werden in **geregelten zeitlichen Abständen** (z.B. jeweils nach drei Monaten) durchgeführt ⇨ hiervon geht § 355 I HGB grds. aus!

Staffel-kontokorrent → Sobald sich zwei Forderungen gegenüberstehen, wird saldiert

Bank-kontokorrent ⇢ **Hauptanwendungsfall** des Kontokorrents ist das **Bankkontokorrent** (i.d.R. in Form eines *Periodenkontokorrents*)

3. Rechtsfolgen des Kontokorrent i.S.d. §§ 355 HGB

Bindung der eingestellten Forderungen

Die für die Klausur wichtigste Folge des Kontokorrents ist die Kontokorrentbindung der Forderung. Die Forderung verliert ihre Selbständigkeit und wird zum reinen Rechnungsposten innerhalb des Kontokorrent. Sie kann daher nicht mehr selbständig mit der Leistungsklage eingeklagt,[206] nicht mehr abgetreten, verpfändet oder gepfändet werden.[207] Allerdings soll eine Klage auf Feststellung der Existenz der Forderung möglich sein. Ferner ist auch die Verjährung analog § 205 BGB gehemmt.[208]

271

---

[202] BAUMBACH/HOPT, § 355, Rn. 3.

[203] Vgl. PFEIFER, Die laufende Rechnung (Kontokorrent), JA 2006, 105 - 110 (106).

[204] BAUMBACH/HOPT, § 355, Rn. 5.

[205] BGHZ 50, 277 - 284 (279) = **juris**byhemmer.

[206] BAUMBACH/HOPT, § 355, Rn. 7, so zumindest bei Erhebung der "Kontokorrenteinrede".

[207] BGHZ 80, 172 - 182 (176) = **juris**byhemmer; BGH, NJW 1982, 2192 - 2193 (2193) = **juris**byhemmer.

[208] BGHZ 51, 346 - 350 (347) = **juris**byhemmer.

Reichweite der Bindung	Von der Bindung durch das Kontokorrent werden nur diejenigen Forderungen erfasst, die aus der jeweiligen Geschäftsverbindung stammen.[209] Dies betrifft grds. *alle* diese Forderungen. Es können aber auch einzelne Forderungen durch Vereinbarung aus dem Kontokorrent ausgeschlossen werden.	272

Wirkung der Saldierung und Anerkennung

Am Ende einer Periode werden die in das Kontokorrent eingestellten Forderungen saldiert. Der Überschuss (Saldo) wird festgestellt und dem Partner der Geschäftsverbindung mitgeteilt. Diese Mitteilung beinhaltet das Angebot zum Abschluss eines abstrakten Schuldanerkenntnisses in Höhe des Saldos, §§ 780, 781, 782 BGB, 350 HGB.   273

Dieses Angebot kann auch konkludent angenommen werden. Mit Abschluss dieses Vertrages erlöschen nach h.M.[210] die bisher existenten Forderungen (Novation) und an ihre Stelle tritt der abstrakte Saldoanspruch.

Dieser Saldoanspruch ist aufgrund der ausdrücklichen Anordnung des § 355 I HGB verzinslich, auch wenn in der Rechnung Zinsforderungen enthalten sind (Befreiung vom Zinseszinsverbot des § 289 S. 1 BGB). Er ist auch übertragbar und pfändbar; zu beachten ist dabei die Sonderregelung des § 357 HGB.

hemmer-Methode: Besondere Probleme treten wegen der Novation auf, wenn Einwendungen oder Einreden bzgl. einzelner in das Kontokorrent eingestellter Forderungen bestanden. Da die neue Verbindlichkeit abstrakt ist, können diese Gegenrechte nicht unmittelbar gegen den Saldoanspruch geltend gemacht werden, sondern nur über die Bereicherungseinrede gem. § 821 BGB.

4. Sicherheiten im Kontokorrent, § 356 HGB

Sicherheiten im Kontokorrent, § 356 HGB

Die Behandlung von Sicherheiten, die für Forderungen bestellt wurden, welche in einem Kontokorrent gebunden sind, ist in § 356 HGB geregelt.   274

Das Problem ergibt sich daraus, dass ursprünglich die Sicherheit für eine Einzelforderung gewährt wurde, diese aber nach h.M.[211] kraft Novation erlischt. § 356 HGB ordnet daher an, dass diese Folge - Erlöschen der Sicherheit infolge der Akzessorietät - nicht eintreten, sondern die Sicherheit ab Saldierung für den Saldoanspruch weiterbestehen soll.

Beispiel

Bsp.: K steht mit V in einem Kontokorrentverhältnis, in das auch eine Forderung des K gegen V in Höhe von 100.000 € eingestellt ist. Für diese Forderung besteht eine formwirksame selbstschuldnerische Bürgschaft des B. In den folgenden drei Verrechnungsperioden entstehen folgende Saldi: erst 30.000 € zugunsten K, dann 50.000 € zugunsten K und schließlich 100.000 € zugunsten K. Als V zahlungsunfähig wird, will K gegen B in Höhe von 100.000 € vorgehen. Zu Recht?   275

K könnte einen Anspruch aus einer Bürgschaft gem. § 765 BGB haben. Der Bürgschaftsvertrag war wirksam zustande gekommen; insbesondere bestand auch eine wirksame zu sichernde Forderung. Auf § 771 BGB kann B sich als selbstschuldnerischer Bürge nicht berufen. Da die Sicherung trotz Novation der ursprünglich gesicherten Forderung grds. fortbesteht, § 356 HGB, erscheint der Anspruch zunächst begründet.

---

[209]   BGH, WM 1991, 495 - 498 = **juris**byhemmer.

[210]   BGHZ 80, 172 - 182 (176) = **juris**byhemmer; a.A. BAUMBACH/HOPT, § 355, Rn. 7.

[211]   Die Mindermeinung, die eine Novation verneint, hat dagegen mit diesem Fall keine Probleme.

Fraglich ist allerdings die Höhe des Anspruchs. Gemäß § 356 I HGB a.E. besteht die Sicherung nur insofern fort, als sich der Saldoanspruch und die Forderung decken. Das war hier zunächst 30.000 €, dann 50.000 €, schließlich 100.000 €. Mit der ersten Verrechnung ist die Bürgschaft auf eine solche für eine Forderung i.H.v. 30.000 € herabgesunken. Sie erstarkt auch nicht mit wieder steigenden Saldi.[212] Vielmehr gilt die Sicherheit grds. immer nur für den *niedrigsten Zwischensaldo.*[213]

keine Geltung für Sicherheit für Saldo

Die Regelung des § 356 HGB gilt nicht für die Fälle, in denen eine Sicherheit für den jeweiligen Saldoanspruch gewährt wird. Dann gilt auch nicht die Beschränkung auf den niedrigsten Zwischensaldo.   276

5. Die Pfändung im Rahmen des Kontokorrent i.S.d. § 357 HGB

Gläubigerschutz problematisch

Besondere Schwierigkeiten entstehen, wenn ein Gläubiger in Forderungen eines Schuldners vollstrecken will, welche in einem Kontokorrent gebunden sind. Grds. sind diese Forderungen nicht pfändbar, vgl. § 851 ZPO.[214]   277

Bsp.:[215] *A unterhält bei der B-Bank ein Girokonto. Da der Gl titulierte Forderungen gegen A hat und nur diese Möglichkeit der Befriedigung sieht, lässt er folgende Forderungen des A gegenüber der B-Bank gem. §§ 829 I, 835, 836 ZPO pfänden.*   278

1. Eine im Kontokorrent gebundene Einzelforderung

2. Den gegenwärtigen Saldoanspruch

3. Alle zukünftigen Saldoansprüche

4. Das jeweilige Tagesguthaben aus dem Girovertrag

1. Die einzelne Forderung wird durch die Bindung im Kontokorrent unpfändbar.[216] Das Giroverhältnis ist ein Kontokorrentverhältnis. Mithin hat Gl mit seiner 1. Pfändung keine Aussicht auf Erfolg.

2. Gl hätte eine Chance zur Befriedigung seiner Ansprüche, wenn der gegenwärtige Saldo positiv und pfändbar wäre. Die Pfändbarkeit des gegenwärtigen Saldo ist in § 357 HGB geregelt. Danach ist eine Pfändung des sog. Zustellungssaldos möglich, obwohl zu diesem Zeitpunkt eigentlich gar keine Saldierung stattfindet und damit auch keine Saldoforderung besteht. Dies kann dem Gl somit weiterhelfen.

3. Die Pfändung der zukünftigen Saldoansprüche ist problemlos möglich, da dies ganz normale Forderungen sind, welche als solche nicht der Kontokorrentbindung unterliegen. Sie müssen nur ausreichend bestimmt bezeichnet sein.

4. Die Pfändung des Tagesguthabens ist eine Besonderheit des Girokontokorrents. Anders als in anderen Kontokorrentverhältnissen ist es hier aufgrund des Girovertrages zulässig, dass der Kunde auch über die Tagesguthaben an jedem Tag verfügt. Ob diese pfändbar sind, war lange Zeit umstritten. Nach inzwischen h.M.[217] ist dies der Fall. Während die in das Kontokorrent eingebundenen Forderungen zwar unpfändbar sind, ist dies bzgl. des Tagesguthabens nicht der Fall. Der A kann jederzeit darüber verfügen; daher steht § 851 II ZPO der Pfändung nicht entgegen. Der Vorteil des Gl besteht hier darin, dass er selbst dann Befriedigung erlangt, wenn an jedem Saldierungstermin der Saldo negativ ist, sofern an *irgendeinem* Tag dazwischen ein positives Tagesguthaben bestand.

---

[212]   BGH, WM 1991, 495 - 498 = **juris**byhemmer.

[213]   BAUMBACH/HOPT, § 356, Rn. 2.

[214]   Vgl. oben Rn. 270.

[215]   Für einen vergleichbaren Fall vgl. BGHZ 84, 371 - 379 = **juris**byhemmer.

[216]   Vgl. oben Rn. 271.

[217]   Vgl. BGHZ 84, 371 - 379 = **juris**byhemmer; BAUMBACH/HOPT, § 357, Rn. 7.

VIII. Zeit der Leistung und Gattungsschuld, §§ 358, 360 HGB

Leistungszeit gem. § 358 HGB

Durch § 358 HGB wird § 271 BGB[218] insofern modifiziert, als sich die Leistungszeit einerseits nach § 271 BGB richtet, andererseits die Leistung gem. § 358 HGB nur während der gewöhnlichen Geschäftszeiten bewirkt und verlangt werden kann. Dabei ist auf die branchenspezifischen Geschäftszeiten abzustellen.

279

handelsrechtliche Gattungsschuld gem. § 360 HGB

Ist ein Kaufmann Schuldner einer Gattungsschuld, so schuldet er nicht Sachen mittlerer Art und Güte (§ 243 I BGB), sondern *Handelsgut* mittlerer Art und Güte (§ 360 HGB). Durch diese Norm wird der Schuldner verpflichtet, Ware zu liefern, wie sie am Erfüllungsort im Handelsverkehr üblich ist. Der Maßstab ist nicht notwendig schärfer oder lockerer als derjenige des § 243 BGB.

280

IX. Schweigen des Kaufmanns auf Anträge, § 362 HGB

1. Bedeutung des § 362 HGB

Bedeutung

Grundsätzlich sind für einen Vertragsschluss zwei aufeinander bezogene, inhaltlich übereinstimmende Willenserklärungen erforderlich. Auch § 151 BGB verzichtet lediglich auf den Zugang der Willenserklärung, nicht aber auf die Willenserklärung selbst.

281

Ebenso durchbricht § 663 BGB diesen Grundsatz nicht, da die Vorschrift zwar zu einem Schadensersatzanspruch führt, nicht aber zu einem wirksamen Vertragsschluss. Dagegen führt § 362 HGB als Ausnahme und Durchbrechung dieses Grundsatzes einen wirksamen Vertragsschluss herbei.

hemmer-Methode: § 663 BGB regelt einen Sonderfall des § 311 II Nr. 2 BGB und gewährt einen Anspruch auf Ersatz des Vertrauensinteresses. Bei § 362 HGB kann dagegen ggf. Schadensersatz statt der Leistung verlangt werden.

dogmatische Einordnung

Die dogmatische Einordnung des § 362 HGB ist umstritten. Einerseits kann man § 362 HGB als gesetzlich typisierte Erklärung oder als fingierte Willenserklärung sehen.[219] Dann würde es sich nicht einmal um eine Durchbrechung des o.g. Grundsatzes handeln.

282

Dagegen geht die wohl überwiegende Auffassung davon aus, dass es sich um einen Fall des Vertragsschlusses aufgrund Vertrauensschutzes handelt, der aus der herkömmlichen Rechtsgeschäftslehre heraus fällt.

hemmer-Methode: Verlieren Sie in der Klausur nicht zu viel Zeit mit überflüssigen Theorienstreitigkeiten. Deuten Sie diese nur kurz an. Ausführlich dürfen Theorien nur behandelt werden, wenn sie entscheidungserheblich sind.

---

[218]   Vgl. dazu HEMMER/WÜST, **Schadensersatzrecht II**, Rn. 495.

[219]   Hopt, AcP 183 (1983), 613.

2. Voraussetzungen des § 362 HGB

Voraussetzungen

§ 362 HGB hat folgende Voraussetzungen: *283*

Diese Voraussetzungen ergeben sich unmittelbar aus dem Gesetz und sind unproblematisch. Zu beachten ist aber, dass ein öffentliches Erbieten für § 362 I S. 2 HGB nicht ausreicht. In diesem Fall findet nur § 663 BGB Anwendung.

3. Rechtsfolgen des § 362 HGB

Obliegenheit zur Antwort

Die erste Rechtsfolge besteht darin, dass der Empfänger des Angebots unverzüglich (§ 121 BGB) antworten muss.   *284*

Vertragsschluss

Kommt der Empfänger dieser Pflicht nicht nach, so kommt ein Vertrag mit dem Inhalt des Angebots zustande. Der Empfänger des Angebots ist daraus zur Ausführung der Geschäftsbesorgung verpflichtet, während der Anbietende die Gegenleistung erbringen muss. Bei Pflichtverstößen gegen diesen Vertrag gelten die allgemeinen Regeln.   *285*

Voraussetzung für einen solchen Vertragsschluss bleiben aber die Geschäftsfähigkeit bzw. Vertretungsmacht dessen, dem der Antrag zugeht.[220] Über derartige Mängel kann und soll § 362 HGB nicht hinweghelfen.

Anfechtbarkeit des Vertragsschluss

Problematisch ist, ob und unter welchen Umständen der Kaufmann einen so zustande gekommenen Vertrag gem. § 119 BGB anfechten kann. Jedenfalls kann eine Anfechtung nicht deswegen erfolgen, weil der Empfänger nichts von den Rechtsfolgen des § 362 HGB wusste. Dies ist ein allgemein unbeachtlicher Rechtsfolgeirrtum.[221]

Ob ein Irrtum über den Inhalt einen Anfechtungsgrund darstellt, ist umstritten. Die Entscheidung hängt von der dogmatischen Einordnung des § 362 HGB ab.   *286*

Hält man die Vorschrift für eine Vertrauensschutznorm aufgrund Rechtsscheins, so ist eine Anfechtung ausgeschlossen, denn einen Rechtsschein kann man nicht durch Anfechtung beseitigen. Hält man § 362 HGB dagegen für einen rechtsgeschäftlichen Vertragsschluss, so kann "der Schweigende nicht stärker gebunden werden als der Redende".[222]

---

220   BAUMBACH/HOPT, § 362, Rn. 6.

221   BAUMBACH/HOPT, § 362, Rn. 6.

222   BAUMBACH/HOPT, § 362, Rn. 6.

> **hemmer-Methode: Ob ein Rechtsschein durch Anfechtung beseitigt werden kann, ist ein beliebtes Examensproblem. Vertiefend HEMMER/WÜST, BGB-AT III, Rn. 468.**

§ 362 II HGB

Der Empfänger des Angebots ist gem. § 362 II HGB dazu verpflichtet, ggf. mitgesandte Waren vor Schaden zu bewahren. Diese Pflicht gilt auch, wenn der Kaufmann rechtzeitig ablehnt.

287

X. Gutglaubenserwerb gem. § 366 HGB

1. Einordnung des § 366 HGB

guter Glaube an die Verfügungs-macht

Im BGB ist nur der gute Glaube an das *Eigentum* und an das Fehlen von Rechten Dritter an der Sache geschützt. Dagegen schützt das BGB - zumindest bei den beweglichen Sachen - nicht den guten Glauben an die Verfügungsmacht.

288

Bei unbeweglichen Sachen hingegen wird auch der gute Glaube an die Verfügungsmacht geschützt, § 892 I S. 2 BGB. § 366 HGB füllt diese Lücke, indem es im Handelsverkehr auch den guten Glauben an die Verfügungsmacht des Veräußerers schützt.

> **hemmer-Methode: Einordnung in den Gesamtzusammenhang! § 366 HGB regelt zwar eine erweiterte Möglichkeit des gutgläubigen Erwerbs. § 366 HGB regelt aber nicht, unter welchen Voraussetzungen überhaupt Eigentum erworben wird. Daher muss immer vor einer Anwendung des § 366 HGB geprüft werden, ob die Voraussetzungen eines der Erwerbstatbestände gem. §§ 929 ff. BGB erfüllt sind. Eine Einigung, die Übergabe oder ein Übergabesurrogat sind also immer erforderlich.[223]**

Abgrenzung zu §§ 932 ff. BGB

§ 366 HGB muss streng von den §§ 932 ff. BGB unterschieden werden, da sie jeweils andere Fälle regeln. §§ 932 ff. BGB greifen ein, wenn jemand sich zu Unrecht als Eigentümer ausgibt und der Erwerber ihm dies glaubt. § 366 HGB findet in solchen Fällen keine Anwendung. § 366 HGB regelt dagegen den Fall, dass ein guter Glaube an das Eigentum des Verfügenden nicht besteht, der Erwerber aber an eine Verfügungsmacht des Kaufmanns gem. § 185 I BGB glaubt.

289

2. Voraussetzungen und Rechtsfolge des § 366 I HGB

Voraussetzungen

Die Voraussetzungen für einen gutgläubigen Erwerb gem. § 366 I HGB sind:

290

Voraussetzungen für den gutgl. Erwerb gem. §§ 929 ff. BGB, § 366 I HGB:

- → **Einigung** und **Übergabe** (bzw. Übergabesurrogat), §§ 929 ff. BGB
- → Fehlende **Berechtigung** des Veräußerers, d.h. sowohl fehlende *Eigentümerstellung* als auch fehlende *Verfügungsmacht* i.S.d. § 185 BGB
- → **Verfügungsbefugnis** des Veräußerers (vgl. z.B. §§ 135, 136 BGB)
- → **Gutgläubigkeit** des Erwerbers bzgl. *Verfügungsmacht* i.S.d. § 185 BGB
- → Veräußerer ist **Kaufmann**
- → Veräußerung i.R.d. **Handelsgewerbes** (⇨ Bezug zum Handelsgewerbe)
- → Sonstiges, z.B. § 935 BGB bzw. § 366 I HGB i.V.m. § 935 BGB

---

[223]   Vgl. Sie zu den genauen Voraussetzungen einer Übereignung, **HEMMER/WÜST, Sachenrecht I**, Rn. 98 ff.

Kaufmannseigenschaft des Veräuße-rers	Damit § 366 I HGB eingreift, muss der Veräußerer Kaufmann sein. Gem. § 383 II HGB reicht es aus, wenn er nicht eingetragener Kleinkommissionär ist. Der Erwerber muss nicht Kaufmann sein.

streitig bei Rechtsscheinkaufmann

Streitig ist, ob auch der Erwerb vom Rechtsscheinkaufmann ausreicht.

291

Nach dem Wortlaut der Norm muss der Veräußerer wirklich Kaufmann sein. Außerdem ist zu bedenken, dass der Rechtsnachteil als Folge des § 366 HGB ja nicht den Veräußerer, sondern den wahren Rechtsinhaber trifft. Dieser hat den Rechtsschein aber gar nicht gesetzt und veranlasst.

Daher wendet die völlig zu Recht h.M. § 366 HGB auf den Scheinkaufmann nicht an und zwar weder direkt noch analog.[224] Die Kaufmannseigenschaft ist also zwingende Voraussetzung des § 366 HGB ist.[225]

hemmer-Methode: Allein der gute Glaube in die Kaufmannseigenschaft ist somit noch nicht ausreichend.

Zudem würde die Erweiterung des § 366 HGB dazu führen, dass der wahre Eigentümer und nicht derjenige, der den Rechtsschein hervorgerufen hat, in seinen Rechten beeinträchtigt wird. Dies würde die Reichweite der Rechtsscheingrundsätze sprengen.[226]

Bezug zum Handelsgewerbe

Voraussetzung ist eine Veräußerung/Verpfändung durch einen Kaufmann im Betrieb seines Handelsgewerbes. Dabei muss ein tatsächlicher Bezug zum Handelsgewerbe bestehen. Nicht geschützt wird dagegen der gute Glaube daran, dass das jeweilige Geschäft einen Bezug zum Handelsgewerbe hat.

292

hemmer-Methode: § 366 HGB greift hauptsächlich dann ein, wenn der Kaufmann die unter Eigentumsvorbehalt erworbene Ware weiterveräußert. Der gute Glaube bezieht sich dann auf die Ermächtigung zur Weiterveräußerung nach § 185 I BGB. Dies ist insbesondere deshalb wichtig, weil heute Waren grds. unter Eigentumsvorbehalt geliefert werden und man deshalb regelmäßig bösgläubig bzgl. des Eigentums des Kaufmanns an der Ware ist.

Gutgläubigkeit

Die Gutgläubigkeit muss sich - wie sich zwingend aus der systematischen Stellung des § 366 HGB ergibt - auf die Verfügungsberechtigung, nicht aber auf das Eigentum beziehen.

293

Hinsichtlich des Maßstabs der Gutgläubigkeit gilt § 932 II BGB entsprechend. Nur Kenntnis und grob fahrlässige Unkenntnis schaden also. Ferner ist an abhanden gekommenen Sachen wegen § 935 BGB auch über § 366 HGB kein gutgläubiger Erwerb möglich.

fehlende Verfügungsmacht

Von seinem Wortlaut her erfasst § 366 HGB nur den Fall der fehlenden Verfügungsermächtigung, an die der Erwerber glaubt. Diese ergibt sich regelmäßig aus § 185 I BGB. Nach ganz h.M.[227] schützt § 366 HGB dagegen nicht den guten Glauben an die Geschäftsfähigkeit des Veräußernden.

Schutz der fehlenden Vertretungs-macht

Zum Teil wird vertreten, § 366 HGB schütze auch den guten Glauben an die Vertretungsmacht, wenn der Kaufmann im fremden Namen auftritt. Dieses Problem ist sehr umstritten, die Einzelheiten verworren. Zur Verdeutlichung daher folgender Fall:

294

---

224 A.A. aber CANARIS, Handelsrecht, 24. Auflage (2006), Seite 77.

225 BAUMBACH/HOPT, § 366, Rn. 4; BROX, Rn. 306.

226 So auch OLG Düsseldorf, NJW-RR 1999, 615 - 618 = **juris**byhemmer.

227 Vgl. nur BAUMBACH/HOPT, § 366, Rn. 3.

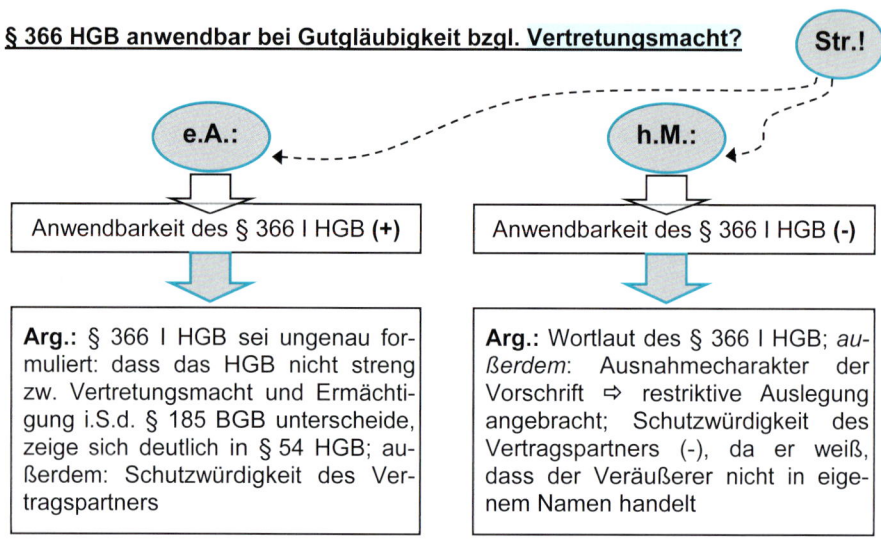

Beispiel zum guten Glauben an die
Vertretungsmacht

Bsp.: *Kaufmann K verkauft in seinem Fahrradladen an X ein gebrauchtes Fahrrad. K hat dem X erzählt, dass dieses nicht ihm gehöre, sondern dem E. Dieser habe ihn aber bevollmächtigt, das Fahrrad in seinem Namen zu verkaufen. Die Vollmacht und das zugrundeliegende Rechtsgeschäft waren aber unwirksam. E möchte nun sein Fahrrad von X herausverlangen.*

hemmer-Methode: Bei der Prüfung ist darauf zu achten, dass dingliche und schuldrechtliche Seite streng zu trennen sind. Ansonsten droht ein Verstoß gegen den Abstraktionsgrundsatz - und das wäre ein "Klausur-Killer"!

1. Anspruch aus § 985 BGB

X ist unmittelbarer Besitzer des Fahrrades. Fraglich ist allein, ob E noch Eigentümer ist oder sein Eigentum durch die dingliche Einigung zwischen K und E verloren hat.

Ein Erwerb vom Berechtigten gem. §§ 929 S. 1, 164 I BGB scheidet jedenfalls aus, da K nicht wirksam bevollmächtigt wurde. Auch ein gutgläubiger Erwerb nach §§ 932 ff. BGB kommt nicht in Betracht, da K sich nicht als Eigentümer ausgab, sondern sogar ausdrücklich auf die Eigentümerstellung des X hinwies.

E könnte jedoch nach § 366 I HGB gutgläubig erworben haben. Diese Vorschrift ist auch grundsätzlich anwendbar, da K zumindest Kaufmann ist und der Verkauf ein Handelsgeschäft i.S.d. §§ 343, 344 HGB war.

Allerdings erfasst § 366 I HGB seinem Wortlaut nach nur den guten Glauben an die Verfügungsbefugnis des Verkäufers. Insoweit ist streng zwischen der Ermächtigung, welche eine Verfügungsbefugnis (§ 185 I BGB), und der Vollmacht, welche Vertretungsmacht (§ 164 I BGB) verleiht, zu unterscheiden.

Dennoch wird teilweise angenommen, § 366 I HGB schütze auch den guten Glauben an die Vertretungsmacht. Diese Ansicht stützt sich zum Teil auf eine Analogie zu § 366 I HGB. Diese Analogie wird damit begründet, dass wegen der (vermeintlich) gleichen Schutzwürdigkeit des Erwerbers eine vergleichbare Interessenlage vorliege. Zum Teil wird auch angenommen, die Terminologie des HGB sei weniger präzise als jene des BGB und die Bezeichnung Verfügungsbefugnis sei deshalb nicht technisch gemeint. Schließlich trenne das HGB auch in den §§ 49 I, 54 I, 56, 125 HGB nicht streng zwischen Ermächtigung und Vollmacht.

Überzeugender ist aber die wortgetreue Auslegung der Vorschrift. Hiernach ist § 366 I HGB auf Vertretergeschäfte nicht anwendbar. Für diese Auffassung spricht insbesondere, dass derjenige, der in fremdem Namen handelt, typischerweise weit stärker von seinem Auftraggeber abhängig ist und weniger weitreichende Befugnisse hat, als derjenige, der in eigenem Namen handelt.[228]

Zudem ist auch die Schutzwürdigkeit des Erwerbers hier nicht vergleichbar groß. Beim Handeln in fremdem Namen bekommt der Vertragspartner den Eigentümer und vermeintlichen Vollmachtgeber genannt und hat die Möglichkeit, sich bei ihm zu erkundigen.

Im Ergebnis kann der Meinungsstreit jedoch dahinstehen, da bei Anwendung des § 366 I HGB auf das *dingliche* Geschäft zwar ein Eigentumserwerb stattfindet, dieser aber nicht kondiktionsfest wäre, da § 366 I HGB auf den *schuldrechtlichen* Vertrag jedenfalls nicht anwendbar ist. Zwar wird teilweise vertreten, der Anspruch des E gegen K aus § 179 I BGB rechtfertige den Erwerb im Verhältnis zu E. Diese Konstruktion ist jedoch unhaltbar, weil sie die Grenzen des Bereicherungsrechts sprengt. Eine solche Auswechslung des Rechtsgrunds und der zugehörigen Partei ist im geltenden Recht völlig fremd.

Ein gutgläubiger Erwerb des X von K scheidet folglich aus. Da für ein Recht zum Besitz i.S.d. § 986 BGB nichts ersichtlich ist, ist der Herausgabeanspruch des E aus § 985 BGB begründet.

hemmer-Methode: Schreiben Sie die Klausur mit leichter Hand. Wenn ein Streit nicht entscheidungserheblich ist, kann man ihn unentschieden lassen. Im hier vorliegenden Fall können sich Unterschiede zwischen den Ansichten allerdings dann ergeben, wenn Entreicherung gem. § 818 III BGB vorliegt. Dann ist der Streit zu entscheiden.

295

2. Anspruch aus § 812 I S. 1 BGB

a) § 812 I S. 1 Alt. 1 BGB kommt nicht infrage, weil nur der Besitz geleistet wurde. Diesen aber hat - auch aus der Sicht des X - der K geleistet, weil er im Verhältnis zum Eigentümer nicht bloß Besitzdiener war.

Aus der Sicht des Erwerbers würde das Eigentum von E geleistet werden. Der Besitz hingegen wird geleistet vom Vertreter, also der der KG.

hemmer-Methode: Eine andere Ansicht ist hierzu selbstverständlich vertretbar. Insbesondere könnte man argumentieren, dass X an die vermeintliche Besitzverschaffungspflicht aus § 433 I S. 1 BGB geglaubt hat, sodass aus dessen objektiver Sichtweise sowohl Besitz als auch (hier hypothetisch) Eigentum vom scheinbar Vertretenen geleistet werden. Wenn Sie so argumentieren, dann besteht ein Anspruch aus § 812 I S. 1 Alt. 1 BGB.

b) Eine Nichtleistungskondiktion im Verhältnis E/X scheidet auch aus, weil diese gegenüber der Leistungskondiktion subsidiär ist, somit also das Leistungsverhältnis K/X vorgeht.

h.M.: Wer die Anwendung des § 366 HGB auf den dinglichen Vertrag bejaht, hat für § 812 I S. 1 Alt. 1 BGB einen anderen Ausgangspunkt: Leistung des Eigentums durch E aus der Sicht des Empfängers X. Dieser Anspruch wird dann von fast allen Vertretern der Gegenmeinung bejaht.[229]

Rechtsfolge

Die Rechtsfolge des § 366 HGB besteht wie bei allen Gutglaubensvorschriften in dem Eigentums- oder Pfandrechtserwerb durch den Erwerber.

---

[228] STAUB, § 366 HGB, Rn. 27; BAUMBACH/HOPT, § 366, Rn. 5.

[229] BAUMBACH/HOPT, § 366, Rn. 5.

3. Voraussetzungen und Rechtsfolge des § 366 II HGB

Erweiterung auf Rechte Dritter

§ 366 II HGB erweitert den handelsrechtlichen Gutglaubensschutz auf die Fälle, in denen der Erwerber nicht gem. § 936 BGB gutgläubig erwerben kann, da er von dem Recht des Dritten weiß. In diesem Fall hilft § 366 II HGB weiter, sofern der Erwerber gutgläubig annahm, dass der Veräußerer von dem Inhaber des Drittrechts ermächtigt war, ohne Vorbehalt bzgl. dieses Rechts über die Sache zu verfügen.

296

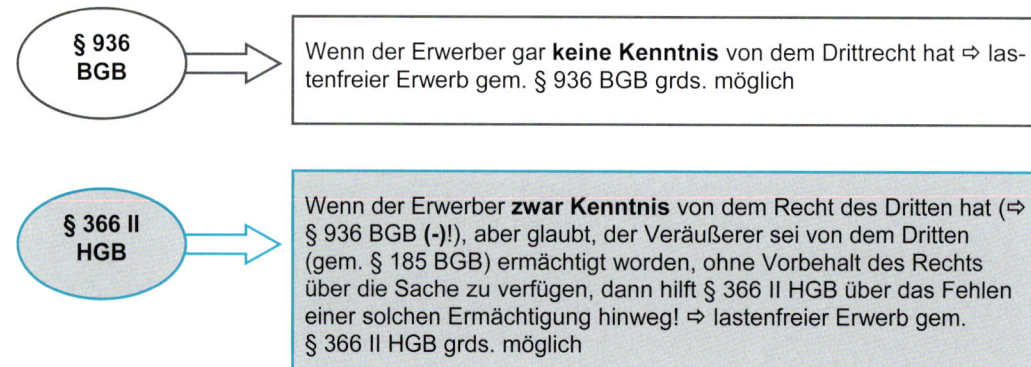

§ 936 BGB → Wenn der Erwerber gar **keine Kenntnis** von dem Drittrecht hat ⇨ lastenfreier Erwerb gem. § 936 BGB grds. möglich

§ 366 II HGB → Wenn der Erwerber **zwar Kenntnis** von dem Recht des Dritten hat (⇨ § 936 BGB (-)!), aber glaubt, der Veräußerer sei von dem Dritten (gem. § 185 BGB) ermächtigt worden, ohne Vorbehalt des Rechts über die Sache zu verfügen, dann hilft § 366 II HGB über das Fehlen einer solchen Ermächtigung hinweg! ⇨ lastenfreier Erwerb gem. § 366 II HGB grds. möglich

Bsp.: Kaufmann K verkauft X ein Fahrrad. X weiß von einem nicht erloschenen Pfandrecht, das dem P zusteht. X geht jedoch gutgläubig davon aus, dass P den K zu einer Verfügung ohne Vorbehalt des Pfandrechts ermächtigt habe.

Hier erwirbt X gem. § 366 II HGB das lastenfreie Eigentum an dem Fahrrad.

hemmer-Methode: In einer neueren Entscheidung hat der BGH Stellung genommen zu den Anforderungen des guten Glaubens im Rahmen des § 366 HGB. Es sind erhöhte Anforderungen an den guten Glauben zu stellen, wenn ein Kaufmann Waren außerhalb seines nicht auf Veräußerungsgeschäfte angelegten Geschäftsbetrieb veräußert.[230] Sehr interessant in diesem Zusammenhang ist die Entscheidungsrezension von Karsten Schmidt in NJW 1999, 400, die auf die Auswirkungen des § 354a HGB auf § 366 HGB eingeht.

4. Voraussetzungen und Rechtsfolge des § 366 III HGB[231]

Kaufmannseigenschaft des Verpfänders irrelevant

Anders als bei § 366 I, II HGB kommt es auf die Kaufmannseigenschaft des Verpfänders nicht an. Hier geht es nach dem Wortlaut des Gesetzes vielmehr darum, dass der Erwerber bestimmte Qualitäten aufweist. Er muss Kommissionär, Spediteur, Lagerhalter oder Frachtführer sein.

297

gesetzliche Pfandrechte

§ 366 III HGB betrifft keine rechtsgeschäftlich erworbenen Pfandrechte. Diese fallen unter § 366 I, II HGB. § 366 III HGB schützt vielmehr den guten Glauben bei Begründung von *gesetzlichen* Pfandrechten. Gemeint sind damit die handelsrechtlichen Pfandrechte des Kommissionärs (§§ 397, 404 HGB), Spediteurs (§ 464 HGB), Lagerhalters (§ 475b HGB) und des Frachtführers (§ 441 HGB).

298

---

[230]   BGH, NJW 1999, 425 - 427 = **juris**byhemmer.

[231]   Vgl. dazu K. Schmidt, Neues über gesetzliche Pfandrechte an Sachen Dritter, NJW 2014, 1 ff.

Analogiefähigkeit str.

Umstritten ist die Frage, ob § 366 III HGB auch auf andere als die erwähnten gesetzlichen Pfandrechte entsprechend anwendbar ist, z.B. das Vermieter- (§ 562 BGB) oder Werkunternehmerpfandrecht (§ 647 BGB).

299

Für § 562 BGB kommt nach ganz h.M. kein gutgläubiger Erwerb in Betracht, da mangels Übergabe schon kein Rechtsscheintatbestand vorliegt, an den der Gutglaubensschutz anknüpfen könnte.

Problematischer ist dies beim Werkunternehmerpfandrecht, denn dieses entsteht nach § 647 BGB kraft Gesetzes und setzt die Übergabe der Sache voraus. Insofern wäre mit der Übergabe ein Rechtsscheintatbestand (vgl. § 1006 BGB) gegeben. Dennoch gilt § 366 III HGB hierfür nach h.M.[232] nicht.

Der gutgläubige Erwerb aufgrund eines gesetzlichen Erwerbstatbestandes bildet eine Ausnahme im Zivilrecht. Aus dem Wortlaut des § 1257 BGB ("entstanden") ergibt sich auch, dass ein gutgläubiger Erwerb eines gesetzlichen Pfandrechts nach § 1207 BGB grds. nicht möglich sein soll.

Wegen dieses Ausnahmecharakters von § 366 III HGB muss die dortige Aufzählung als abschließend angesehen werden. Eine erweiternde Auslegung ist unzulässig.

hemmer-Methode: Dieser Standardstreit zum gutgläubigen Erwerb eines Pfandrechts sollte bekannt sein. Zur Vertiefung lesen Sie HEMMER/Wüst, Kreditsicherungsrecht, Rn. 228).

XI. Das kaufmännische Zurückbehaltungsrecht gem. § 369 HGB

1. Einordnung

Ergänzung zu § 273 BGB

Das Zurückbehaltungsrecht (ZbR) aus § 369 HGB besteht neben dem ZbR aus § 273 BGB. Es erweitert dieses Recht lediglich - sowohl in den Voraussetzungen als auch in den Rechtsfolgen. Der Kaufmann kann also gegebenenfalls zwei Zurückbehaltungsrechte aus verschiedenen Normen geltend machen.

300

2. Voraussetzungen des kaufmännischen Zurückbehaltungsrechts gem. § 369 HGB

a) Überblick

Voraussetzungen

Für das kaufmännische Zurückbehaltungsrecht (ZbR) aus § 369 HGB müssen folgende Voraussetzungen erfüllt sein:

301

---

[232]   BGHZ 34, 122 - 134 = **juris**byhemmer; BAUMBACH/HOPT, § 366, Rn. 8.

```
┌────────────────────────────────────────────────────┐
│      Voraussetzungen des § 369 HGB                   │
└────────────────────────────────────────────────────┘
   ┌──────────────────────────────────────────────────────┐
 ► │ Gläubiger und Schuldner müssen Kaufleute sein          │
   └──────────────────────────────────────────────────────┘
   ┌──────────────────────────────────────────────────────┐
 ► │ Fällige und einredefreie Forderung des Gläubigers ggü. dem Schuldner │
   └──────────────────────────────────────────────────────┘
   ┌──────────────────────────────────────────────────────┐
 ► │ Forderung aus einem beiderseitigen Handelsgeschäft      │
   └──────────────────────────────────────────────────────┘
   ┌──────────────────────────────────────────────────────┐
 ► │ Zurückbehaltene Sache grds. im Eigentum des Schuldners  │
   └──────────────────────────────────────────────────────┘
   ┌──────────────────────────────────────────────────────┐
 ► │ (Un-)Mittelbarer (Mit-)Besitz des Gläubigers an der Sache │
   └──────────────────────────────────────────────────────┘
   ┌──────────────────────────────────────────────────────┐
 ► │ Besitzerlangung der Sache sowohl aufgrund eines Handelsgeschäfts │
   │ als auch mit Willen des Schuldners                     │
   └──────────────────────────────────────────────────────┘
   ┌──────────────────────────────────────────────────────┐
 ► │ Kein Ausschluss gem. § 369 III HGB                     │
   └──────────────────────────────────────────────────────┘
```

b) Die gesicherte Forderung

Fälligkeit

Voraussetzung des ZbR ist, dass ein Kaufmann eine Forderung hat. Zu deren Sicherung wird ihm das Zurückbehaltungsrecht gewährt. Sie wird daher als gesicherte Forderung bezeichnet. Diese Forderung muss fällig sein.   302

Forderungsinhalt

Umstritten ist, welchen Inhalt die zu sichernde Forderung haben muss. Einerseits wird gefordert, dass sie auf Geld gerichtet sein muss oder zumindest in einen Geldanspruch übergehen können muss, damit eine Befriedigung gem. § 371 HGB möglich ist.   303

Nach a.A. muss die Forderung nicht notwendig auf Geld gerichtet sein. Es sei bei anderen Ansprüchen lediglich keine Befriedigung gem. § 371 HGB möglich.[233]

aus beidseitigem Handelsgeschäft, nicht konnex

Die Forderung muss aus einem beidseitigen Handelsgeschäft stammen, welches zwischen dem Zurückbehaltenden und dem Schuldner geschlossen wurde.   304

hemmer-Methode: Allerdings wird anders als bei § 273 BGB keine Konnexität verlangt. Es muss also keinerlei Zusammenhang zwischen dem einen und dem anderen Handelsgeschäft bestehen.

c) Sachen und Wertpapiere als Gegenstand des Zurückbehaltungsrechts

Eigentum

Die zurückbehaltene Sache muss im Eigentum des Schuldners der gesicherten Forderung stehen. Es gibt keinen gutgläubigen Erwerb des ZbR analog §§ 932 ff. BGB.[234] Allerdings kann das kaufmännische Zurückbehaltungsrecht auch an eigenen Sachen geltend gemacht werden (§ 369 I S. 2 HGB).   305

Besitz

Die Sache muss aufgrund eines Handelsgeschäfts in den Besitz des Gläubigers gelangt sein. Dieser Besitzerwerb muss mit Willen des sog. Schuldners stattgefunden haben und muss noch andauern. Mitbesitz genügt dabei ebenso wie mittelbarer Besitz, sofern ein anderer als der sog. Schuldner den unmittelbaren Besitz hat.

---

[233]   BAUMBACH/HOPT, § 369, Rn. 4.

[234]   BAUMBACH/HOPT, § 369, Rn. 8.

d) Kein Ausschluss

Weisung oder Verpflichtung

Die Entstehung des kaufmännischen Zurückbehaltungsrechts ist ausgeschlossen, wenn das Zurückhalten der Sache einer Weisung des sog. Schuldners oder einer schuldrechtlichen Verpflichtung des Gläubigers gegenüber dem Schuldner widerspricht.

306

> *Bsp.:[235] K übergibt eine Sache an den S, der die Sache zur Verfügung des K halten soll.*

> Da hier ausdrücklich bei Übergabe vereinbart war, dass der S die Sache jederzeit dem K herausgeben soll, entsteht hier kein ZbR, § 369 III HGB.

3. Die Rechtsfolgen des kaufmännischen Zurückbehaltungsrechts gem. § 369 HGB

Rechtsfolgen im Verhältnis zum sog. Schuldner

Die Geltendmachung seines Anspruchs durch den sog. Schuldner im Prozess führt zu einer Verurteilung Zug um Zug; § 274 I BGB gilt entsprechend. Insofern gilt nichts anderes als für § 273 BGB. Daneben besteht jedoch gem. § 371 I HGB ein Befriedigungsrecht. Dies geht weit über § 273 BGB hinaus.

307

Voraussetzung ist, dass insoweit Befriedigungsreife vorliegt. Die Forderung muss also fällig sein. Ferner wird das kaufmännische ZbR dadurch erheblich entwertet, als die Verwertung zwar grds. nach den Vorschriften über den Pfandverkauf erfolgt, aber gem. § 371 III HGB ein vollstreckbarer Titel erforderlich ist, also zuerst ein Prozess geführt werden muss.

im Verhältnis zu Dritten

Das kaufmännische ZbR wirkt gem. § 369 II HGB i.V.m. § 986 II BGB auch gegenüber späteren Erwerbern der Sache.

308

Beispiel

> *Bsp.: K (sog. Schuldner) ist Eigentümer eines Computers und hat einen schuldrechtlichen Anspruch auf Herausgabe eines Computers gegen V. V (sog. Gläubiger) hat jedoch ein kaufmännisches Zurückbehaltungsrecht gegenüber K, sodass er nicht zur Herausgabe bereit ist. Anschließend veräußert K den Computer an D gem. §§ 929, 931 BGB durch Einigung und Abtretung des Herausgabeanspruchs. D verlangt Herausgabe.*

> Zwar ist D Eigentümer geworden, sodass sowohl ein schuldrechtlicher als auch ein dinglicher Anspruch gegen V vorliegt. Fraglich ist aber, ob K eine Einrede geltend machen kann. § 273 BGB greift nicht ein. Zunächst war ein Zurückbehaltungsrecht gegenüber K entstanden. Dieses wirkt aber grds. nicht gegenüber Dritten. Allerdings könnte § 369 II HGB hier weiterhelfen, sofern der V dem D die Einwendungen gegen den abgetretenen Anspruch geltend machen könnte. Da dieses hier wegen § 986 II i.V.m. § 931 BGB möglich ist, besteht dem D gegenüber das ZbR. V muss nicht herausgeben.

Vorrang beim Pfändungspfandrecht

Gegen ein späteres Pfändungspfandrecht eines Dritten setzt sich das kaufmännische Zurückbehaltungsrecht gem. § 804 II ZPO durch. Der Gläubiger - also der Inhaber des ZbR - kann die Pfändung zum einen nach § 809 ZPO verhindern, da er Besitzer und damit regelmäßig Gewahrsamsinhaber ist.

309

---

[235]   Nach Baumbach/Hopt, § 369, Rn. 13.

Außerdem kann er mit der Erinnerung gem. § 766 ZPO und mit der Drittwiderspruchsklage nach § 771 ZPO gegen eine Zwangsvollstreckung in die Sache durch Dritte vorgehen. Im Insolvenzverfahren besteht ein Absonderungsrecht gem. § 51 Nr. 3 InsO.

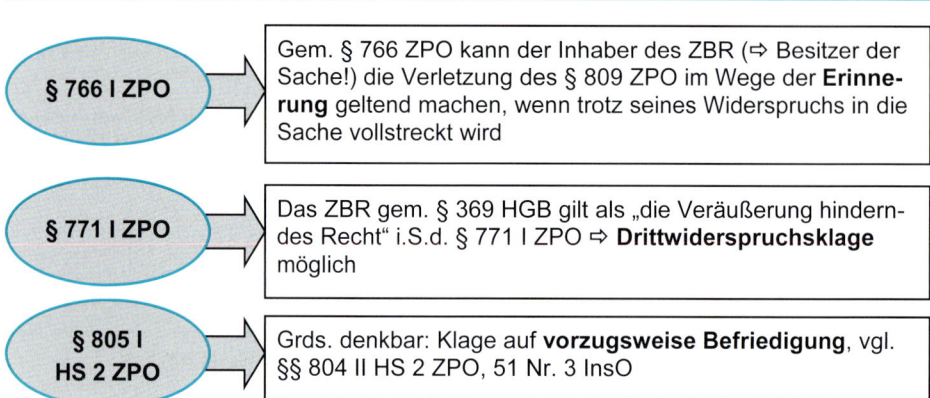

Grds. geht ein ZBR gem. § 369 HGB einem späteren Pfändungspfandrecht vor! (vgl. insoweit § 804 II HS 2 ZPO i.V.m. § 51 Nr. 3 InsO!)

§ 766 I ZPO → Gem. § 766 ZPO kann der Inhaber des ZBR (⇨ Besitzer der Sache!) die Verletzung des § 809 ZPO im Wege der **Erinnerung** geltend machen, wenn trotz seines Widerspruchs in die Sache vollstreckt wird

§ 771 I ZPO → Das ZBR gem. § 369 HGB gilt als „die Veräußerung hinderndes Recht" i.S.d. § 771 I ZPO ⇨ **Drittwiderspruchsklage** möglich

§ 805 I HS 2 ZPO → Grds. denkbar: Klage auf **vorzugsweise Befriedigung**, vgl. §§ 804 II HS 2 ZPO, 51 Nr. 3 InsO

§ 10 DER HANDELSKAUF

Begriff

Der Handelskauf ist ein Handelsgeschäft i.S.d. §§ 343, 344 HGB, das einen Kaufvertrag i.S.d. § 433 BGB, einen Tauschvertrag i.S.d. § 480 BGB oder einen Werklieferungsvertrag i.S.d. §§ 650 BGB, 381 II HGB zum Gegenstand hat.

310

Grds. genügt es, dass eine der beteiligten Parteien Kaufmann ist, § 345 HGB.

hemmer-Methode: Nur ausnahmsweise erfordern die Vorschriften über den Handelskauf aber ein beidseitiges Handelsgeschäft, vgl. § 377 HGB.

I. Annahmeverzug des Käufers

1. Voraussetzungen

Voraussetzungen

Die Regelung der §§ 373 f. HGB hat folgende Voraussetzungen:

311

> ⇨ zumindest einseitiges Handelsgeschäft, § 345 HGB
>
> ⇨ Annahmeverzug i.S.d. §§ 293 ff. BGB

Dabei richten sich die Voraussetzungen für das Vorliegen eines Handelsgeschäfts nach §§ 343, 344, 345 HGB[236] und bereiten insofern keine Schwierigkeiten. Die Voraussetzungen für den Annahmeverzug richten sich wie üblich nach den §§ 293 ff. BGB.[237] Die Voraussetzungen sind somit unproblematisch. Die Besonderheiten des Annahmeverzuges beim Handelskauf zeigen sich bei den Rechtsfolgen.

2. Rechtsfolgen

Folgen des BGB bleiben unberührt

Auch wenn die Besonderheiten des § 373 HGB in den Rechtsfolgen liegen, wird durch § 374 HGB klargestellt, dass durch § 373 HGB die Rechte nach dem BGB unberührt bleiben. Es werden also dem Verkäufer lediglich *zusätzliche* Rechte gewährt. Diese bestehen einerseits in dem Hinterlegungsrecht und andererseits in dem Recht zum Selbsthilfeverkauf.

312

hemmer-Methode: Vgl. Sie zur Einordnung der Hinterlegung als Erfüllungssurrogat HEMMER/WÜST, BGB-AT III, Rn. 231, 232.

a) Das Hinterlegungsrecht

Hinterlegungsrecht für jede Ware

Das Hinterlegungsrecht des Verkäufers ist in § 373 I HGB geregelt. Die Besonderheit besteht nicht darin, dass überhaupt ein Hinterlegungsrecht besteht. Ein solches gewährt vielmehr auch § 372 BGB. Allerdings können beim Handelskauf *jegliche Arten von Waren* hinterlegt werden, bei der zivilrechtlichen Hinterlegung dagegen nur die ausdrücklich genannten Sachen wie Geld und Wertpapiere.

313

---

[236]   Vgl. dazu oben Rn. 228 ff.

[237]   Vgl. dazu HEMMER/WÜST, **Schadensersatzrecht II**, Rn. 541 ff.

zusätzlicher Hinterlegungsort

Beim Handelskauf kann außer bei der nach dem BGB zulässigen Hinterlegungsstelle (Amtsgericht[238]) auch in einem öffentlichen Lagerhaus oder sonst in sicherer Weise hinterlegt werden.   *314*

Gefahr- und Kostentragung; keine Erfüllungswirkung

Die Hinterlegung erfolgt auf Gefahr und auf Kosten des Käufers. Auch wenn der Käufer die Gefahr trägt, so haftet der Verkäufer bzgl. der Auswahl der Hinterlegungsstelle für Vorsatz und jede Fahrlässigkeit. Die Gefahrtragung bedeutet nur, dass bei *zufälligem* Untergang der Waren der Kaufpreisanspruch bestehen bleibt.   *315*

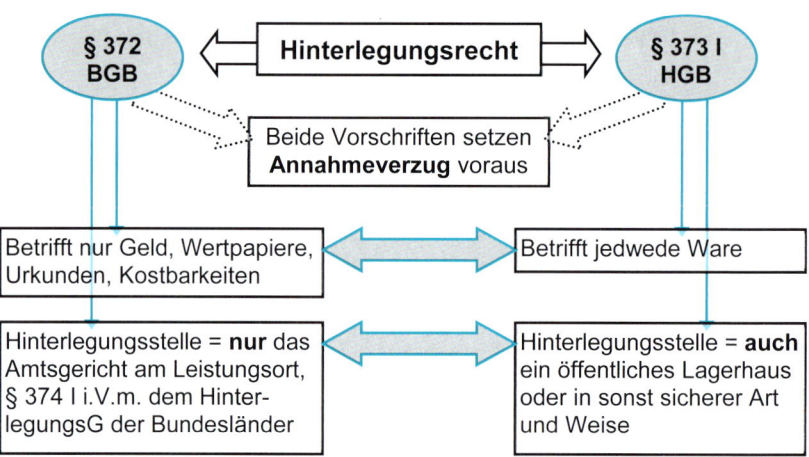

hemmer-Methode: Allerdings tritt *keine Erfüllungswirkung* ein. Diese ist in § 373 HGB nicht speziell geregelt, sondern richtet sich ganz allgemein nach § 378 BGB.[239]

Einschränkung bei einseitigen Handelsgeschäften

Bei einseitigen Handelsgeschäften kann die Ausübung der Rechte des § 373 HGB gegen Treu und Glauben verstoßen. Eine allein auf § 373 HGB gestützte Hinterlegung auf Kosten des Käufers ist beim Verkauf an einen Konsumenten unzulässig.

b) Das Recht zum Selbsthilfeverkauf

Recht zum Selbsthilfeverkauf

Das Recht des Verkäufers zum Selbsthilfeverkauf ist in § 373 II-V HGB geregelt. Während auch das BGB in § 383 eine ähnliche Möglichkeit eröffnet, ist § 373 HGB wesentlich weitergehend.   *316*

hemmer-Methode: Insbesondere ist er nicht auf nicht hinterlegungsfähige Sachen beschränkt.

Neben der öffentlichen Versteigerung ermöglicht § 373 II HGB auch einen freihändigen Verkauf durch einen dazu öffentlich ermächtigten Handelsmakler, wenn die Ware einen Börsen- oder Marktpreis hat.

hemmer-Methode: Diese Möglichkeit sieht allerdings auch § 385 BGB vor, sodass es sich um keine typische handelsrechtliche Besonderheit handelt.

---

[238]   Für Bayern vgl. z.B. Art. 2 II BayHintG; für Baden-Württemberg vgl. z.B. § 1 II HintG; die Hinterlegungsgesetze der einzelnen Bundesländer finden Sie unter https://de.wikipedia.org/wiki/Hinterlegungsordnung.

[239]   Vgl. BGH, NJW 1993, 55 = **juris**byhemmer.

Androhung

Bevor von dem Recht zum Selbsthilfeverkauf Gebrauch gemacht wird, muss dieser angedroht werden. Dabei muss nicht auf die genauen Modalitäten hingewiesen werden.[240] Wird aber eine bestimmte Veräußerungsart angedroht, so ist der Verkäufer daran gebunden oder er muss erneut androhen.

317

Die Androhung ist eine formfreie, empfangsbedürftige, rechtsgeschäftsähnliche Handlung. Sie kann entfallen, wenn bei verderblichen Waren Gefahr im Verzug ist oder sie sonst untunlich ist, § 373 II S. 2 HGB. Dies wird regelmäßig bei Lebensmitteln der Fall sein.

Verkauf erfolgt für Rechnung des Käufers

Nach § 373 III HGB erfolgt der Selbsthilfeverkauf für Rechnung des Käufers. Der Verkäufer wird von seiner Lieferpflicht befreit, § 362 BGB.

318

Er schuldet stattdessen nach § 667 BGB Herausgabe des Erlöses aus dem Selbsthilfeverkauf und kann gem. § 670 BGB Aufwendungsersatz verlangen. Der Verkäufer kann daher mit seinem Anspruch auf Kaufpreiszahlung und Aufwendungsersatz gegen den Anspruch aus § 667 BGB aufrechnen.

Reicht dies nicht zur Deckung des Kaufpreisanspruchs, so bleibt dieser in der verbleibenden Höhe bestehen.

Beispiel

Bsp.: *Kaufmann V verkauft K eine Ladung Apfelsinen zum Preis von 20.000 €. V bietet dem K die Ware in Annahmeverzug begründender Weise an, ohne dass K sie annimmt. Daraufhin lässt V ohne Androhung öffentlich versteigern, wobei 15.000 € erzielt werden. Wenig später verlangt K Lieferung der Ladung Apfelsinen; V erklärt die Aufrechnung und fordert noch 5.000 €.*

319

Anspruch des K auf Lieferung?

Der Anspruch ist entstanden, weil ein Kaufvertrag geschlossen wurde. Allerdings könnte gem. § 362 BGB Erfüllung eingetreten sein. Eine erfüllende Leistung an K direkt erfolgte zwar nicht, jedoch könnte die Erfüllungswirkung auf § 362 BGB i.V.m. § 373 II, III HGB beruhen.

Ein zumindest einseitiger Handelskauf, §§ 1 I, II, 343, 344 HGB liegt vor. K war auch in Annahmeverzug, § 293 BGB. Dieser war auch noch nicht beendet. Eine Androhung konnte wegen der Verderblichkeit und dem damit drohenden Wertverlust entfallen, § 373 II S. 2 HGB. Da die Veräußerung i.S.d. § 373 II HGB gem. § 373 III HGB für Rechnung des Käufers erfolgt, führt sie zur Erfüllung, § 362 BGB. Damit ist der Primäranspruch des K erloschen.

Anspruch des V auf 5.000 €?

Ursprünglich war ein Anspruch in Höhe von 20.000 € entstanden. Dieser könnte gem. §§ 387, 389 BGB erloschen sein. Dafür müssten zwei gleichartige Ansprüche einander zeitgleich gegenübergestanden haben. K hat - da der Selbsthilfeverkauf auf seine Rechnung erfolgt ist, § 373 III HGB - einen Anspruch auf Erstattung der 15.000 € gem. § 667 BGB. Mit diesem konnte aufgerechnet werden, sodass V tatsächlich nur noch einen Anspruch in Höhe von 5.000 € hat.

Daneben kommen Ansprüche aus § 304 BGB und aus § 670 BGB in Betracht, falls V Versteigerungskosten gehabt hat.

---

[240] BAUMBACH/HOPT, § 373, Rn. 6.

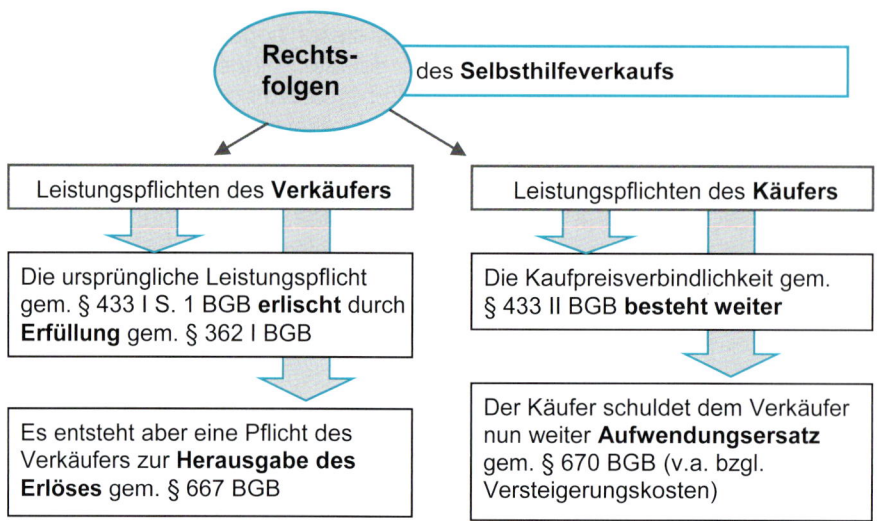

Erlöschen des Rechts zum Selbst-
hilfeverkauf

Das Recht zum Selbsthilfeverkauf erlischt mit dem Ende des An-   *320*
nahmeverzugs.

hemmer-Methode: In der Klausur bedeutet das, dass auch zu prüfen
ist, ob die Voraussetzungen des Annahmeverzugs nicht bereits wieder
entfallen waren, bevor der Selbsthilfeverkauf erfolgte.

II. Spezifikationskauf (Bestimmungskauf)

Voraussetzungen und Rechtsfolgen

Voraussetzungen und Rechtsfolgen des § 375 I, II HGB sind: *321*

Mindestens einseitiger **Handelskauf**

Voraus-
setzungen

Vorbehalt der Bestimmung von Form, Maß o.ä. (= im
Synallagma stehende **Leistungspflicht** des Käufers!)
⇨ die Bestimmung muss gem. § 315 BGB erfolgen

Schuldnerverzug gem. § 286 BGB bzgl. der Ausübung
der Bestimmung

Recht des Verkäufers zur **Bestimmung** i.S.d.
§ 375 I HGB gem. § 375 II S. 1 Alt. 1 HGB

Anspruch des Verkäufers auf **Schadenersatz** gem.
§ 375 II S. 1 Alt. 2 HGB i.V.m. §§ 280, 281 BGB

Rechts-
folgen

Rücktrittsrecht des Verkäufers gem. § 375 II S. 1 Alt. 3 HGB
i.V.m. § 323 BGB

Bestimmung als Verpflichtung

Ist beim Kauf einer beweglichen Sache dem Käufer die nähere Be-   *322*
stimmung über Form, Maß oder ähnliche Verhältnisse vorbehalten,
so stellt diese Bestimmung gem. § 375 HGB *nicht bloß eine Oblie-*
genheit, sondern eine *echte Verpflichtung* des Käufers dar.

Dabei muss es sich wieder um ein mindestens einseitiges Handelsgeschäft handeln. Die Verpflichtung des Käufers besteht in der Bestimmung der fehlenden Merkmale durch eine formfreie, empfangsbedürftige Willenserklärung. Diese Bestimmung muss gem. § 315 BGB nach billigem Ermessen erfolgen.[241]

Besonderheit: Verzugsfolgen, § 375 II HGB

323

Ist der Käufer mit der fälligen (vgl. § 271 BGB) Bestimmung in zu vertretender Art und Weise (§ 286 IV BGB), regelmäßig nach Mahnung (§ 286 I-III BGB), in Schuldnerverzug, kann der Verkäufer gem. § 375 II HGB

⇨ nach §§ 281, 280 I BGB Schadensersatz statt der Leistung verlangen oder

⇨ gemäß § 323 BGB vom Vertrag zurücktreten.

Die Verpflichtung zur Spezifikation steht als Hauptleistungspflicht in einem synallagmatischen Verhältnis zur Gegenleistung. Ebenso kann der Verkäufer - nach seiner Wahl - selbst die Bestimmung vornehmen. Auch dies hat gem. § 315 BGB nach billigem Ermessen zu erfolgen.

hemmer-Methode: Nimmt der Käufer die Bestimmung nicht rechtzeitig vor, so kommt er gleichzeitig auch in Annahmeverzug, §§ 293 ff. BGB. Der Verkäufer hat dann auch die daraus folgenden Rechte.

nicht analog für sonstige Modalitäten

324

Die Regelung des § 375 HGB gilt *nicht* entsprechend, wenn besondere Vereinbarungen über die Art der Durchführung des Kaufs getroffen wurden, etwa über die Leistungszeit.[242]

nicht analog bei Kauf auf Abruf

325

Beim Kauf auf Abruf gelten daher nur die allgemeinen Regeln, wonach der Abruf durch den Käufer regelmäßig keine im Gegenseitigkeitsverhältnis stehende Hauptpflicht ist.[243] Etwas anderes kann sich höchstens aus den Umständen des Einzelfalls ergeben, etwa wenn die Lagerung der verkauften Ware eine besondere Last darstellt.

III. Fixhandelskauf[244]

§ 376 HGB erfordert relatives Fixgeschäft

326

Die Voraussetzung für einen Fixhandelskauf i.S.d. § 376 HGB entsprechen denen des § 323 II Nr. 2 BGB: Die Einhaltung der Leistungszeit muss nach dem Parteiwillen derart wesentlich sein, dass mit der zeitgerechten Leistung das Geschäft *steht und fällt*.[245]

Es muss sich also - ebenso wie bei § 323 II Nr. 2 BGB - um ein relatives Fixgeschäft handeln.[246]

Dieses „eigentliche" Fixgeschäft ist einerseits abzugrenzen vom gesetzlich nicht extra normierten absoluten Fixgeschäft, bei dem die nicht termingerechte Leistung als Unmöglichkeit nach § 275 I BGB zu behandeln ist, und andererseits von der Terminbestimmung nach § 286 II Nr. 1, 2 BGB.

hemmer-Methode: Wieder zeigt sich, dass handelsrechtliche Probleme nie isoliert in einer Klausur auftauchen. Hier ist § 376 HGB im Zusammenhang mit der Abgrenzung des relativen Fixgeschäfts von der Unmöglichkeit und deren Rechtsfolgen nach § 275 I, IV BGB zu behandeln. § 376 HGB enthält dabei keine speziellen Voraussetzungen, sondern regelt besondere Rechtsfolgen.

---

[241]   BAUMBACH/HOPT, § 375, Rn. 2.

[242]   Offen gelassen in BGH, BB 1971, 1387 = **juris**byhemmer.

[243]   BGH, NJW 1972, 99 - 101 = **juris**byhemmer.

[244]   Vgl. HERRESTHAL, Der Anwendungsbereich der Regelungen über den Fixhandelskauf (§ 376 HGB) unter Berücksichtigung des neuen Schuldrechts, ZIP 2006, 883 - 890.

[245]   BGH, WM 1989, 1180 - 1182 (1181) = **juris**byhemmer.

[246]   BAUMBACH/HOPT, § 376, Rn. 4.

*Besonderheit: Rechtsfolgen bei Ver-
zug*

§ 376 I S. 1 HGB berechtigt zum Rücktritt, ohne dass die Säumnis vom Schuldner zu vertreten sein muss. Insoweit entspricht § 376 HGB dem § 323 II Nr. 2 BGB.[247]

327

Jedoch kann der Gläubiger nach § 376 I S. 1 HGB - anders als nach BGB - Schadensersatz statt der Leistung ohne vorherige Fristsetzung verlangen.

Damit wird den Anforderungen des Handelsverkehrs bzgl. besonderer Schnelligkeit und Zuverlässigkeit Rechnung getragen. In § 281 II BGB gibt es dagegen keine dem § 323 II Nr. 2 BGB entsprechende Ausnahme vom Fristsetzungserfordernis.

grds. erlischt Erfüllungsanspruch

Während § 376 HGB einerseits den Gläubiger besser stellt, verlangt er aber auch mehr von ihm. Wenn der Gläubiger beim Fixhandelskauf nämlich seinen Erfüllungsanspruch behalten will, muss er selbst aktiv werden.

328

Wenn er nicht entsprechend § 376 I S. 2 HGB dem Schuldner „sofort" anzeigt, dass er weiter Interesse an der Erfüllung hat, so verliert er seinen Erfüllungsanspruch und kann allenfalls noch Schadensersatz verlangen. Auch dies trägt den besonderen Erfordernissen des Handelsverkehrs Rechnung. Auch der Verkäufer muss wissen, woran er ist.

Beispiel

Bsp.: *Kaufmann V verkauft K eine Ladung Apfelsinen "fix" zum 01.11. zum Preis von 20.000 €. V liefert nicht rechtzeitig. Sogleich reagiert K und verlangt weiterhin von V Lieferung bis spätestens 05.11. Am 05.11. überlegt K es sich dann doch anders und will lieber Schadensersatz statt der Leistung. Zu Recht?*

329

Anspruch des K auf Schadensersatz?

1. Ein Anspruch gem. §§ 280 I, II, 286 I BGB auf Ersatz des Verzögerungsschadens ist gegeben, da Verzug eingetreten war, § 286 I, II, IV BGB. Dieser Anspruch betrifft aber nur den reinen Verzögerungsschaden, nicht aber den Schadensersatz statt der Leistung.

2. Ein Anspruch auf Schadensersatz statt der Leistung kann sich ebenso wenig aus §§ 280 I, III, 281 BGB ergeben, da es schon an der Nachfristsetzung fehlt. § 323 II Nr. 2 BGB gewährt bereits von seiner Rechtsfolge her keinen Schadensersatzanspruch.

hemmer-Methode: Zur analogen Anwendung des § 323 II Nr. 2 BGB auf § 281 BGB lesen Sie bitte HEMMER/WÜST, **Schuldrecht AT, Rn. 384 sowie** JAENSCH **in NJW 2003, 3613 [3615] bzw. ders. in ZGS 2004, 134 [141].**

3. Ein Anspruch auf Schadensersatz kann sich mithin lediglich aus § 376 I S. 1 HGB ergeben. Ein zumindest einseitiger Handelskauf liegt vor. Aus der Klausel "fix" im Kaufvertrag muss auch entnommen werden, dass es sich um ein relatives Fixgeschäft gehandelt hat.[248] Auch die Voraussetzungen des Verzugs liegen vor. Somit wäre *grds.* ein Schadensersatzanspruch statt der Leistung gegeben.

Allerdings liegt hier eine anspruchsausschließende Besonderheit vor. Behält der Verkäufer sich gem. § 376 I S. 2 HGB den primären Erfüllungsanspruch vor, so verliert er gleichzeitig die Rechte gem. § 376 I S. 1 HGB.[249]

Der Vertrag verliert dadurch seine Eigenschaft als Fixhandelskauf. Eine Anfechtung dieser Wirkung ist ausgeschlossen, da es sich um einen unbeachtlichen Rechtsfolgenirrtum handelt.

---

[247]   Vgl. PALANDT, § 361, Rn. 3.

[248]   BAUMBACH/HOPT, § 376, Rn. 3.

[249]   BAUMBACH/HOPT, § 376, Rn. 7.

K kann folglich nicht gem. § 376 I S. 1 HGB Schadensersatz verlangen.

hemmer-Methode: Verlangt der Käufer Schadensersatz statt der Leistung, so kann der Kaufpreisanspruch auch infolge Rücktritts untergehen, weil auch i.R.d. § 376 HGB Rücktritt und Schadensersatz nicht (mehr) im Verhältnis elektiver Konkurrenz stehen, vgl. § 325 BGB.[250]
Der Kaufpreisanspruch geht außerdem aufgrund des konditionellen Synallagmas unter, weil der damit verknüpfte Gegenanspruch des Käufers aus § 433 I S. 1 BGB nach § 376 I S. 1 bzw. S. 2 HGB untergegangen ist. Insoweit gilt also das Gleiche wie im Rahmen der §§ 275, 326 I BGB.
Aufbautechnisch ist es somit nicht mehr nötig, zuerst den Schadensersatzanspruch abzuhandeln - wie es vor der Neuregelung des Schuldrechts empfehlenswert war -, da man in dessen Rahmen zwanglos einen möglichen Ausschluss infolge Rücktritts erörtern konnte, um erst im Anschluss daran auf den Wegfall des Gegenanspruchs einzugehen.

IV. § 377 HGB

hemmer-Methode: Der § 377 HGB gehört zu den klausurrelevantesten Normen des HGB, da er sich hervorragend in jede Klausur einbauen lässt. Daher sollten Sie diesen Abschnitt besonders genau lesen!
Vgl. auch THAMM/MÖFFERT, *„Die Mängelrüge im Handelsverkehr im Lichte jüngster Rechtsprechung"* in NJW 2004, 2710 ff.

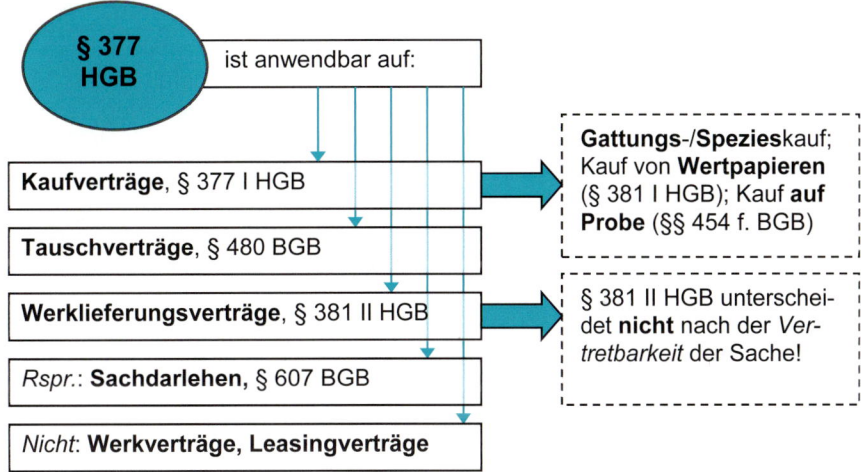

1. Zweck und Einordnung

Obliegenheit

Die Regelung des § 377 HGB begründet eine *Rüge**obliegenheit***, die sowohl im Rahmen der kaufrechtlichen *Primär-* als auch der kaufrechtlichen *Sekundär*ansprüche eine Rolle spielen kann.

330

Aus der Einordnung als Obliegenheit ergibt sich, dass der Vertragspartner nie einen Anspruch auf die Erteilung der Rüge hat, das Unterlassen der Rüge aber einen Rechtsverlust des Käufers herbeiführt.

hemmer-Methode: § 377 HGB ist niemals als solcher zu prüfen. Er erlangt nur im Rahmen der Prüfung eines Rechts Bedeutung, das durch ihn ausgeschlossen sein könnte.

---

[250] BAUMBACH/HOPT, § 376, Rn. 10.

Es sind also stets zuerst die übrigen Voraussetzungen des möglicherweise ausgeschlossenen Rechts zu klären (z.B. Nacherfüllung, § 437 Nr. 1 BGB). Sind sie zu bejahen, kann auf seinen Ausschluss durch § 377 HGB eingegangen werden.

Schnelligkeit & Sicherheit des Handelsverkehrs

Die Rügeobliegenheit des § 377 HGB soll die Grundsätze der Einfachheit, Schnelligkeit und Sicherheit des Handelsverkehrs bei Leistungsstörungen im Handelskauf gewährleisten. Ferner soll die Fiktion des § 377 HGB den Verkäufer vor Beweisproblemen schützen. Auch hier manifestieren sich also wieder die allgemeinen Grundsätze des Handelsrechts.

hemmer-Methode: Richtig Lernen! Für das richtige Verständnis des § 377 HGB ist Voraussetzung, dass die Systematik der §§ 434 ff. BGB sowie deren Abgrenzung zum Leistungsstörungsrecht nach §§ 280 ff , 323 ff. BGB beherrscht wird!
Lesen Sie dazu HEMMER/WÜST Schuldrecht BT I, Rn. 402 ff.

2. Kurzübersicht zum Anwendungsbereich des § 377 HGB

Unterbleibt die Rüge, so gilt die gelieferte Ware als genehmigt (§ 377 II HGB). Diese Genehmigungsfiktion der §§ 377 I, II HGB findet dabei auf *drei Arten* fehlerhafter Lieferung Anwendung.   *331*

a) Lieferung eines „peius", § 377 I HGB

Schlechtlieferung

Erster Anwendungsfall ist das Vorliegen von Qualitätsmängeln, also bei der "Schlechtlieferung" bzw. der Lieferung eines sog. "peius" (§ 377 HGB). § 377 I, II HGB kann insoweit zum Ausschluss der Mängelrechte führen (§§ 434 ff. BGB, vgl. im Folgenden Rn. 358).   *332*

b) Lieferung eines „aliud", § 377 HGB i.V.m. § 434 III Alt. 1 BGB

Falschlieferung

Zweiter Anwendungsbereich ist die Lieferung einer "anderen Sache" (gemäß § 434 III Alt. 1 BGB), also die Lieferung einer Ware aus einer anderen als der vertraglich geschuldeten (sog. "Lieferung eines "aliud").

Ausschluss der Gewährleistungsrechte bei Gattungskauf

Durch die Gleichstellung des Aliud mit einem Sachmangel, § 434 III Alt. 1 BGB wird dieses in das Mängelrecht hineingezogen.   *333*

hemmer-Methode: Die Regelung des § 378 HGB wurde damit obsolet und § 377 HGB findet bei der Lieferung eines Aliud direkt Anwendung. Zur Vorschrift des § 434 III BGB lesen Sie ausführlich HEMMER/WÜST, Schuldrecht BT I, Rn. 132 ff.

c) Zuweniglieferung, § 377 HGB i.V.m. § 434 III Alt. 2 BGB

Mengenabweichung

Schließlich können gem. § 377 I, II HGB i.V.m. § 434 III Alt. 2 BGB bei *Zuwenig*lieferung die Mängelrechte ausgeschlossen sein. Auch für die Zuweniglieferung erfolgte durch § 434 III BGB eine Gleichstellung mit dem Sachmangel.   *334*

hemmer-Methode: Zu beachten ist, dass hinsichtlich der Zuviellieferung keine Gleichstellung erfolgte. Damit fällt nach Aufhebung des § 378 HGB a.F. eine Rügeobliegenheit weg.[251] Vgl. dazu auch Rn. 365 ff.

---

[251] BAUMBACH/HOPT, § 377, Rn. 19.

3. Die Voraussetzungen der Mängelrüge nach § 377 HGB (Qualitätsmängel)

Voraussetzungen

Voraussetzungen für das Erfordernis einer unverzüglichen Mängel-rüge *bei Qualitätsmängeln* sind nach § 377 HGB:

335

---

a) Ansprüche aus §§ 434 ff. BGB

b) Ausschluss gem. § 377 HGB

    (1) Ein beiderseitiger Handelskauf

    (2) Ablieferung der Ware

    (3) Erkennbarkeit des Mangels

    (4) Kein arglistiges Verschweigen des Mangels

    (5) Kein wirksamer Ausschluss des § 377 HGB

    (6) Unterlassen der rechtzeitigen Rüge

---

hemmer-Methode: Die Tatbestandsmerkmale sind nicht zwingend in einer bestimmten Reihenfolge zu prüfen. Gerade dann, wenn erkenn-bar eines dieser Tatbestandsmerkmale fehlt, kann es notwendig sein, andere - im Sachverhalt angesprochene - Probleme vorab zu proble-matisieren (sog. "Echoprinzip"), um keine Punkte zu verschenken.

a) Ansprüche aus §§ 434 ff. BGB

nur bei Mangelhaftigkeit

aa) § 377 I HGB bezieht sich im Hinblick auf die Mangelhaftigkeit der gelieferten Sache zunächst auf den Mangelbegriff des § 434 BGB.

336

Die Sache muss entweder im Zeitpunkt des Gefahrenübergangs nicht die vereinbarte Beschaffenheit haben (§ 434 I S. 1 BGB, sub-jektiver Fehlerbegriff), bzw. darf nicht für die vertraglich vorausge-setzte (§ 434 I S. 2 Nr. 1 BGB) oder gewöhnliche Verwendung ge-eignet sein (§ 434 I S. 2 Nr. 2 BGB).

Dabei muss die Sache im Rahmen des S. 2 Nr. 2 eine Beschaffen-heit aufweisen, die bei Sachen der gleichen Art üblich ist und die der Käufer nach Art der Sache erwarten kann (§ 434 I S. 2 Nr. 2 BGB), wobei gemäß § 434 I S. 3 BGB auch Eigenschaften, die der Käufer nach Werbeaussagen und öffentliche Äußerungen erwarten kann zu diesen Beschaffenheiten gehören.

Ein Sachmangel liegt gemäß § 434 II BGB auch bei unsachgemäßer Montage oder mangelhafter Montageanleitung, sowie gemäß § 434 III BGB auch bei Lieferung eines Aliud oder einer Zuwenigliefe-rung vor.

bb) Des Weiteren ist entgegen der bis zum 31.12.2001 allgemeinen Meinung auch der Rechtsmangel gem. § 435 BGB erfasst. Die Be-schränkung auf Sachmängel ist nicht (mehr) gerechtfertigt, da das BGB seit dem 01.01.2002 Sach- und Rechtsmängel hinsichtlich der Rechtsfolgen gleichgestellt hat (§ 437 BGB spricht nur vom Man-gel).[252]

336a

---

[252] BAUMBACH/HOPT, § 377, Rn. 12.

§ 377 HGB nicht bei anderen Vertragsverletzungen

hemmer-Methode: § 377 HGB ist *auf andere* Verletzungen der Lieferpflicht, wie z.B. auf die Verspätung der Leistung oder Lieferung an einen falschen Ort, *nicht* anwendbar. Für anderweitige Pflichtverletzungen, kommt ebenfalls eine Anwendung von § 377 HGB *nicht* in Betracht.

337

Beispiel

Bsp. 1: Der Verkäufer hatte sich verpflichtet, die Ware in neutraler Verpackung, also ohne Hinweis auf den Absender, zu liefern. Ist der Hinweis doch auf der Ware, so handelt es sich nicht um einen Mangel, denn hier wirkt sich die fehlerhafte Verpackung nicht auf die Gebrauchstauglichkeit der Ware aus. Es handelt sich um eine Nebenpflichtverletzung, die nicht unter die o.g. Fälle der fehlerhaften Lieferung fällt. § 377 HGB ist nicht einschlägig.

Bsp. 2: Ebenso unanwendbar ist § 377 HGB, wenn der Kraftstoffhändler bei Anlieferung von Normalbenzin den Treibstoff in den Tank für Superkraftstoff einfüllt. Er liefert nicht fehlerhaftes Benzin an, sondern verletzt die Nebenpflicht, dieses Benzin ordnungsgemäß in den entsprechenden Tank zu füllen. Für diese Fälle der Nebenpflichtverletzungen gilt § 377 HGB nicht.

hemmer-Methode: Vermittlung klausurtypischer Aufbaufragen! Die Frage, ob ein Mangel vorliegt, wird i.R.d. § 377 I HGB nicht mehr problematisiert, da sie bereits Voraussetzung der Mängelansprüche ist, die durch § 377 I HGB präkludiert werden sollen. Sie ist also bei den Voraussetzungen der Mängelrechte aus §§ 434 ff. BGB zu prüfen.
Lesen Sie zum Mangelbegriff im Kaufrecht HEMMER/WÜST, Schuldrecht AT, Rn. 87 ff. Die Frage, *ob* überhaupt ein Mangel i.S.d. §§ 434 BGB vorliegt, ist also nach den Grundsätzen des bürgerlichen Rechts zu beurteilen. Problematisch ist jedoch für die *Rechtzeitigkeit* der Rüge, ob der Mangel *erkennbar* oder *versteckt* war (dazu Rn. 345).

b) Vorliegen eines beidseitigen Handelskaufs

beidseitiger Handelskauf

§ 377 HGB findet sowohl auf den Gattungskauf als auch den Spezieskauf Anwendung. Aufgrund des § 381 I HGB gilt § 377 HGB auch für den Kauf von Wertpapieren. Weitere Anwendungsfälle sind der Kauf auf Probe (§§ 454, 455 BGB) und der Handelstausch (§ 480 BGB).

339

Auch beim privilegierten Regress in der Lieferkette ist § 377 HGB anwendbar, vgl. § 445a IV BGB.

Gemäß § 381 II HGB ist § 377 HGB auch beim Werklieferungsvertrag i.S.d. § 650 BGB anwendbar.

hemmer-Methode: § 381 II HGB ist an sich überflüssig, da sich bereits aus § 650 S. 1 BGB die Anwendung des Kaufrechts ergibt. Reine Werkverträge werden von § 381 II HGB aber *nicht* erfasst.[253]

auch bei Sachdarlehen

Während das Gesetz nur vom Kauf spricht, hat die Rechtsprechung den Anwendungsbereich auch auf die Gewährung von Sachdarlehen gem. § 607 BGB zwischen Kaufleuten ausgedehnt.[254]

340

Beispiel

Bsp.:[255] Kaufmann A soll Kaufmann B aufgrund eines Darlehensvertrages 100 l Orangensaftkonzentrat liefern. 100 Tage später soll B dem A 100 l Orangensaftkonzentrat der gleichen Art zurückliefern. Da A ursprünglich mangelhafte Ware geliefert hatte, macht B nach 2 Monaten Mängelgewährleistungsrechte geltend. Alternativ möchte er ebenso mangelhafte Ware zurückgeben.

[253] BAUMBACH/HOPT, § 381, Rn. 5 a.E.
[254] BAUMBACH/HOPT, § 377, Rn. 2.
[255] Nach BGH, NJW 1985, 2417 - 2419 = **juris**byhemmer.

Rechte des B können sich aus §§ 607, 434 ff. BGB ergeben. Es lag ein Sachdarlehen gem. § 607 BGB vor, da vertretbare Sachen übereignet und nach einiger Zeit andere vertretbare Sachen rückübereignet werden sollten. Dieses Sachdarlehen ist kaufähnlich, sodass die Regeln der §§ 433 ff. BGB anwendbar sind.

Da die Ware mangelhaft war, kämen die Sachmängelgewährleistungsrechte gem. §§ 434 ff. BGB in Betracht, wenn sie nicht gem. § 377 HGB ausgeschlossen wären. Alle Voraussetzungen des § 377 HGB liegen vor, sofern man das Sachdarlehen als kaufvertragsähnlich ansieht.

Dies wird von der h.M. bejaht,[256] da die wichtigsten Motive für § 377 HGB - Schutz des Verkäufers vor verzögerter Geltendmachung von Ansprüchen und Schutz des allg. Interesses an rascher Abwicklung im Handelsverkehr - auch für das Sachdarlehen gelten müssten. Somit können keine Gewährleistungsrechte geltend gemacht werden.

Auch die Rückgabe vergleichbar mangelhafter Ware ist unzulässig. Denn aus der Genehmigungsfiktion des § 377 HGB ergibt sich, dass alle Rechte ausgeschlossen sein sollen, die auf einem Sachmangel beruhen.[257]

nicht aber bei Leasing

§ 377 HGB wird dagegen nicht auf den Leasingvertrag angewendet, denn hierbei handelt es sich nicht um einen Kaufvertrag, sondern um eine spezielle Form des Mietvertrages.

auch für Scheinkaufleute

Voraussetzung ist *stets*, dass ein *beidseitiger* Handelskauf vorliegt. Es müssen also *beide* Vertragsparteien Kaufleute sein und die Voraussetzungen der §§ 343, 344 HGB vorliegen. Die Rügeobliegenheit gilt dabei auch für Rechtsscheinkaufleute.[258]

341

Nur von einer Mindermeinung wird dagegen vertreten, dass die Vorschriften auch auf andere geschäftsmäßig am Markt auftretende Nichtkaufleute anzuwenden seien. Dies ist aufgrund des eindeutigen Wortlauts aber abzulehnen.

P: Verkäufer ist Nicht-Kaufmann ⇨ Rügeobliegenheit im Einzelfall nach § 242 BGB

Nach geltendem Recht kann eine ungeschriebene Rügeobliegenheit und ein Rechtsverlust bei verspäteter Rüge allenfalls über § 242 BGB (Verwirkung) begründet werden.[259]

Beispiel[260] V, ein nicht als Kaufmann im Handelsregister eingetragener Winzer, verkaufte an die Weinkellerei K 2.500 Liter Traubenmost zwecks Weiterverarbeitung zu „Auslesewein". Eine Untersuchung des Traubenmostes auf dessen Mangelfreiheit durch K erfolgte nicht.

Nachdem K den Traubenmost zum Auslesewein ausgebaut hat, wurden bei einer späteren Kontrolle durch die Weinbehörden Ungereimtheiten bei der „Nachvollziehbarkeit der Zusammensetzung des Mostes" festgestellt. Dadurch entstanden dem K Einbußen beim Weiterkauf des Weines, der nicht als Auslesewein verkauft werden konnte.

K verlangt daher von V Schadensersatz neben der Leistung gem. §§ 437 Nr. 3, 280 I BGB, da es sich bei dem gelieferten Most nicht um einen „Auslesemost" gehandelt habe. V meint, dies hätte K vor der Verarbeitung zu Auslesewein durch eine Untersuchung erkennen können. Wenn K diese Untersuchung unterlassen habe, könne dies nicht zu seinen Lasten gehen.

Steht dem K gegen V der Anspruch zu, wenn V fahrlässig, aber nicht arglistig gehandelt hat?

256 BGH, NJW 1985, 2417 - 2419 (2418) = **juris**byhemmer.

257 BGH, NJW 1985, 2417 - 2419 (2418) = **juris**byhemmer.

258 BAUMBACH/HOPT, § 377, Rn. 1; dazu im Einzelnen oben Rn. 61 ff.

259 BAUMBACH/HOPT, § 377, Rn. 4.

260 BGH, **Life&Law 01/2020, 27 ff.** = NJW-RR 2019, 1202 ff. = **juris**byhemmer.

Lösung: Da K dem V in fahrlässiger Weise Traubenmost geliefert hat, der entgegen der gem. § 434 I S. 1 BGB getroffenen Vereinbarung nicht die Qualität „Auslesemost" aufwies, könnte V von K gem. §§ 437 Nr. 3, 280 I BGB Ersatz seiner mangelbedingten Folgeschäden verlangen.

Der Anspruch könnte aber ausgeschlossen sein, weil K den Traubenmost nicht unverzüglich nach der Lieferung auf dessen Mangelfreiheit untersucht hatte.

(1) Präklusion gem. § 377 II HGB?

Eine Präklusion der Mängelrechte gem. § 377 II HGB würde voraussetzen, dass ein beiderseitiger Handelskauf i.S.d. §§ 377 I, 343, 344 HGB vorgelegen hätte. Voraussetzung hierfür wäre, dass sowohl V und K Kaufleute i.S.d. §§ 1 ff. HGB gewesen wären und der Vertrag zum Betrieb ihres jeweiligen Handelsgeschäfts gehört hätte.

K ist als Weinkellerei Handelsgewerbetreibender und damit Kaufmann i.S.d. § 1 I, II HGB. V hingegen ist als Winzer „Landwirt" und damit wegen § 3 I HGB nicht bereits nach § 1 HGB Kaufmann. Da V auch nicht von der Option des § 3 II HGB i.V.m. § 2 HGB Gebrauch gemacht hat, war V kein Kaufmann, sodass kein beiderseitiger Handelskauf vorlag.

Eine Untersuchungs- und Rügeobliegenheit gem. § 377 I HGB bestand für K mangels Vorliegens eines beiderseitigen Handelskaufs nicht.

hemmer-Methode: Der Nicht-Kaufmann soll also nicht davon profitieren, dass er mit einem Kaufmann ein Geschäft getätigt hat! Umstritten ist dies allerdings dann, wenn Nichtkaufleute selbständig und häufig wie Kaufleute am Markt auftreten,[261] wofür der Sachverhalt eindeutige Hinweise liefern muss.

(2) Präklusion gem. § 377 II HGB?

Der Anspruch des K könnte aber dennoch ausgeschlossen sein, wenn K den Traubenmost aus anderen Gründen unverzüglich nach dessen Lieferung auf dessen Mangelfreiheit hätte untersuchen müssen.

Nach Ansicht des BGH können auch außerhalb des § 377 HGB aufgrund bestehender Handelsbräuche und Verkehrssitten Rügeobliegenheiten bestehen.

Derartige Rügeobliegenheiten können, wenn auch nur ausnahmsweise, sogar aus dem Grundsatz des § 242 BGB abgeleitet werden, sofern besondere Umstände zu bejahen sind, die eine rasche Reaktion des Käufers erfordern und den Gegner darauf vertrauen lassen, die Lieferung werde nicht beanstandet, wenn nicht umgehend die Mängelrüge erhoben werde.

Nach Ansicht des BGH liegen solche besonderen Umstände bei der Lieferung von Traubenmost vor,

⇨ da dieses Produkt täglich seine Beschaffenheit u.a. durch natürliche Luftoxidation ändert,

⇨ zur Weiterverarbeitung bestimmt ist

⇨ und weiteren Einflüssen unterliegt, die es erforderlich machen, bei Anlieferung vor Abladung Proben zu ziehen, beweiskräftige Mängel sofort anzuzeigen und nicht zuzuwarten.

Der BGH bürdet diese Last dem Käufer auf, an den der Most angeliefert worden ist. Anderenfalls hätte der Winzer und Verkäufer kaum eine Chance, der Behauptung fehlerhafter Lieferung entgegenzutreten.

---

[261] BAUMBACH/HOPT, § 377, Rn. 3; dazu im Einzelnen oben Rn. 61 f.

Etwas anderes gilt nur im Falle des arglistigen Verschweigens eines Mangels (vgl. Rechtsgedanke des § 377 V HGB), welches hier aber gerade nicht festgestellt werden konnte.

Ergebnis: Mangels unverzüglicher Untersuchung waren die Mängelrechte des K gem. § 242 BGB präkludiert, sodass dem K gegen V auch kein Anspruch auf Schadensersatz gem. §§ 437 Nr. 3, 280 I BGB zusteht.

hemmer-Methode: Im Ergebnis ist die Ansicht des BGH aber nicht unbillig, wenn der Verkäufer ein Unternehmer ist, der Käufer Kaufmann war und eine Ware verkauft wurde, bei welcher aus Vertrauensschutzgründen eine rasche Reaktion des Käufers erforderlich ist.
Bei der Lieferung von weiter zu verarbeitendem Traubenmost trifft dies zu. Wird ohne vorherige Überprüfung des „Grundstoffes" der Most zu Wein verarbeitet und stellt sich später der Mangel heraus, träfe den Winzer ein kaum überschaubares Haftungsrisiko.
Aus Treu und Glauben eine Untersuchungsobliegenheit zu fordern, ist daher nachvollziehbar.
Dies entspricht auch den von dem Bundesverband Deutscher Weinkommissionäre e.V. empfohlenen Allgemeinen Geschäftsbedingungen „für den Kauf beziehungsweise Verkauf von Trauben, Maische, Most und Wein".
Deren § 8 lautet wie folgt: *„Beanstandungen bei Bezug von Wein im Fass, Trauben, Maische oder Most sind nur innerhalb von 24 Stunden nach Eintreffen der Ware zulässig. Der Käufer ist verpflichtet, vor dem Abladen die Ware zu prüfen. Zusammen mit der Beanstandung sind zwei Proben der beanstandeten Ware einzusenden. Das Abladen vom LKW gilt als Annahme der Ware, falls nichts anderes ausdrücklich vereinbart wird."*
Nach Ansicht des BGH waren diese im Originalfall tatsächlich verwendeten Geschäftsbedingungen aber nicht einschlägig, da von der Weinkellerei noch ein Kommissionär eingeschaltet war, der den Most für die Weinkellerei (= Kommittent) erworben hat. Nach Ansicht des BGH sei die Klausel aber so zu verstehen, dass die Rügeobliegenheit nicht den Kommissionär, sondern den Kommittenten treffe.
Letztlich war dies aber nicht entscheidend, da der BGH die Rügeobliegenheit des (im Originalfall) Kommissionärs mit § 242 BGB begründet hat.
Die vom Bundesverband der Deutschen Weinkommissionäre e.V. empfohlenen Allgemeinen Geschäftsbedingungen haben den BGH bei seiner Entscheidung aber sicher zumindest beeinflusst.
<u>Fazit:</u> Vor dem Hintergrund dieser BGH-Entscheidung zur ungeschriebenen Rügeproblematik aufgrund von Handelsbräuchen oder § 242 BGB empfiehlt sich die Untersuchung durch den Käufer auch bei der Lieferung von anderen veränderlichen Produkten, insbesondere Lebensmitteln.

relevanter Zeitpunkt: Vertragsschluss

Die Voraussetzungen eines beidseitigen Handelsgeschäfts müssen im Zeitpunkt des Vertragsabschlusses vorliegen. Verliert also eine Partei erst später ihre Kaufmannseigenschaft, so bleibt § 377 HGB anwendbar.

342

c) Ablieferung

Begriff der Ablieferung

Die Rügeobliegenheit setzt ihrem Sinn und Zweck nach die Möglichkeit der tatsächlichen und vollständigen Überprüfung der gekauften Ware voraus.

343

Eine "Ablieferung" i.S.d. § 377 I HGB liegt deshalb nur dann vor, wenn die Ware dem Käufer derart zugänglich gemacht wird, dass dieser die Sache auch wirklich auf ihre Beschaffenheit überprüfen kann. Der Begriff der Ablieferung ist nicht identisch mit dem Gefahrübergang i.S.d. §§ 446, 447 BGB. Allerdings können Ablieferung und Gefahrübergang zusammenfallen.

Identität mit § 438 II BGB	Da der Sinn des Erfordernisses der Ablieferung - Ermöglichung der Mängeluntersuchung - mit dem des § 438 BGB übereinstimmt, gelten für die Begriffe der Ablieferung in § 438 II BGB und in § 377 HGB aber identische Maßstäbe.[262]
Beispiel	**Bsp.:** *Die Möbelhändler A aus München und B aus Hamburg schließen einen Vertrag über eine alte Truhe. Sie vereinbaren, dass A die Truhe nach Frankfurt in ein Zwischenlager zu liefern habe, von wo aus sie von den Angestellten des B abgeholt werden soll. Obwohl A die Truhe ins Zwischenlager gebracht und dies dem B mitgeteilt hat, vergessen die Angestellten des B, die Truhe nach Hamburg mitzunehmen. Als B die Truhe schließlich drei Monate später in Besitz nimmt, stellt er fest, dass diese einen Furnierfehler hat. Er verlangt Minderung und bringt vor, er habe den Fehler nicht vorher rügen können.*
	Mit der Übergabe an das Zwischenlager ist hier die Gefahr auf den B übergegangen, §§ 446, 447 BGB. Damit sind die §§ 434 ff. BGB auch anwendbar. Mit der Ablieferung an das Zwischenlager ist aber zugleich eine Ablieferung i.S.d. § 377 I HGB erfolgt, da B durch seine Angestellten die Möglichkeit der vollständigen Überprüfung der Truhe gehabt hat. Die Minderung ist damit nach § 377 I, II HGB ausgeschlossen.
	hemmer-Methode: Beachten Sie bei diesem Tatbestandsmerkmal stets die saubere Subsumtion! Oft wird verkannt, dass dieses Tatbestandsmerkmal überhaupt existiert oder im Fall eine Rolle spielt; ein identisches Problem liegt beim Verjährungsbeginn nach § 438 II BGB vor. Zum Sonderfall der Ablieferung beim *Streckengeschäft* vgl. Sie die Ausführungen unter Rn. 353.
Fehlen von Teilen hindert Ablieferung	Fehlen bei Übergabe der Sache noch wesentliche Teile, so ist die Ablieferung noch nicht erfolgt. Hierbei ist immer zu berücksichtigen, dass die Ablieferung die Überprüfung der Lieferung ermöglichen soll. *344*
Beispiel	**Bsp.:** *So hat der BGH z.B. bei Lieferung einer Computeranlage die Ablieferung verneint, da das Computerhandbuch nicht mitgeliefert wurde.[263] Hat der Verkäufer auch eine Montagepflicht übernommen, so ist die Ablieferung erst mit Vollendung der Montage erfolgt.*
	Anders hat dies der BGH gesehen, wenn lediglich im Handbuch und Programmaufbau vorgesehene Online-Hilfsfunktionen fehlen.[264]

d) Erkennbarkeit des Mangels

Erkennbarkeit erforderlich	Aus § 377 II a.E. HGB ergibt sich, dass die Genehmigungsfiktion nicht sogleich eintritt, wenn der Mangel „nicht erkennbar" war. Problematisch ist allerdings, *wann* Erkennbarkeit i.d.S. gegeben ist. *345*
Evidenz	Unproblematisch ist Erkennbarkeit gegeben, wenn der Mangel bei Lieferung evident vorhanden ist.
	Bsp.: *Das gelieferte Obst ist erkennbar verfault; die gelieferten Milchtüten sind deutlich aufgebläht.*
Verkehrsauffassung maßgeblich	Tritt der Fehler nicht offen, d.h. evident, zutage, ist maßgeblich, was nach der Verkehrsauffassung einem ordentlichen Kaufmann bzgl. der Untersuchung zugemutet werden kann. *346*

---

[262]   BAUMBACH/HOPT, § 377, Rn. 5.

[263]   BGH, NJW 1993, 461 - 463 = **juris**byhemmer.

[264]   BGH, NJW 2000, 1415 - 1417 = **juris**byhemmer.

Für die Untersuchungsobliegenheit nach § 377 I HGB ist darauf abzustellen, welche in den Rahmen eines ordnungsgemäßen Geschäftsgangs fallenden Maßnahmen einem ordentlichen Kaufmann im konkreten Einzelfall unter Berücksichtigung auch der schutzwürdigen Interessen des Verkäufers zur Erhaltung seiner Gewährleistungsrechte zugemutet werden können.

Dabei ist einerseits zu berücksichtigen, dass die Vorschriften über die Mängelrüge in erster Linie den Interessen des Verkäufers dienen, der nach Möglichkeit davor geschützt werden soll, sich längere Zeit nach der Lieferung oder nach der Abnahme der Sache etwaigen - dann nur schwer feststellbaren oder durch die Untersuchung vermeidbaren - Gewährleistungsansprüchen ausgesetzt zu sehen.

Andererseits dürfen die Anforderungen an eine ordnungsgemäße Untersuchung nicht überspannt werden, weil ansonsten der Verkäufer, aus dessen Einflussbereich der Mangel kommt, in die Lage versetzt werden könnte, das aus seinen eigenen fehlerhaften Leistungen herrührende Risiko über das Erfordernis der Mängelrüge auf den Käufer abzuwälzen.

Anhaltspunkte für die Grenzen der Zumutbarkeit bilden vor allem der für eine Überprüfung erforderliche Kosten- und Zeitaufwand, die dem Käufer zur Verfügung stehenden technischen Prüfungsmöglichkeiten, das Erfordernis eigener technischer Kenntnisse für die Durchführung der Untersuchung beziehungsweise die Notwendigkeit, die Prüfung von Dritten vornehmen zu lassen.[265]

grds. 5 %

Grds. ist es *„nach ordnungsgemäßem Geschäftsgange tunlich"*, ca. 5 % der Ware stichprobenartig zu untersuchen. Dies ist aber natürlich nur ein grober Anhaltspunkt! Auf die handelsüblichen Gewohnheiten der Untersuchung kommt es jedenfalls nur eingeschränkt an, da sonst eingerissene Nachlässigkeiten und Missstände hingenommen werden müssten.[266]

Sukzessivlieferungsverträge

Bei Sukzessivlieferungen ist grundsätzlich eine zumindest stichprobenweise Untersuchung **jeder Lieferung** nach dem ordnungsgemäßen Geschäftsgang tunlich.[267]   *346a*

Beispiele

Bsp. 1: Großhändler G bestellt bei Fabrikant F 1000 Dosen Thunfischfleisch.

Dem G ist es hier wegen der Größe der Lieferung zumutbar, *mindestens* zehn der Dosen zu öffnen und auf ihre Beschaffenheit hin zu überprüfen.   *347*

Bsp. 2: Weinhändler W liefert an Großhändler G fünf Flaschen Wein. Nachdem der G diese an den Z weiterverkauft hat, stellt sich heraus, dass der Wein verdorben war.

Hier kann dem G wegen der geringen Liefermenge nicht zugemutet werden, eine der fünf Flaschen vor dem Verkauf zu öffnen, um die fehlerfreie Beschaffenheit zu überprüfen. Es ist ihm allenfalls zuzumuten, von außen zu prüfen, ob insoweit erkennbare Mängel vorhanden sind.

348

Folgen der Nichterkennbarkeit des Mangels

Ein *versteckter* - also nicht erkennbarer - Mangel ist dann gegeben, wenn er nicht offen zutage tritt *und* auch bei einer ordnungsgemäß durchgeführten, im Rahmen des Zumutbaren liegenden Untersuchung nicht feststellbar war.

---

[265]   Vgl. dazu BGH, NJW 2018, 1957 ff.- = **juris**byhemmer.

[266]   BGH, NJW 1976, 625 - 626 = **juris**byhemmer.

[267]   OLG Brandenburg, NJW-Special 2012, 174= **juris**byhemmer.

hemmer-Methode: Ist ein Mangel nicht erkennbar, so führt dies allerdings nicht zur völligen Unanwendbarkeit des § 377 HGB. Vielmehr hängen von der Erkennbarkeit lediglich die Anforderungen an die Rechtzeitigkeit der Mängelrüge ab, § 377 III HGB.

e) Kein arglistiges Verschweigen des Mangels

keine Arglist

Gem. § 377 V HGB darf der Verkäufer den Mangel nicht arglistig verschwiegen bzw. eine Eigenschaft arglistig vorgespiegelt oder das Fehlen einer zugesicherten Eigenschaft arglistig verschwiegen haben.[268]

349

Arglist liegt dann vor, wenn der Verkäufer den Mangel kennt oder jedenfalls mit seinem Vorhandensein rechnet und eine nach Treu und Glauben gebotene Mitteilung hiervon an den Käufer in der Absicht unterlässt, diesen zu täuschen. Der Verkäufer muss sich also der Tatsache bewusst sein, dass der Käufer den Mangel nicht kennt und die Ware bei Kenntnis des Mangels beanstanden würde.[269]

hemmer-Methode: Lernen am examenstypischen Fall! Oft werden Personenhandelsgesellschaften miteinander kontrahiert haben. Dann kommt es im Hinblick auf die Arglist wieder auf die Wissenszurechnung an (vgl. HEMMER/WÜST, Gesellschaftsrecht, Rn. 107 ff.)!
Beim arglistigen Verschweigen durch einen Erfüllungsgehilfen ist darauf zu achten, dass § 278 BGB nur eine Verschuldenszurechnung, nicht dagegen eine Wissenszurechnung ermöglicht![270] Eine Zurechnung der Arglist kann bei Vertretern grds. nur über § 166 BGB bzw. analog § 31 BGB erfolgen.

f) Rechtzeitigkeit der Mängelrüge

aa) Rüge durch den Käufer selbst

unverzüglich, § 121 I S. 1 BGB

Die Mängelrüge ist rechtzeitig erhoben, wenn sie „unverzüglich", also „ohne schuldhaftes Zögern" i.S.d. § 121 I S. 1 BGB, erfolgt ist.

350

Aufgrund der im Handelsverkehr notwendigen Beschleunigung und Rechtsklarheit ist der Begriff restriktiv auszulegen. Deshalb schadet auch schon eine geringe, bei objektiv ordnungsmäßigem Geschäftsgang vermeidbare Nachlässigkeit.[271] Es gilt jedoch kein einheitlicher Maßstab, vielmehr sind immer die Art des Geschäfts und die Beschaffenheit der Ware zu berücksichtigen.

> *Bsp.: Bei leicht verderblicher Ware, etwa bei Obst, kann ein rasches (ggf. telegraphisches) Handeln innerhalb weniger Stunden geboten sein.*[272]

mehrere Fristen

Das Gesetz sagt nur, dass die Anzeige unverzüglich zu machen ist. Danach würde die Frist der Unverzüglichkeit nur einmal laufen und mit der Ablieferung beginnen. Das Gesetz ist hier jedoch unpräzise. Genau genommen kann man nicht von *einem* Fristbeginn und *einer* Frist sprechen, sondern von mehreren.[273]

Sofort mit der Ablieferung beginnt die **Frist**, innerhalb derer - nämlich unverzüglich - **die Untersuchung** der Ware **durchzuführen** ist.

---

[268]   BAUMBACH/HOPT, § 377, Rn. 9.

[269]   RGZ 62, 302.

[270]   Missverständlich BAUMBACH/HOPT, § 377, Rn. 12.

[271]   RGZ 106, 360.

[272]   OLG MÜNCHEN, NJW 1955, 1560.

[273]   BAUMBACH/HOPT, § 377, Rn. 26.

Im Anschluss daran muss bei Feststellung eines Mangels die **Mängelrüge** abgesandt werden. Auch dies hat **_innerhalb einer Frist_** zu geschehen - **_ebenfalls unverzüglich_**.

> **hemmer-Methode: Somit ist das Erfordernis der Unverzüglichkeit zweimal zu erfüllen, um die Folge des § 377 HGB zu vermeiden.**

Denken Sie daran, dass nach Beendigung von Nacherfüllungsmaßnahmen die Ware erneut unverzüglich zu untersuchen und verbliebene oder neue Mängel zu rügen hat.[274]

differenzieren bzgl. der Erkennbarkeit

Für den Beginn des Laufes der Fristen ist zwischen erkennbaren und nicht erkennbaren Mängeln zu unterscheiden: **351**

Evidenz

⇨ Bei **evidenten Mängeln** beginnt nur *eine* Frist sofort *mit der Ablieferung* zu laufen. Denn der Mangel muss mit der Ablieferung erkannt werden. Damit ist die Einräumung einer besonderen Frist für die Durchführung der Untersuchung nicht erforderlich.

durch Untersuchung erkennbar

⇨ Bei Mängeln, die **bei** einer zumutbaren und ordnungsgemäßen **Untersuchung erkennbar** sind, bestimmt sich die Rügefrist einerseits nach der Zeit, die eine solche Untersuchung regelmäßig in Anspruch nimmt. Mit der Untersuchung selbst ist unverzüglich nach der Ablieferung zu beginnen.[275] Anschließend an den Abschluss der Untersuchung muss unverzüglich die Rüge abgesandt werden, § 377 III HGB.

trotz Untersuchung nicht erkennbar

⇨ Bei **nicht erkennbaren Mängeln** läuft zunächst keine Frist, da die Untersuchung ja nicht zur Entdeckung des Mangels führen kann. Wird aber später durch Zufall der Mangel entdeckt, ist unverzüglich zu rügen. Auch hier läuft also nur eine Frist – die zur Absendung der Anzeige, § 377 III HGB.

> **hemmer-Methode: Pauschales Lernen vermeiden! Maßstab zur Entscheidungsfindung muss immer sein, ob der Verkäufer "ohne schuldhaftes Zögern" gerügt hat; für die Lösung der konkreten Klausur kommt es hier deshalb vor allem auf eine saubere, handelstypische Bewertung der im Sachverhalt angegebenen Informationen an.**

entscheidend ist Absendung, § 377 IV HGB

Um die Rechtzeitigkeit der Mängelrüge einzuhalten, kommt es gem. § 377 IV HGB nicht auf den Zugang der Rüge beim Verkäufer, sondern auf die rechtzeitige Absendung an. **352**

Damit ist nach h.M.[276] aber nur das Verspätungsrisiko auf den Veräußerer verlagert, nicht dagegen das Verlustrisiko.

> *Bsp.: Schickt der Käufer die Mängelrüge rechtzeitig an den Verkäufer, verzögert sich der Zugang aber um vier Wochen, weil der Postbote unzuverlässig war, so geht dies zu Lasten des Verkäufers. Die Mängelrechte bleiben erhalten. Geht die Mängelrüge aber in der Post ganz verloren, so ist sie nicht rechtzeitig erfolgt. Die Mängelrechte des Käufers sind gem. § 377 HGB ausgeschlossen.*

bb) Das Streckengeschäft

Streckengeschäft

Sonderprobleme bestehen im Hinblick auf die Rügeobliegenheit dann, wenn die Ware auf Geheiß des Käufers vom Verkäufer direkt an einen Drittabnehmer gesandt wird. **353**

---

[274] BGH, NJW 2000, 1415 - 1417 = **juris**byhemmer.

[275] BAUMBACH/HOPT, § 377, Rn. 26.

[276] BGHZ 101, 49 - 56 = **juris**byhemmer; kritisch BAUMBACH/HOPT, § 377, Rn. 40 f.; REINICKE/TIEDTKE, Kaufrecht, S. 294 f.

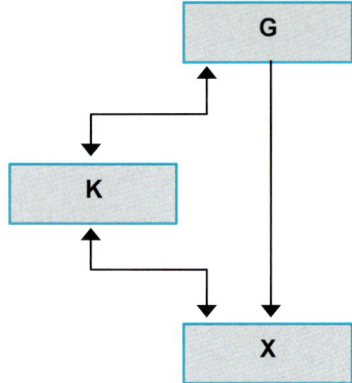

Bsp.: Kaufmann K kauft bei Großhändler G eine Couch. Diese Couch verkauft K seinerseits sofort weiter an X. G soll die Couch vereinbarungsgemäß direkt an X liefern.

In dieser Grundfallkonstellationen sind die verschiedenen Rechtsverhältnisse genau zu unterscheiden:

Verhältnis K - G

Ein *beiderseitiger* Handelskauf mit einer diesbezüglichen Rügeobliegenheit besteht jedenfalls zwischen **K** und **G**. Hier findet § 377 HGB Anwendung.

Verhältnis K - X

Beim Kaufvertrag zwischen **K** und **X** ist zu differenzieren:

falls X Kaufmann ⇨ § 377 HGB (+)

⇨ *Ist X ebenfalls Kaufmann, so liegt auch hier ein beiderseitiges Handelsgeschäft vor; die Untersuchungsobliegenheit des § 377 I HGB findet also Anwendung. X muss einen Mangel gegenüber K im eigenen Interesse rügen; tut er dies nicht, so verliert X nämlich seine Rechte gegenüber K. Mängelrechte des K gegenüber G werden dann regelmäßig keine Rolle spielen, da K insoweit keinen Schaden hat.*

falls X kein Kaufmann ⇨ § 377 HGB (-)

⇨ *Ist X dagegen nicht Kaufmann, so fehlt es am beiderseitigen Handelskauf zwischen K und X; X trifft gegenüber dem K also keine Rügeobliegenheit. Ist die Sache mangelhaft, so müsste zwar nicht X gegenüber K, wohl aber der K gegenüber G rügen.*

Dies hätte bei unterlassener Rüge des K zur Folge, dass zwar X Ansprüche gegenüber K, nicht aber K gegenüber G hätte. So können Härten entstehen, die von der h.M. auch grundsätzlich hingenommen werden:[277]

Wird die Untersuchung oder die Rüge durch X verzögert, so geht dies zu Lasten des K. Ist der Kaufvertrag zwischen K und X kein Handelskauf, so kann es also sein, dass der Abnehmer X trotz verspäteter Anzeige seine Mängelrechte gegenüber dem Käufer K behält, während die Gewährleistungsansprüche des Käufers K gegenüber seinem Verkäufer G nach § 377 HGB erloschen sind.

Der Käufer soll also weiterhin verpflichtet sein, für eine schnellstmögliche Aufdeckung von Mängeln Sorge zu tragen und diese unverzüglich anzuzeigen.

354

Dagegen spricht aber, dass ein nicht kaufmännischer Käufer keine Obliegenheit zur Untersuchung und Rüge. Für ihn gilt nur die gesetzliche Verjährung des § 438 BGB. Zeigt er also seinem Verkäufer einen Mangel nicht unverzüglich an, so behält er seine Mängelrechte diesem gegenüber. Der Verkäufer seinerseits dagegen verliert seine Rechte gegenüber dem Lieferanten, da für ihn § 377 I HGB gilt.

Den Schaden hätte also der Verkäufer, verantwortlich wäre sein Abnehmer. Bei diesem könnte er aber keinen Regress nehmen, da diesen eben keine Pflicht zur unverzüglichen Mängelanzeige trifft.

---

[277]   Baumbach/Hopt, § 377, Rn. 23 a.E., Rn. 34 und Rn. 37; BGHZ 110, 130 - 147 = **juris**byhemmer; RGZ 102, 91.

Der Käufer könnte sich auch nicht dadurch absichern, indem er von vornherein mit dem Kunden vereinbart, dass dieser die Ware unverzüglich auf etwaige Fehler hin zu untersuchen und diese unverzüglich mitzuteilen habe. Eine solche Vereinbarung gegenüber einem Verbraucher ist wegen §§ 474 I, 475 I BGB noch nicht einmal durch Individualvereinbarung wirksam, da es sich um eine Beschränkung bzw. Umgehung der Rechte des Verbrauchers handeln würde, § 475 I S. 1 bzw. S. 2 BGB.

Die h.M. ist daher nach vermittelnder Ansicht insoweit zu modifizieren, als dass bei der unmittelbaren Lieferung vom Verkäufer an den Abnehmer des Käufers für den Käufer wegen fehlender Erkennbarkeit keine Untersuchungsobliegenheit besteht, wenn der Abnehmer selbst kein Kaufmann ist. Der Käufer hat nur dann einen Mangel dem Verkäufer unverzüglich anzuzeigen, wenn der Abnehmer ihm den Mangel mitgeteilt hat, vgl. § 377 III HGB.

hemmer-Methode: Was Sie hier in der Klausur vertreten, spielt keine Rolle, sofern Sie nur erkennen, dass es sich um einen Problem handelt, wenn der Abnehmer des Käufers kein Kaufmann ist.

Verlängerung der Rügefrist

Bei der Bestimmung der "Unverzüglichkeit" im Streckengeschäft ist im Verhältnis des Käufers zu seinem Verkäufer die Zeit hinzuzurechnen, die für die Vornahme der Mängelrüge durch den Abnehmer gegenüber dem Käufer und die Weiterleitung der Anzeige erforderlich ist.

hemmer-Methode: Das Streckengeschäft muss in seinen Varianten bekannt sein! Es ist häufig Gegenstand von Examensklausuren, weil es ein weiteres Problemfeld eröffnet, das nur anhand einer wertenden Betrachtung sachgerecht gelöst werden kann, und dadurch Möglichkeiten zur Notendifferenzierung schafft.

cc) § 377 HGB beim Leasing

Sonderfall Leasing

Examensrelevanter Sonderfall für das Problem der Rügepflicht ist das Leasing. Die Problematik ist dabei ähnlich derjenigen beim Streckengeschäft.

355

Beispiel

Bsp.: Rechtsanwalt R will eine Computeranlage bei Computerfachhändler H erwerben. R schließt daher einen Vertrag mit der L-Leasing-GmbH. Diese soll den Computer kaufen und an R "vermieten". Vereinbarungsgemäß kauft die L-GmbH den Computer, der direkt von H an R geliefert wird. Die mietrechtliche Gewährleistung wurde zwischen R und der L-GmbH ausgeschlossen. Als Ersatz dafür wurden R die Gewährleistungsrechte aus dem Kaufvertrag zwischen H und der L-GmbH abgetreten.

Obwohl R bereits direkt nach der Installation Fehler an der Anlage bemerkt, verlangt er erst drei Wochen nach Lieferung Nacherfüllung. H entgegnet ihm, dass R den Fehler nicht rechtzeitig i.S.d. § 377 HGB gerügt habe. R entgegnet, er sei kein Kaufmann. H meint aber, dass es darauf in diesem Fall nicht ankomme.

Kann R Nacherfüllung verlangen?

Eine Abtretung der Rechte aus dem Kaufvertrag an R ist nach h.M. möglich und wirksam erfolgt. Vom grds. Bestehen eines Anspruchs auf Nacherfüllung (§§ 437, 439, 434 BGB) ist wegen der Mangelhaftigkeit der Computeranlage auszugehen, insbesondere sind die Ansprüche noch nicht verjährt, § 438 BGB.

hemmer-Methode: Die spezifischen Probleme beim Leasing müssen in einer richtigen Klausur natürlich ausführlich dargestellt werden. Insbesondere ist auf die Zulässigkeit des Ausschluss mietrechtlicher Gewährleistung an dieser Stelle ausführlich einzugehen!

Problemaufriss

Der Anspruch könnte jedoch wegen unterlassener Rüge gem. § 377 I, II HGB ausgeschlossen sein. Diese Vorschriften sind aber nur bei einem *beid*seitigen Handelsgeschäft anwendbar (§ 343 HGB). Da R nicht Kaufmann ist, wohl aber H (§ 1 HGB) sowie die L-GmbH (vgl. § 13 GmbHG), kommt es darauf an, auf wessen Kaufmannseigenschaft abzustellen ist.

Formell Vertragspartner des H war die L-GmbH. Diese traf demnach eine Rügeobliegenheit im Hinblick auf die Computeranlage. Die Anlage wurde jedoch nicht an die L-GmbH ausgeliefert, sondern unmittelbar an R, der kein Kaufmann ist.

BGH-Ansicht

a) Der BGH sieht die Lage genauso an wie beim Streckengeschäft.[278] Die L-GmbH wird von ihrer Rügeobliegenheit gegenüber H nicht dadurch entlastet, dass der Kaufgegenstand vereinbarungsgemäß an den Nichtkaufmann R geliefert wird. Sie muss vielmehr mit R vereinbaren, dass er die Untersuchung für sie durchführt. Da dies hier nicht geschehen ist und R nicht rechtzeitig die Mängel weitergegeben hat, sind nach Ansicht des BGH die kaufrechtlichen Mängelgewährleistungsansprüche, die die L-GmbH dem R abgetreten hat, gem. § 377 HGB ausgeschlossen. Dem R wird dann dadurch geholfen, dass die mietrechtlichen Gewährleistungsansprüche gegenüber der L-GmbH wieder aufleben, da die Abtretungskonstruktion unwirksam ist.

Ansicht der Literatur

b) Die Literatur will dagegen den Fall des Leasing anders behandeln als das Streckengeschäft.[279] Da nämlich ursprünglich R die Sache direkt bei H kaufen wollte und dann § 377 HGB keine Anwendung gefunden hätte, soll H keinen Vorteil daraus ziehen, dass R nicht direkt erworben hat, sondern eine Leasing-Gesellschaft eingeschaltet hat. Demnach wäre der Anspruch des R gegen H auf Rücktritt gegeben.

hemmer-Methode: Noch schwieriger liegt der Fall dann, wenn R die Computeranlage zunächst unmittelbar bei H gekauft hätte und erst *danach* die L-GmbH in den Vertrag eingetreten wäre (sog. Leasing-Eintrittsmodell im Wege der Vertragsübernahme, §§ 311 I, 241 I BGB, §§ 566, 613a I, 1251 I BGB): Dann lag z.Zt. des Vertragsschlusses zwischen R und H nur ein *ein*seitiges Handelsgeschäft vor. Dieses wurde allerdings durch die Übernahme zu einem beidseitigen Handelsgeschäft.[280]

Ein Parallelproblem kann hier auch bei der Inhaltskontrolle von AGB des Verkäufers auftreten, da wegen § 310 I BGB die Frage auftritt, welcher Prüfungsmaßstab zugrunde zu legen ist. Hier ist regelmäßig davon auszugehen, dass der Verkäufer seine entsprechend §§ 414, 415 BGB erforderliche Beteiligung an der Vertragsübernahme nur unter der aufschiebenden Bedingung (§ 158 I BGB) der Geltung seiner AGB gegenüber dem übernehmenden Kaufmann vornimmt.

g) Inhalt und Form der Mängelanzeige

Angabe eines bestimmten Mangels

Wesentlicher Inhalt der Mängelanzeige ist die Rüge eines *bestimmten* Mangels. Es ist daher nur eine Anzeige ausreichend, aus der sich die Art der Mängel erkennen lässt.

Allgemeine Äußerungen der Unzufriedenheit, aus denen nicht hervorgeht, welche Mängel beanstandet werden („Die Ware ist Schund", „Die Ware entspricht nicht meinen Erwartungen", „Ich stelle die Ware zur Verfügung"), sind daher nicht ausreichend.[281]

356

---

[278] BGHZ 110, 130 - 147 = jurisbyhemmer; BAUMBACH/HOPT, § 377, Rn. 34.

[279] CANARIS, AcP 190, 428; FLUME, Die Rechtsfigur des Finanzierungsleasing, DB 1991, 265 - 271 (269).

[280] Vgl. BGH, NJW 1990, 1290 - 1294 (1292) = jurisbyhemmer.

[281] BGH, MDR 1969, 752.

aber keine Details oder Ursachen	Andererseits ist eine detaillierte Beschreibung des Fehlers oder eine Aufdeckung der Ursachen des Fehlers nicht notwendig. Erforderlich und ausreichend ist vielmehr eine Anzeige, in der der Fehler so genau beschrieben wird, dass der Verkäufer die Möglichkeit einer Nachprüfung hat und auch davor geschützt ist, dass der Käufer später andere, nicht präzisierte Mängel nachschiebt.[282]
Rüge auch für spätere Mängel erforderlich	Zeigt sich nach der erfolgten Mängelanzeige, dass die Ware auch aufgrund eines anderen Umstands fehlerhaft ist, so bedarf es zur Geltendmachung dieser neuen Mängel einer weiteren Anzeige.
formfrei	An eine bestimmte Form ist die Rüge des § 377 HGB nicht gebunden.

357

hemmer-Methode: Nach § 377 IV HGB trägt der Verkäufer die Verspätungsgefahr, die Verlustgefahr bleibt dagegen beim Käufer (s.o.). Aus diesem Grund empfiehlt sich eine Form, welche dem Käufer den Beweis des Zugangs ermöglicht. In der Praxis gilt folglich: Das Bestreiten der Rechtzeitigkeit bringt dem Verkäufer nichts; nur durch Bestreiten des Zugangs kann er sich den Haftungsfolgen entziehen.

h) Die Folgen einer Versäumung der Rügefrist

Unterlässt es der Käufer, einen Mangel der gelieferten Ware rechtzeitig zu rügen, so hat dies gemäß § 377 II die Fiktion der Genehmigung der gelieferten Ware als mangelfreie, vertragsgemäße Leistung zur Folge.[283] Eine Anfechtung dieser Wirkung ist grds. nicht möglich.

358

keinerlei Rechte mehr wegen des Mangels, außer Verzicht	Der Empfänger der Leistung kann daher aus dem Sachmangel keinerlei Rechte mehr herleiten.[284] Da die Vorschriften über die Mängelrüge dispositiver Natur sind, kann der Verkäufer auf die Rechtswirkungen einer verspäteten Mängelanzeige aber sowohl von Anfang an als auch nachträglich verzichten.

359

hemmer-Methode: Bei einer Erstmusterfreigabe durch den Käufer sind die Mängelrechte auch hinsichtlich aller Folgelieferungen ausgeschlossen, wenn der Mangel bereits dem Erstmuster anhaftete.[285]

Ein solcher Verzicht kann auch durch konkludente Handlung erfolgen, z.B. durch Zusage einer Nachbesserung oder durch vorbehaltlose Rücknahme der Ware.

360

nur Delikt bleibt unberührt	Einzig und allein deliktische Ansprüche werden durch die Genehmigungswirkung des § 377 HGB nicht erfasst. Unterfallen also Mangelfolgeschäden sowohl dem Leistungsstörungsrecht als auch dem Deliktsrecht, so werden Ansprüche wegen Pflichtverletzung aus §§ 437 Nr. 3, 280 I, durch § 377 HGB ausgeschlossen, während diejenigen aus § 823 BGB erhalten bleiben.[286]

361

hemmer-Methode: Nicht ausgeschlossen sind dagegen Ansprüche des Käufers, die sich auf das Vertragsverhältnis insgesamt auswirken, z.B. beim Vertrauenswegfall.[287] Ebenso bleiben Ansprüche wegen Verletzung einer Nebenpflicht bestehen.[288]

---

[282] BAUMBACH/HOPT, § 377, Rn. 42.

[283] BAUMBACH/HOPT, § 377, Rn. 45; RGZ 106, 359 (360).

[284] Vgl. dazu Bredemeyer, JA 2009, 161 ff.

[285] Vgl. SAUTHOFF/KLUTH, Erstmusterfreigabe und Lieferantenhaftung, ZGS 2007, 374 - 379.

[286] BGHZ 101, 337 - 350 = **juris**byhemmer.

[287] BAUMBACH/HOPT, § 377, Rn. 49.

[288] BAUMBACH/HOPT, § 377, Rn. 49.

Beispiel

Bsp.:[289] *K hat für seine Weinkellerei 50.000 Weinflaschenkorken bestellt. Die Korken waren schadhaft. K hat sie dennoch verwendet. Seine Rüge war verspätet. Gewährleistungsansprüche waren verjährt. Er verlangt von V Schadensersatz für den wegen der schadhaften Korken verdorbenen Wein.* 362

Da Ansprüche nach §§ 434 ff. BGB verjährt sind und die Ware ohnehin gem. § 377 II HGB als genehmigt gilt, kommen Ansprüche wegen der mangelhaften Ware selbst nicht in Betracht. Bezüglich des verdorbenen Weines sind auch Ansprüche aus §§ 437 Nr.3, 280 I BGB ausgeschlossen. Möglich ist daher allenfalls ein Anspruch aus § 823 I BGB. Die Lieferung der schadhaften Korken hat eine Eigentumsverletzung und einen entsprechenden Schaden des K verursacht. 363

Der BGH hat entschieden, dass die Verletzung der Rügeobliegenheit aus § 377 I HGB nicht den Verlust deliktischer Ansprüche wegen einer durch die Schlechtlieferung verursachten Verletzung eines der in § 823 I BGB genannten Rechtsgüter des Käufers zur Folge hat. Eine solche Privilegierung des Verkäufers gegenüber dem nach allgemeinem Deliktsrecht haftenden Dritten sei unangemessen. Es liege auch kein Fall vor, bei dem die Möglichkeit des Geschädigten, nach einem Ausschluss mit seinen vertraglichen Schadensersatzansprüchen auf die aus demselben Sachverhalt hergeleiteten deliktischen Ansprüche auszuweichen, den Zweck der §§ 438 BGB, 377 II HGB vereiteln und die gesetzliche Regelung im Ergebnis aushöhlen würde. 364

Das Unterlassen einer gebotenen Untersuchung stellt aber eine im Rahmen von § 254 BGB zu berücksichtigende Selbstgefährdung dar.

4. Zuviellieferung

Zuviel-Lieferung nicht (mehr) geregelt

Nach Neufassung des Schuldrechts und dem damit verbundenen Wegfall des § 378 HGB a.F. besteht nun für den Käufer auch beim beiderseitigen Handelskauf keine Rügeobliegenheit gemäß §§ 378, 377 HGB a.F. mehr. 365

Es soll an dieser Stelle dennoch kurz auf die jetzt geltende Rechtslage eingegangen werden. Mangels vorliegender, dem § 378 HGB a.F. oder § 434 III BGB entsprechender Vorschriften, ist der Fall der Zuviellieferung nach den allgemeinen Regeln zu lösen. 366

Das bedeutet, es bleibt für den Käufer bei der ursprünglich durch den Kaufvertrag begründeten Leistungspflicht aus § 433 II BGB. Die Rechte des Verkäufers bezüglich der Zuviellieferung bestimmen sich dann nach den Regeln des BGB. 367

Der Verkäufer kann nur den Kaufpreis für die vertraglich vereinbarte Menge verlangen, aber nicht für die Mehrmenge. Dies gilt selbst dann, wenn der Käufer die Mehrmenge behält, ohne den Verkäufer darauf aufmerksam zu machen. 368

Die Mehrmenge hat der Käufer auf Verlangen aber nach § 812 BGB herauszugeben. 369

Geprüft werden muss aber in jedem Einzelfall, ob nicht eine konkludente Vertragserweiterung über die Mehrmenge stattgefunden hat. In der Lieferung der Mehrmenge liegt u.U. ein stillschweigendes Vertragsänderungsangebot unter Verzicht auf den Zugang der Annahmeerklärung. Die stillschweigende Annahme des Käufers kann in der Ingebrauchnahme der Ware liegen. 370

hemmer-Methode: § 241a BGB steht dem nicht entgegen, da diese Vorschrift nicht unter Kaufleuten gilt. 371-379

---

[289] Fall nach BGHZ 101, 337 - 350 = **juris**byhemmer.

5. Abdingbarkeit des § 377 HGB in AGB

grds. abdingbar

Die Rügepflicht des § 377 HGB kann grds. sowohl verschärft als auch abgemildert werden. Dies gilt grds. auch bei der Verwendung von allgemeinen Geschäftsbedingungen (AGB).

380

Die Zulässigkeit der jeweiligen AGB-Klausel richtet sich dann nicht nach § 309 Nr. 8 b) ee) BGB, da dieser gem. § 310 I BGB auf Kaufleute keine Anwendung findet. Prüfungsmaßstab für die Zulässigkeit der AGB-Klausel ist allein § 307 BGB. Allerdings „strahlen" die Verbote der §§ 308, 309 BGB auf § 307 BGB aus, vgl. § 310 I S. 2 BGB.

Grenzen der Einschränkung

Die Frage, *inwieweit* § 377 HGB durch AGB abbedungen werden können, wird kontrovers diskutiert. Jedenfalls ist die Abmilderung der Rügepflicht in Einkaufsbedingungen bei offenkundigen Mängeln nach § 307 BGB unzulässig.[290] Die Verschärfung der Rügepflicht durch den Verkäufer in der Weise, dass auch verborgene Mängel innerhalb von drei Tagen gerügt werden müssen, ist ebenfalls unzulässig. Solange es sich aber um keinen dieser eindeutigen Fälle handelt, ist im Ergebnis jede Ansicht vertretbar.

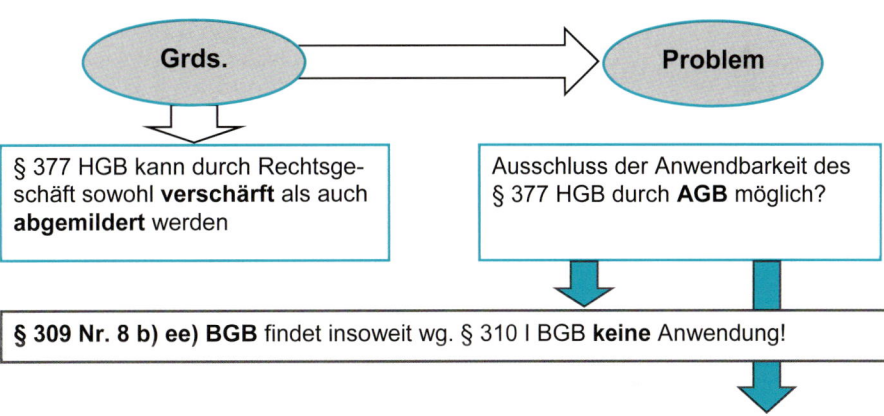

Interessenabwägung

Für die Klausur heißt das, dass bei Überprüfung der AGB-Klausel eine Abwägung der schützenswerten Belange von Verkäufer und Käufer stattfinden muss.

hemmer-Methode: Für diese Entscheidung müssen in der Klausur zunächst die einzelnen Argumente im Rahmen einer Interessenabwägung benannt werden. Da aber keines der Ergebnisse zwingend ist, sollten Sie sich dann für die klausurtaktisch günstigere Variante entscheiden. Versuchen Sie daher immer vor der Entscheidung einer solchen Frage erst zu ermitteln, worauf der Ersteller der Klausur "hinauswollte". Nur dann schreiben Sie die "gute Klausur"!

6. Zusammenfassender Beispielsfall

Sachverhalt

Weinhändler W bestellt bei Großhändler G fünf Flaschen Wein eines bestimmten Jahrgangs und einer bestimmten Lage. Auf Geheiß des W liefert der Großhändler G den Wein direkt an K, einen Kunden des W.

381

---

[290] BGH, NJW 1991, 2633 - 2635 = jurisbyhemmer.

Dieser packt den Wein erst acht Tage nach der Lieferung aus und stellt dabei fest, dass es sich um einen anderen Jahrgang handelt. Er teilt dies sofort dem W mit. Dieser rügt das Versehen am nächsten Tage schriftlich gegenüber dem Großhändler G und verlangt Rückzahlung des bereits überwiesenen Kaufpreises. G weigert sich mit der Begründung, dass er sich nach so langer Zeit nicht mehr auf Beanstandungen einlassen müsse. Wie ist die Rechtslage?

Abwandlung: Wie wäre es, wenn der Wein zwar in Jahrgang und Lage der Bestellung entsprach, der Kunde aber, als er die erste Flasche acht Tage nach der Lieferung öffnete, feststellte, dass der Wein - vermutlich infolge falscher Lagerung - verdorben war, dies dem W sofort mitgeteilt hätte und dieser den Mangel am nächsten Tage dem G gegenüber mit den Worten schriftlich gerügt hätte, "er habe keinen Essig bestellt".

Lösung Ausgangsfall:

W könnte einen Anspruch auf Nacherfüllung aus §§ 439, 437 Nr. 1, 434 III Alt. 1 BGB gegen G haben.

1) Dann müsste zunächst ein Sachmangel vorliegen. Der Wein eines anderen Jahrgangs ist zwar kein fehlerhafter Wein i.S.d. § 434 I BGB, sondern lediglich ein anderer. Es handelt sich um die Lieferung eines "aliuds". Dieses steht aber gemäß § 434 III Alt. 1 BGB einem Sachmangel gleich, sodass Gewährleistungsrecht einschlägig ist.

2) Die Mängelansprüche sind gemäß § 438 BGB auch noch nicht verjährt. Allerdings könnte W bezüglich der Geltendmachung der Gewährleistungsrechte wegen § 377 II HGB präkludiert sein.

3) Gemäß § 377 I HGB muss die Untersuchung unverzüglich erfolgen. Unverzüglich bedeutet nach § 121 I S. 1 BGB "ohne schuldhaftes Zögern". Zu beachten ist jedoch, dass die Unverzüglichkeit grundsätzlich zweimal einzuhalten ist, sowohl bei der Untersuchung als auch bei der Rüge. Ist der Mangel (wie vorliegend) jedoch evident, dann beginnt nur eine Frist zu laufen. Hier war nur ein Blick auf die Etiketten erforderlich, um die Abweichung zu erkennen. Eine Untersuchung war daher gar nicht erforderlich. Die Rüge musste daher unverzüglich nach Ablieferung erfolgen.

Für die Unverzüglichkeit ist die Art des Geschäftes und die Beschaffenheit der Ware maßgeblich. Jedenfalls ist ein Zeitraum von 8 Tagen nicht mehr angemessen.

Fraglich ist, ob sich daraus etwas anderes ergibt, dass der Wein direkt an einen Kunden des W geliefert wurde und dieser die verzögerte Rüge zu vertreten hat. Dies kann einerseits nicht zu Lasten des Verkäufers gehen, denn er hat eben nur mit seinem Abnehmer kontrahiert. Andererseits entstehen für den Käufer dadurch Härten, dass er seinerseits Mängelansprüchen seines Abnehmers ausgeliefert ist, da diesen keine Rügepflicht trifft, er sich andererseits aber nicht bei dem Verkäufer schadlos halten kann, da seine Mängelansprüche gem. § 377 II HGB präkludiert sind.

Nach h.M. wird der Käufer dadurch geschützt, dass bei Bestimmung der Unverzüglichkeit die Zeit hinzugerechnet wird, die für die Vornahme der Mängelrüge durch den Abnehmer gegenüber dem Käufer und die Weiterleitung der Anzeige erforderlich ist.

Gleichwohl ergibt sich im vorliegenden Fall kein anderes Ergebnis, denn der Zeitraum von acht Tagen ist auch unter dem Aspekt des Streckengeschäfts zu lang. Daher ist W gemäß § 377 II HGB mit seinen Mängelrechten präkludiert, ein Anspruch auf Rückzahlung des Kaufpreises entfällt.

Abwandlung:

Hier handelt es sich um einen Sachmangel i.S.d. § 434 I S. 1 Nr. 1 BGB. Daher stellt sich die Frage, ob W auch in diesem Fall gemäß § 377 II HGB mit seinen Gewährleistungsansprüchen präkludiert ist.

1. Der Käufer W musste diesen Mangel nur dann sofort nach der Ablieferung rügen, wenn es sich um einen offenen Mangel handelte. Dies wäre dann der Fall, wenn er bereits äußerlich erkennbar zutage lag oder wenn er bei einer sachgemäß durchgeführten Untersuchung erkennbar war. Eine Pflicht zur Untersuchung trifft den Käufer jedoch nur insoweit, als ihm dies nach den Umständen des Einzelfalles und den in dem betreffenden Geschäftszweig geltenden Gepflogenheiten zumutbar ist. Bei dem Kauf von fünf Flaschen Wein ist es dem Käufer nicht zumutbar, als Stichprobe eine Flasche zu öffnen. Dies gilt jedenfalls dann, wenn es sich bei dem Käufer um einen Wiederverkäufer handelt, da er durch eine derartige Untersuchung seinen Gewinn aus dem gesamten Geschäft fast vollständig einbüßen müsste.

Gem. § 377 III HGB war für die Wahrung der Rügefrist daher ausreichend, dass der Mangel unverzüglich gerügt wurde, nachdem er sich später zeigte. Diese Voraussetzungen sind in der zweiten Fallgestaltung erfüllt.

2. Die Rüge ist auch formgerecht erfolgt. Hierfür ist erforderlich und ausreichend, dass die Rüge so konkret gefasst ist, dass der Verkäufer die Art des Mangels erkennen, seine Dispositionen darauf einstellen kann und vor einem Nachschieben sonstiger, nicht präzisierter Rügen geschützt ist. Aus der Formulierung, "er habe keinen Essig bestellt", ergab sich, dass der Wein sauer geworden und somit verdorben war.

3. Der Käufer W hat seine Gewährleistungsansprüche aus den §§ 434 ff. BGB daher nicht durch Versäumung der Rügefrist des § 377 II HGB verloren. Er hat damit einen Anspruch auf Nacherfüllung.

V. Aufbewahrungspflicht und Notverkaufsrecht des Käufers gem. § 379 HGB

Voraussetzungen

§ 379 HGB hat folgende Voraussetzungen: 382

Besonderheiten der Voraussetzungen

Was die Übersendung an einen anderen Ort betrifft, so ist nicht erforderlich, dass ein Fall des § 447 BGB vorliegt. Auch die Versendung durch eigene Transportpersonen genügt.   383

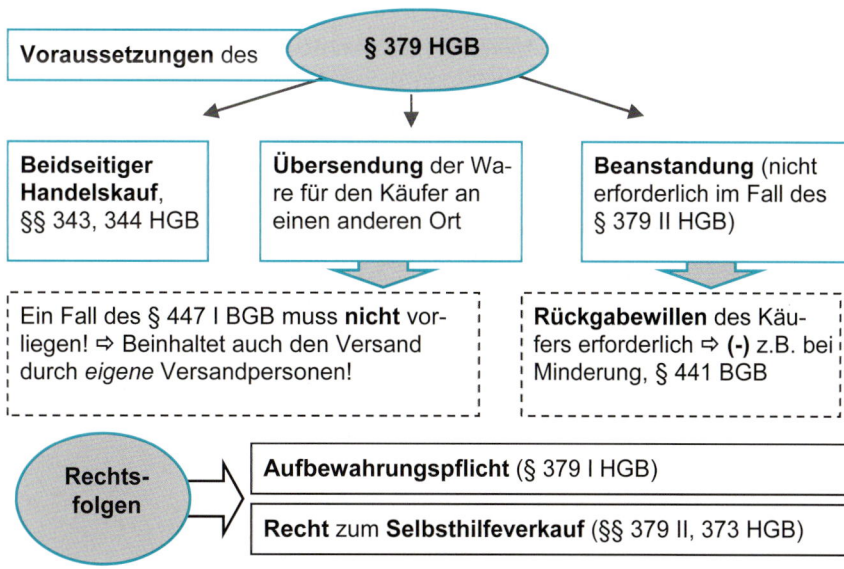

Weiter ist bei den Voraussetzungen zu beachten, dass eine Beanstandung i.S.d. § 379 I HGB nicht vorliegt, wenn z.B. nur Minderung verlangt wird, der Käufer die Sache aber behalten will. § 379 I HGB erfasst nur den Fall, dass der Käufer die Ware zurückgeben will.[291]

---

[291] BAUMBACH/HOPT, § 379, Rn. 6.

Rechtsfolge: Aufbewahrungspflicht

Liegen diese Voraussetzungen vor, so ist der Käufer zur Aufbewahrung verpflichtet. Die Verletzung dieser Pflicht macht den Käufer schadensersatzpflichtig, lässt seine Rechte wegen der Mangelhaftigkeit der Lieferung aber unberührt.[292]

384

hemmer-Methode: Einordnung in den Gesamtzusammenhang! Die Problematik des § 379 HGB ist auch aus dem allgemeinen Zivilrecht bekannt. Danach trifft den Käufer nach Treu und Glauben (§ 242 BGB) eine Verpflichtung zur einstweiligen Aufbewahrung der Ware. Diese Pflicht ist weniger streng als die des § 379 HGB.

385

Frist

Wenn der Käufer den Verkäufer zur Rücknahme der Ware aufgefordert hat, muss der Käufer zunächst eine angemessene Frist verstreichen lassen, in welcher der Verkäufer selbst die Abholung besorgen kann. Dazu ist dieser auch verpflichtet.

386

Beispiel

Bsp.: K aus Hannover hat von V aus Würzburg (beides Kaufleute) mangelhafte Ware zugesandt erhalten, rechtzeitig gerügt und verlangt nun Nacherfüllung. Dies hat er V sofort mitgeteilt und ihm die Frist von einer Woche für den Rücktransport gesetzt. Als eineinhalb Wochen nichts passiert war, beschädigt K die Ware fahrlässig. V verlangt Schadensersatz.

387

Voraussetzungen des § 280 I BGB

Der Anspruch auf Schadensersatz könnte sich aus § 280 I BGB ergeben. Dann müsste K eine Pflicht aus dem Schuldverhältnis schuldhaft verletzt haben. Da die Voraussetzungen des § 379 I HGB erfüllt waren, war K zur sorgsamen Aufbewahrung verpflichtet.

§ 300 I BGB

Dagegen hat K fahrlässig verstoßen. Allerdings könnte der Verschuldensmaßstab gem. § 300 I BGB auf Vorsatz und grobe Fahrlässigkeit reduziert worden sein, wenn der V in Annahmeverzug gekommen wäre. Dies ist gem. §§ 293, 295 S. 2 BGB der Fall, da der V die Ware abzuholen hat. Ein Schadensersatzanspruch ist mithin nicht gegeben.

Notverkauf: Erweiterung zu § 383 BGB

Als weitere Rechtsfolge ermöglicht § 379 II HGB dem Käufer den Notverkauf. Dies ist eine Erweiterung des § 383 BGB. Nach § 383 BGB kann der Selbsthilfeverkauf der geschuldeten Sache durch den Schuldner nur erfolgen, wenn sich der Gläubiger im Annahmeverzug befindet und die Sache zur Hinterlegung nicht geeignet ist bzw. der Verderb der Sache zu besorgen ist.

388

Nach § 379 II HGB kann der Käufer den Notverkauf auch ohne das Vorliegen dieser Voraussetzungen vornehmen. Die genauen Anforderungen an den Notverkauf i.S.d. § 379 II HGB richten sich nach § 373 HGB. So ist z.B. bei Gefahr des Verderbs der Ware der Notverkauf auch ohne vorherige Androhung (§ 373 II S. 2 HGB) möglich. Bzgl. der Modalitäten gilt dasselbe wie bei § 373 HGB.[293]

---

[292]   BAUMBACH/HOPT, § 379, Rn. 7 a.E.

[293]   Vgl. oben Rn. 311 ff.

§ 11 DAS KOMMISSIONSGESCHÄFT

I. Begriff, §§ 383, 406 HGB

Begriff

Der Kommissionär ist ein Kaufmann, der im *eigenen Namen*, aber für *fremde Rechnung* Geschäfte schließt, § 383 HGB. Auch für einen Kleinkommissionär, der mangels Eintragung kein Kaufmann ist, gelten die Vorschriften der §§ 384 ff. HGB, vgl. § 383 II HGB.

389

Einen Kaufmann, der im Betriebe seines Handelsgewerbes nur gelegentlich Kommissionsgeschäfte tätigt, bezeichnet man als Gelegenheitskommissionär. Über § 406 I S. 2 HGB finden die Vorschriften der §§ 384 ff. HGB auch auf ihn Anwendung.

hemmer-Methode: Das Handeln eines Kaufmanns "im eigenen Namen für fremde Rechnung" ist zwingende Voraussetzung für die Anwendbarkeit der Vorschriften über das Kommissionsgeschäft. Dagegen sind die übrigen in § 383 HGB angeführten Tatbestandsmerkmale lediglich für den Begriff des Kommissionärs, nicht aber für die Anwendung der kommissionsrechtlichen Regeln erforderlich, § 406 HGB.

Je nach Art der Tätigkeit unterscheidet man den Einkaufs- und den Verkaufskommissionär.

1. Handeln auf fremde Rechnung

Sonderfall der mittelbaren Stellvertretung

a) Der Kommissionär handelt auf fremde Rechnung. Die Folgen der von ihm abgeschlossenen Geschäfte sollen im Ergebnis also nicht ihn, sondern seinen Auftraggeber, den Kommittenten, treffen.

390

hemmer-Methode: §§ 383 ff. HGB regeln also einen handelsrechtlichen Sonderfall der sog. mittelbaren Stellvertretung.
Im Unterschied zur echten Stellvertretung kommen zwischen dem (hier nur wirtschaftlich) Vertretenen (Hintermann) und dem Dritten keine Rechtsbeziehungen zustande. Alle Folgen des Rechtsgeschäfts treffen vielmehr zunächst allein den Handelnden (Vordermann). Dieser ist aufgrund einer Rechtsbeziehung zum Hintermann verpflichtet, die Rechtsfolgen des Geschäfts auf den Hintermann überzuleiten (vgl. ausführlich HEMMER/ WÜST, BGB-AT I, Rn. 184).
Weitere Anwendungsfälle sind die Spedition (§§ 453 ff. HGB) und der Auftrag, wenn der Beauftragte nicht bevollmächtigt ist, sondern im eigenen Namen auftritt (vgl. §§ 667, 670 BGB).

drei Rechtsverhältnisse

Es sind drei Rechtsverhältnisse streng zu unterscheiden:

391

Drei Rechtsverhältnisse sind zu unterscheiden:

Kommissions-vertrag	**Geschäftsbesorgungsvertrag** (§ 675 BGB) zw. Kommissionär und Kommittenten v *Anzuwenden*: §§ 383 ff. HGB, § 675 BGB; subsidiär Dienst- bzw. Werkvertragsrecht (z.B. Kündigung ⇨ gem. §§ 626 f. BGB)
Ausführungs-geschäft	**Verpflichtungs-/Erfüllungsgeschäfte** (z.B. Kaufvertrag und Übereignung) zw. dem Kommissionär und einem Dritten (*dadurch*: Erfüllung der Pflichten des Kommissionärs aus dem Kommissionsvertrag!)
Abwicklungs-geschäft	Das Geschäft, durch welches der Kommissionär die **Rechtswirkungen** aus dem Ausführungsgeschäft auf den Kommittenten **überleitet** (z.B. Abtretung der Kaufpreisforderung aus dem Ausführungsgeschäft)

Kommissionsvertrag = Geschäftsbesorgungsvertrag

Der Kommissionsvertrag kommt zwischen dem Kommissionär und dem Kommittenten zustande. Es handelt sich um einen Geschäftsbesorgungsvertrag i.S.d. § 675 BGB, welcher durch §§ 384 ff. HGB näher ausgestaltet wird.

Die Rechte und Pflichten der Vertragsparteien bestimmen sich in erster Linie nach dem Vertragsinhalt; daneben sind die §§ 384 ff. HGB, sodann ergänzend über § 675 BGB die Auftragsregeln und zuletzt das Werk- bzw. Dienstvertragsrecht heranzuziehen. Insoweit ist streitig, ob der Kommissionsvertrag als Dienst- oder Werkvertrag einzuordnen ist.

hemmer-Methode: Auf diese Einordnung kommt es insbesondere bei der Kündigung (vgl. §§ 621 Nr. 5, 627 BGB einerseits und § 649 BGB andererseits) sowie bei der Verjährung von Schadensersatzansprüchen wegen mangelhafter Ausführung der Kommission an (vgl. § 195 BGB einerseits und § 634a BGB andererseits).

Zutreffenderweise muss regelmäßig vom Vorliegen eines Dienstvertrages ausgegangen werden, da der Kommissionär trotz Erfolgsbezogenheit der Vergütung (§ 396 I 1 HGB) keinen Erfolg als solchen, sondern lediglich sorgfältiges Tätigwerden zur Herbeiführung eines Erfolges verspricht.

Ausführungsgeschäft

b) Bei dem Ausführungsgeschäft handelt es sich um diejenigen Verpflichtungs- und Erfüllungsgeschäfte zwischen dem Kommissionär und einem Dritten, welche der Kommissionär in Erfüllung seiner Verpflichtungen aus dem Kommissionsvertrag vornimmt.

392

hemmer-Methode: Rechte und Pflichten aus dem Ausführungsgeschäft entstehen nur zwischen dem Kommissionär und dem Dritten. Schuldhafte Pflichtverletzungen des Dritten führen jedoch beim Kommissionär regelmäßig nicht zu einem Schaden, da der wirtschaftliche Erfolg des Geschäfts den Hintermann trifft. Dieser wiederum hat zwar einen Schaden, aber keinen eigenen vertraglichen Anspruch. Deshalb handelt es sich bei der Kommission um eine klassische Fallgruppe der sog. Drittschadensliquidation.

Abwicklungsgeschäft

c) Durch das Abwicklungsgeschäft leitet der Kommissionär die Rechtswirkungen des Ausführungsgeschäfts auf den Kommittenten über. Er übereignet also z.B. die erworbene Sache gem. §§ 929 ff. BGB an den Kommittenten (Einkaufskommission) oder tritt die Kaufpreisforderung gem. § 398 BGB an ihn ab (Verkaufskommission).

393

Er kommt damit seiner Verpflichtung aus § 384 II HGB nach. Im Gegenzug hat der Kommittent Aufwendungsersatz gem. §§ 396 II HGB, 670, 675 BGB zu leisten, indem er wahlweise den Dritten nach § 267 BGB befriedigt, nach §§ 414, 415 BGB die Schuld übernimmt oder dem Kommissionär das Geld zur Befriedigung des Dritten zur Verfügung stellt.

Pfand-/Befriedigungsrecht

Im Rahmen des Abwicklungsgeschäfts ist regelmäßig zu beachten, dass der Kommissionär für seine Forderungen ein gesetzliches Pfandrecht nach § 397 HGB sowie spezielle Befriedigungsrechte nach §§ 398 f. HGB hat.

394

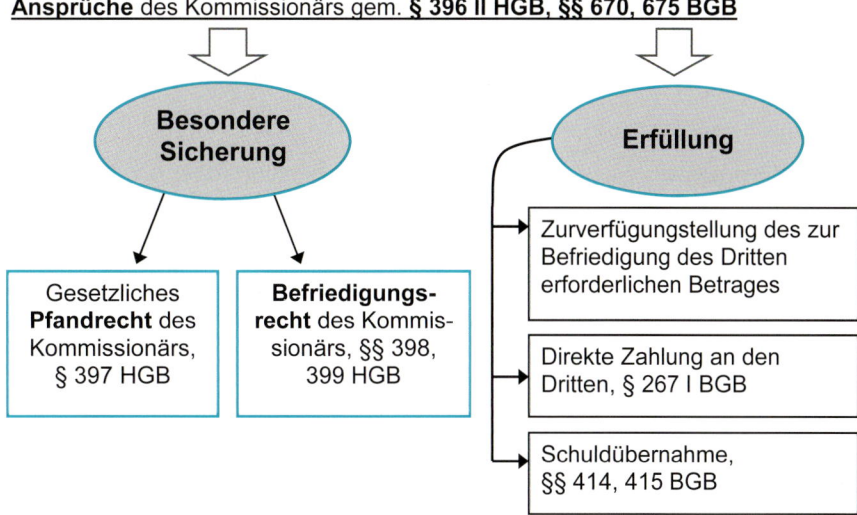

Ansprüche des Kommissionärs gem. § 396 II HGB, §§ 670, 675 BGB

Besondere Sicherung

Erfüllung

Gesetzliches **Pfandrecht** des Kommissionärs, § 397 HGB

Befriedigungs-recht des Kommissionärs, §§ 398, 399 HGB

Zurverfügungstellung des zur Befriedigung des Dritten erforderlichen Betrages

Direkte Zahlung an den Dritten, § 267 I BGB

Schuldübernahme, §§ 414, 415 BGB

2. Handeln im eigenen Namen

§ 392 I HGB

Anders als der Bevollmächtigte handelt der Kommissionär im eigenen Namen (mittelbare Stellvertretung, vgl. oben Rn. 390). Alle Folgen des Geschäfts treffen also zunächst nur ihn, vgl. § 392 I HGB.

395

Das gilt insbesondere auch für die Rückabwicklung fehlgeschlagener Ausführungsgeschäfte. Der Kommissionär kann sich insoweit auch nicht auf § 818 III BGB berufen, wenn er den von dem Dritten erlangten Gegenstand bereits an den Kommittenten abgeführt hat; er trägt also insofern das "Aufspaltungsrisiko", das aus der mittelbaren Stellvertretung folgt.

II. Probleme des § 392 II HGB

hemmer-Methode: Lesen Sie hierzu auch HEMMER/WÜST, Herausgabeansprüche, Rn. 22 ff.

Forderungszuständigkeit bzgl. Ausführungsgeschäft

§ 392 I HGB stellt klar, dass die Rechte und Pflichten aus dem Ausführungsgeschäft - wie regelmäßig bei der mittelbaren Stellvertretung - lediglich im Verhältnis zwischen dem Kommissionär und dem Dritten bestehen. Der Kommittent kann lediglich von dem Kommissionär verlangen, dass dieser ihm die Forderung abtritt, § 384 II HGB. Dagegen hat er keine eigenen Rechte und Pflichten gegenüber dem Dritten.

396

Der Kommissionär kann also grundsätzlich als Gläubiger der Forderung aus dem Ausführungsgeschäft über diese verfügen, insbesondere sie einziehen oder abtreten.

hemmer-Methode: Von diesem rechtlichen "Können" ist die Frage des rechtlichen "Dürfens" streng zu unterscheiden. Der Kommissionär darf jedenfalls nicht über die Forderung aus dem Ausführungsgeschäft verfügen, da er dadurch seine schuldrechtliche Pflicht aus § 384 I HGB verletzt und sich schadensersatzpflichtig macht. Insoweit sind auch die Regeln über den Missbrauch der Vertretungsmacht nicht anwendbar, da es sich gerade nicht um einen Fall echter Stellvertretung handelt.

§ 392 II HGB

§ 392 II HGB macht eine Ausnahme von dem Grundsatz des § 392 I HGB. Die Vorschrift schützt den Kommittenten vor den Gläubigern des Kommissionärs, indem sie die Forderung aus dem Ausführungsgeschäft bereits vor ihrer Abtretung dem Vollstreckungszugriff entzieht.

397

Der Kommittent kann also einer Pfändung der Forderung durch Gläubiger des Kommissionärs (§§ 829 ff. ZPO) mit der Drittwiderspruchsklage (§ 771 ZPO) entgegentreten; ebenso kann er bei Insolvenz des Kommissionärs die Forderung nach § 47 InsO aussondern.

Anwendung auf Surrogate?

Problematisch ist allerdings, ob § 392 II HGB in entsprechender Anwendung auch das Surrogat der Forderung erfasst.

398

> *Bsp. 1: Der Verkaufskommissionär K hat im Auftrag des Kommittenten T dessen Gebrauchtwagen an den Dritten D verkauft. D hat den Kaufpreis noch nicht bezahlt.*
>
> Ein Gläubiger des K kann nicht gem. §§ 829 ff. ZPO in die Forderung aus § 433 II BGB vollstrecken, da diese nach § 392 II HGB als dem T zustehend behandelt wird.
>
> *Bsp. 2: D hat den Kaufpreis bereits bar an K bezahlt. Die Kaufpreissumme ist noch unvermischt im Vermögen des K vorhanden.*
>
> Der Wortlaut des § 392 II HGB steht hier einer Pfändung der Geldzeichen nach §§ 808 ff. ZPO nicht entgegen. Fraglich ist allein, ob eine analoge Anwendung der Vorschrift möglich ist.

h.M. (-)

Die wohl h.M. lehnt eine Ausdehnung des § 392 II HGB auf das Surrogat der Forderung ab.[294]

a.A. (+)

Dagegen will eine im Vordringen begriffene Meinung § 392 II HGB analog auch auf die Surrogate der Forderung anwenden.

hemmer-Methode: Das Problem einer entsprechenden Anwendung des § 392 II HGB auf das Surrogat der Forderung stellt sich dann nicht, wenn dieses Surrogat bereits im Wege einer antizipierten Verfügung oder eines In-Sich-Geschäfts auf den Hintermann übertragen wurde. Klausurtaktisch wird es dann jedoch oft sinnvoll sein, diese Möglichkeiten zu verneinen, um auch die entsprechende Anwendung des § 392 II HGB noch diskutieren zu können.

Obwohl unser Zivilrecht kein allgemeines Prinzip der dinglichen Surrogation, sondern nur einzelne, eng begrenzte Surrogationstatbestände kennt, ist hier dennoch von einer entsprechenden Anwendbarkeit des § 392 II HGB auszugehen.

399

Diese entsprechende Anwendung führt einen Rechtsgedanken zu Ende, zu dessen Verwirklichung der Gesetzgeber in Ausnahme von den Prinzipien der mittelbaren Stellvertretung ohnehin schon eine Ausnahmevorschrift geschaffen hat. Dafür sprechen auch Wertungserwägungen, weil der Schutz des Kommittenten ohne Einbeziehung der Surrogate in einem wichtigen Punkt unvollständig bliebe.

§ 392 II HGB wirkt sich regelmäßig in drei Fallgestaltungen aus:

400

> ⇨ Zusammenhang mit § 816 II BGB
>
> ⇨ Probleme des § 816 I S. 1 BGB
>
> ⇨ Aufrechnungslage und Zurückbehaltungsrecht

---

[294] BAUMBACH/HOPT, § 392, Rn. 3.

§ 816 II BGB

1. § 816 II BGB

Verfügt der Kommissionär über die Forderung zugunsten eines seiner Gläubiger, so ist diese Verfügung dem Kommittenten gegenüber (relativ) unwirksam.

hemmer-Methode: Wertungsmäßig können Sie diese Unwirksamkeit damit begründen, dass ein Gläubiger des Kommissionärs im Wege rechtsgeschäftlicher Verfügung nicht mehr erlangen können darf als er im Wege der Zwangsvollstreckung erlangen könnte. Eine konstruktive Begründung kann über § 404 BGB gewonnen werden.

Zieht nun der Dritte (Zessionar der Forderung) die Forderung ein, so wird die Leistung an einen Nichtberechtigten bewirkt. Diese Leistungsbewirkung ist dem Berechtigten (Kommittenten) gegenüber jedenfalls unter den Voraussetzungen des § 409 I S. 1 BGB wirksam.

Fraglich ist in diesem Zusammenhang stets nur, ob die erforderliche Abtretungsanzeige von dem *Gläubiger* vorgenommen wurde. Die Pointe liegt darin, dass die Abtretungsanzeige durch den Kommissionär ausreicht, weil die Fiktion des § 392 II HGB nur im Verhältnis zu den *Gläubigern*, nicht aber in demjenigen zu den *Schuldnern* des Kommissionärs wirkt.

401

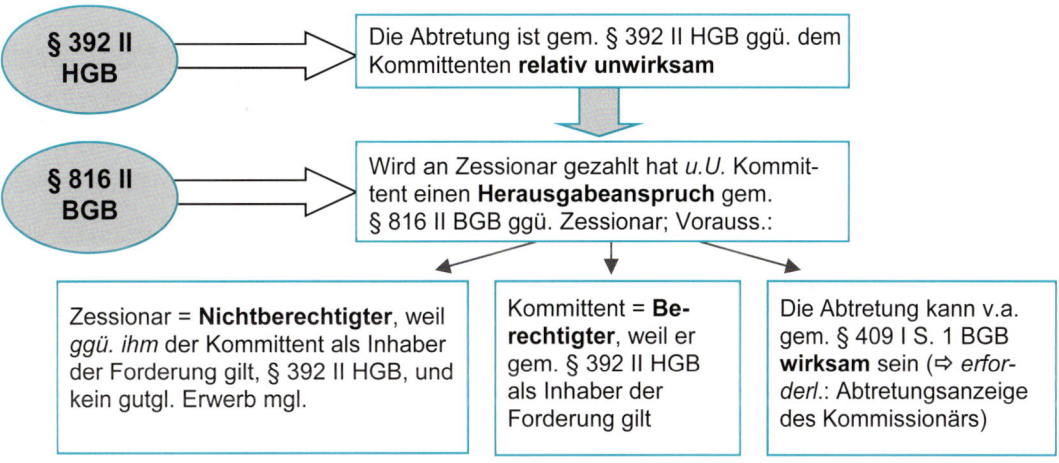

2. Probleme des § 816 I S. 1 BGB

Verfügender i.S.d. § 816 I S. 1 BGB

Veräußert der Verkaufskommissionär eine Sache, die nicht dem Kommittenten gehört, so stellt sich die Frage, wer "Verfügender" i.S.d. § 816 I S. 1 BGB ist.

402

h.L.:
Kommissionär

Nach wohl h.L., die von einer formellen Betrachtung ausgeht, ist Verfügender der Kommissionär.[295] Daneben sollen auch Ansprüche gegen den Kommittenten aus § 822 BGB in Betracht kommen.

a.A.:
Kommittent

Die Gegenansicht stellt sich auf einen wirtschaftlichen Standpunkt und argumentiert insbesondere mit § 392 II HGB. Dafür spricht, dass das Erlangte i.S.d. § 816 I S. 1 BGB der Kaufpreisanspruch ist, welcher an den Berechtigten abgetreten werden muss. Eine solche Abtretung kann der Kommissionär aber wegen § 392 II HGB nicht leisten. Ein Anspruch, der aber bereits rechtstechnisch niemals erfüllt werden kann, erscheint nicht besonders sinnvoll.

---

[295]   PALANDT, § 816, Rn. 11.

Der Anspruch aus § 816 I S. 1 BGB richtet sich also nur gegen den Kommittenten. Dieser kann sich durch Abtretung seines Herausgabeanspruchs gegen den Kommissionär befreien, solange er noch nicht mehr erlangt hat als diesen. Ein Abzug der Provision nach § 818 III BGB kommt jedenfalls nicht in Betracht, da der Provisionsanspruch nicht kausal mit dem Wertersatzanspruch verknüpft ist.

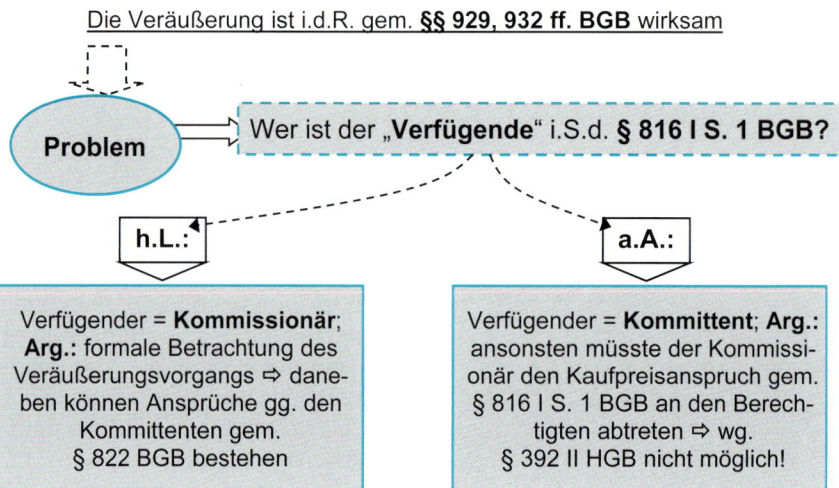

3. Probleme bei Aufrechnungslage und Zurückbehaltungsrecht

„Gegenseitigkeit"

Fraglich ist, ob die Fiktion des § 392 II HGB auch zu Lasten desjenigen geht, mit dem der Kommissionär das Ausführungsgeschäft abschließt (Drittkontrahent). Eine solche Anwendung des § 392 II HGB würde dazu führen, dass es an einer "Gegenseitigkeit" der Forderungen fehlen würde. Der Drittkontrahent könnte dann mit der Forderung des Kommissionärs aus dem Ausführungsgeschäft weder aufrechnen noch Zurückbehaltungsrechte nach §§ 273 BGB, 369 HGB geltend machen. **403**

Schuld und Gegenforderung aus Ausführungsgeschäft

Einigkeit besteht jedenfalls insoweit, als dem Vertragspartner des Ausführungsgeschäfts diese Rechte jedenfalls dann nicht verwehrt werden dürfen, wenn Schuld und Gegenforderung gerade aus dem Ausführungsgeschäft stammen.

andere Fälle

Umstritten ist, was gilt, wenn Schuld und Gegenforderung nicht aus dem Ausführungsgeschäft stammen. **404**

e.A.:
§ 392 II HGB (+)

Nach einer Ansicht wirkt § 392 II HGB zu Lasten jedes Gläubigers des Kommissionärs. Es kommt nicht darauf an, dass der Dritte Vertragspartner des Ausführungsgeschäfts ist.

a.A.:
§ 392 II HGB (-)

Nach der h.M. ist § 392 II HGB im Interesse der Sicherheit des Dritten eng auszulegen. Die Vorschrift meint nur "die anderen Gläubiger", also *nicht* denjenigen Gläubiger des Kommissionärs, der zugleich dessen Schuldner ist. Außerdem spricht auch das vertretungsrechtliche Offenkundigkeitsprinzip hier gegen eine Anwendung des § 392 II HGB, da es gebietet, dass der Dritte Klarheit über die sich aus dem Vertrag ergebenden Rechte hat.

§ 12 SONSTIGE BESONDERHEITEN DES HANDELSVERKEHRS

Besonderheiten des Handelsverkehrs sind nicht nur im HGB geregelt, sondern ergeben sich zum Teil auch unmittelbar aus dem BGB und/oder der ZPO. Derartige Besonderheiten des Handelsverkehrs außerhalb des HGB werden im Folgenden dargestellt.

406

I. Zivilprozessuale Besonderheiten

Schiedsverträge

Kaufleute können gem. § 1031 ZPO unter Formerleichterung Schiedsverträge schließen. Es gelten also nicht die strengeren Vorschriften für Schiedsverträge mit Verbrauchern des § 1031 V ZPO.

407

Gerichtsstandsvereinbarung (Prorogation)

Darüber hinaus sind Kaufleute gem. § 38 I ZPO prorogationsfähig. Sie können formfrei einen Gerichtsstand vereinbaren. Ebenso können sie nach § 29 II ZPO durch die Bestimmung des Erfüllungsortes im Rahmen einer Vertragsbeziehung Einfluss auf die örtliche Zuständigkeit nehmen.

408

Kammern für Handelssachen

Neben den regulären Zivilkammern werden gem. § 93 GVG bei den Landgerichten sog. Kammern für Handelssachen eingerichtet.

409

Sofern - auch konkludent - ein entsprechender *Antrag* seitens des Klägers (§ 96 I GVG) oder des Beklagten (§ 98 I GVG) gestellt wird, ist diese Kammer zuständig. Es handelt sich hierbei weder um eine sachliche noch um eine funktionelle Zuständigkeit. Vielmehr wird per Gesetz die *Geschäftsverteilung* innerhalb des zuständigen Landgerichts vorgenommen. § 95 GVG definiert abschließend, welche Rechtsstreitigkeiten in diesem Zusammenhang unter den Begriff „Handelssache" fallen.

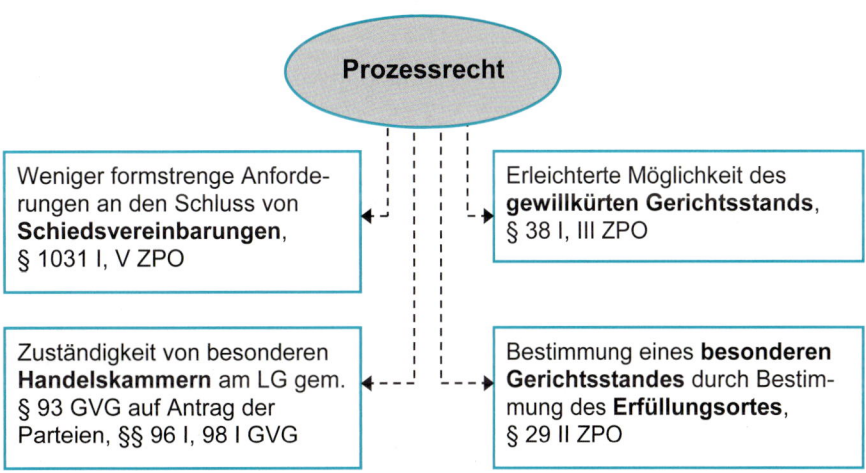

II. Die Anwendung der §§ 305 ff. BGB auf Kaufleute

§ 310 I BGB

Aufgrund § 310 I BGB wird der Inhalt der gegenüber einem Unternehmer verwendeten AGB allein anhand von § 307 I, II BGB überprüft. Bei der Klauselkontrolle anhand des § 307 I, II BGB kann einem Verstoß gegen die §§ 308, 309 BGB allerdings Indizwirkung zukommen, § 310 I S. 2 HS 1 BGB.

410

hemmer-Methode: Bei der Anwendung des § 307 I, II BGB ist auf die im Handelsverkehr geltenden Gewohnheiten und Gebräuche angemessen Rücksicht zu nehmen, § 310 I S. 2 HS 2 BGB.

Einbeziehung von AGB

Durch § 310 I BGB wird auch die Anwendbarkeit von § 305 II, III BGB ausgeschlossen. Dennoch müssen die AGB irgendwie in den Vertrag einbezogen werden. Das heißt, dass AGB im Rahmen der allgemeinen Rechtsgeschäftslehre zum Bestandteil eines Vertrages gemacht werden können, §§ 145 ff. BGB.

411

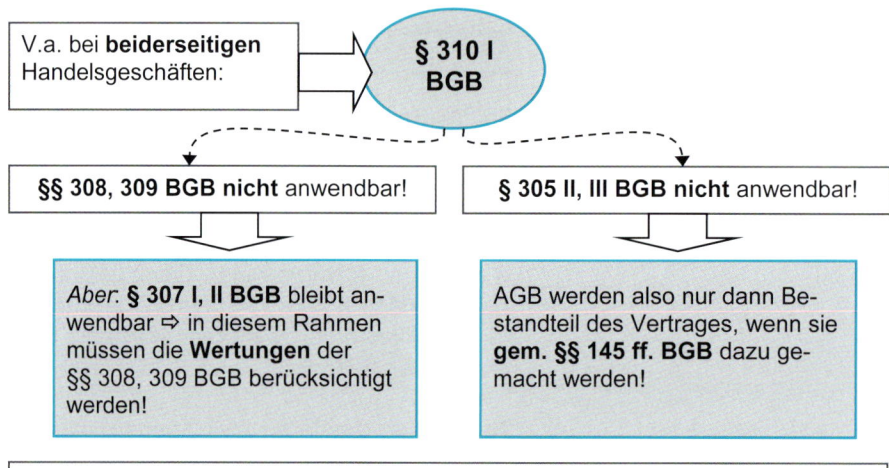

III. Schweigen im Handelsverkehr

Bedeutung

Das Schweigen hat im Handelsverkehr größere Bedeutung als im allgemeinen Zivilrecht, weil Verkehrsschutz und Schnelligkeit den Handelsverkehr bestimmen.

412

Dem wird insbesondere durch die Regeln vom Kaufmännischen Bestätigungsschreiben (KBS) und durch § 362 HGB Rechnung getragen.[296]

Darüber hinaus gewinnt das Schweigen im Handelsrecht häufig Bedeutung aufgrund von Handelsbräuchen.[297] Ansonsten ist immer im Einzelfall zu prüfen, ob mit dem Schweigen eine Zustimmung des Schweigenden verbunden sein sollte bzw. der Geschäftspartner nach Treu und Glauben davon ausgehen durfte. Grundsätzlich ist dabei wie im allgemeinen Zivilrecht davon auszugehen, dass Schweigen immer dann eine Willenserklärung ist, wenn es ausreichende Konkludenz besitzt.

Schließlich gibt es auch noch einige spezialgesetzliche Regelungen über die Bedeutung des Schweigens:

§ 75h HGB für Handlungsgehilfen

In § 75h HGB ist der Fall geregelt, dass ein Handlungs*gehilfe* ohne Vertretungsmacht ein Geschäft im Namen seines Prinzipals abgeschlossen hat. Lehnt der Prinzipal dieses Geschäft nicht unverzüglich nach Kenntniserlangung gegenüber dem Dritten ab, so gilt es als genehmigt.

413

---

[296]   Vgl. dazu oben Rn. 238 ff.

[297]   Vgl. dazu oben Rn. 235 ff.

§ 91a HGB für Handelsvertreter

§ 91a HGB regelt den vergleichbaren Fall für den Handels*vertreter.* Der Unterschied zwischen Handlungsgehilfen und Handelsvertreter besteht darin, dass der Handlungsgehilfe fest angestellter Arbeitnehmer ist (§ 59 HGB), während der Handelsvertreter selbständiger Gewerbetreibender (§ 84 HGB) und unter den Voraussetzungen des § 1 I, II HGB sogar Kaufmann ist.

414

hemmer-Methode: Die besondere Bedeutung des Schweigens im Handelsverkehr ist ein typisches Gebiet, auf dem sich die besonderen Interessen manifestieren. Weisen Sie auf die unterschiedlichen Interessen hin, wenn Sie abwägen. Die gute Klausur macht die Wertungen einer Interessen- und Wertungsjurisprudenz transparent!

Die Zahlen verweisen auf die Randnummern des Skripts